新能源汽车动力电池及管理系统检修

（配实训工单）

组　编　宁德时代新能源科技股份有限公司

主　编　吴　凯　李　伟

副主编　张　彪　薛　姣　武卫忠

　　　　李　果　孔纯放　刘　超

参　编　呼海峰　陈　宁　张　璐　马荣荣　毛昌敏

　　　　张现驰　左晨旭　于洪兵　杨　韬　赵梓贺

机械工业出版社

本书以国家职业教育改革为契机，以课程改革为突破口，紧密结合当前新能源汽车行业和企业的发展，以及职业岗位群和企业需求变化，来源于宁德时代企业真实工作场景和真实工作任务，融合"有效教学"理念，内容包括四个项目：认识新能源汽车动力电池及管理系统、检修动力电池及管理系统常见故障、检修整车关联动力电池系统故障、新能源汽车动力电池的维护及储存。每个项目都源于企业真实工作场景、真实故障案例、真实故障排除流程和方法，每个项目分为理论活动和故障诊断活动，实现了教学内容的理实一体化。

　　本书可作为新能源汽车检测与维修技术、新能源汽车技术、汽车技术服务与营销专业教材，也可作为新能源汽车维修企业员工的技能培训用书。

图书在版编目（CIP）数据

新能源汽车动力电池及管理系统检修：配实训工单 /
宁德时代新能源科技股份有限公司组编；吴凯，李伟主
编 . —— 北京：机械工业出版社，2024.11（2025.7 重印）. ——（职业教
育新能源汽车专业产教融合创新教材）. —— ISBN 978-7
-111-77148-7

Ⅰ . U469. 720. 7

中国国家版本馆 CIP 数据核字第 20246J0Z17 号

机械工业出版社（北京市百万庄大街 22 号　邮政编码 100037）
策划编辑：谢　元　　　　　　　　责任编辑：谢　元
责任校对：梁　静　王　延　　　　封面设计：张　静
责任印制：单爱军
中煤（北京）印务有限公司印刷
2025 年 7 月第 1 版第 3 次印刷
184mm × 260mm · 15 印张 · 360 千字
标准书号：ISBN 978-7-111-77148-7
定价：59.90 元

电话服务　　　　　　　　　网络服务
客服电话：010-88361066　　机　工　官　网：www.cmpbook.com
　　　　　　010-88379833　　机　工　官　博：weibo.com/cmp1952
　　　　　　010-68326294　　金　书　网：www.golden-book.com
封底无防伪标均为盗版　　机工教育服务网：www.cmpedu.com

职业教育新能源汽车专业产教融合创新教材

编审委员会

主任委员：

张延华　　中国汽车维修行业协会会长

副主任委员：

孔春花　　吉林交通职业技术学院汽车工程学院院长
董　光　　河南机电职业学院组织人事部部长
谢　元　　中国汽车维修行业协会技术和标准化委员会副秘书长
尹　鹏　　沈阳科鹏教育科技有限公司总经理

委　员：

袁建军　　中汽科技（北京）有限公司技术总监
王　聪　　中国合格评定国家认可中心物理实验室认可部主管
沈　南　　北京汽车研究总院有限公司试制试验认证中心部长
崔宏巍　　深圳职业技术大学汽车与交通学院副院长
杨长征　　河南交通职业技术学院汽车学院副院长
郭海龙　　广东交通职业技术学院汽车与工程机械学院院长
王　博　　荆州职业技术学院新能源汽车学院院长
张红伟　　广州科技贸易职业学院交通工程学院院长
王　毅　　贵州交通职业技术学院汽车工程系主任
陈　佳　　成都航空职业技术学院汽车工程学院党总支副书记
付亦凡　　河南省理工中等专业学校汽车工程系副主任
梁培荣　　中山市沙溪理工学校汽车技术部部长
陶铭超　　宁德时代新能源科技股份有限公司后市场培训拓展负责人
阮桃枫　　宁德时代新能源科技股份有限公司后市场培训运营负责人

III

序 一

中国的矿物能源形势是富煤、少气、缺油。2023 年自产原油 2.09 亿吨，进口 5.64 亿吨，对外依存度 73.3%。汽车消耗了 70% 的石油。我国 CO_2 排放量已居世界第一，城市大气污染主要来自机动车。

工程院咨询报告提出"电动中国"的建议，发展电动汽车、电动船舶和电动飞机，大力发展可再生能源，构建能源互联网。2001 年国家"十五"期间，新能源汽车研究项目被列入国家"863"重大科技课题。在国家多项产业政策的扶持下，我国很快成为全球新能源汽车产销量第一的大国。

习近平主席发表二〇二四年新年贺词时指出，"新能源汽车、锂电池、光伏产品给中国制造增添了新亮色"。2023 年"新三样"产品（电动载人汽车、锂离子电池和太阳能蓄电池）合计出口 1.06 万亿元，首次突破万亿元大关，同比增长 29.9%。中国锂电池产量全球占比超 70%，连续 9 年全球领先。2023 年，中国的锂离子电池产量超过 940GW·h，同比增长 25%。截至 2023 年底，中国新能源汽车保有量达 2041 万辆，占汽车总量的 6.07%。其中纯电动汽车保有量 1552 万辆，占新能源汽车保有量的 76.04%。

新能源汽车并不是非常成熟的事物，产品的某些性能与燃油汽车相比仍有差距，产品的耐久性、可靠性、安全性有待于进一步提升。

新能源汽车的关键是电池（含电芯和 BMS），主要集中在锂离子电池、原位固态化锂电池以及正在研究开发的全固态锂电池，也包括正在积极研发和推广应用的钠离子电池。电池决定了整车的续驶里程、成本、使用寿命和安全性等关键性能。

与传统燃油汽车相比，新能源汽车技术的快速发展，对从业人员的专业技能提出了更高要求。传统的汽车检测与维修知识体系和技术体系，已难以满足新能源汽车领域的实际需求。因此，编写系统、全面且实用的新能源汽车检测与维修方面的教材，对于培养高水平的新能源汽车技术人才，推动新能源汽车产业的健康发展，具有十分重要的意义。

宁德时代教授级高级工程师吴凯和李伟结合自己在锂电池工作和科研中的经历以及产业化等方面的经验积累，对新能源汽车中的关键科学问题和核心技术难题进行了全面而深入的剖析总结，成就了三本教材——《新能源汽车动力电池系统构造与检修》《新能源汽车维护与故障诊断》《新能源汽车动力电池及管理系统检修》。

这三本教材立足新能源汽车的关键技术和工作原理，重点介绍了新能源汽车关键系统模块的检测与维修技术，旨在帮助读者建立起一套完整的新能源汽车检修相关的知识和技术体系。

在教材编写过程中，编写团队力求做到理论与实践相结合，既注重理论知识的系统性和准确性，又强调实践操作的实用性和可操作性。书中通过大量实例分析，将复杂的检修过程生动呈现，使读者能够迅速掌握新能源汽车检测与维修的精髓。在此，感谢所有参与编写工作的朋友们为新能源汽车人才培养所作出的无私奉献。

衷心希望这三本教材能够成为广大新能源汽车从业人员和相关院校汽车类专业师生的良师益友，为推动我国新能源汽车产业的持续健康发展贡献一份力量。同时，期待各位读者在使用过程中，能够提出宝贵的意见和建议，共同推动新能源汽车技术的不断进步与创新。

中国工程院院士
中国科学院物理研究所研究员

序 二

发展新能源汽车是我国从汽车大国迈向汽车强国的必由之路，是应对气候变化、推动绿色发展的战略选择。我国已进入新能源汽车发展的快车道。2024 年 1 月至 11 月，我国新能源汽车产销量分别完成 1134.5 万辆和 1126.2 万辆，同比分别增长 34.6% 和 35.6%，产销量连续 9 年位居全球首位。全球一半以上的新能源汽车行驶在我国，我国作为全球最大的汽车市场，在新能源汽车领域取得了举世瞩目的成就。

新能源汽车产业发展链条，除了技术产品研发、生产制造和销售环节，离不开强大售后服务体系的支撑保障，由此给新能源汽车维修服务领域人才培养带来了新的机遇与挑战。加快培养新能源汽车维修服务技能人才，不仅是汽车维修行业转型发展的内在要求，更是确保我国新能源汽车产业持续健康发展的重要保障。新能源汽车技术的先进性对汽车维修从业人员的专业素质提出了新的更高要求。对于新能源汽车维修从业人员而言，掌握最新的新能源汽车检修技术是其核心技能要求。我们高兴地看到，宁德时代教授级高级工程师吴凯和李伟主编的职业教育新能源汽车专业产教融合创新教材，顺应汽车后市场人才的知识和技能需求，对于培育我国新能源汽车后市场创新能力，促进新能源汽车维修技能人才培养具有重要意义。

这套教材从新能源汽车的基本构造、工作原理到各子系统关键技术，再到实际检修案例的分析与总结，都进行了深入浅出的阐述，教材图文并茂，文字通俗易懂，不仅可以帮助学生系统地学习新能源汽车维修技能，为他们今后的就业打下坚实的基础，而且可以帮助维修从业人员快速掌握新能源汽车相关理论、资料和检修依据，提高检测诊断效率和维修质量，是一套符合职业成长规律的工学结合教学用书。

在此，感谢所有参与教材编写、审校和出版工作的专家同仁，你们为新能源汽车专业类师生，为新能源汽车维修从业人员提供了优质的教育培训教材，也感谢宁德时代为新能源汽车产业和汽车职业教育产教融合发展所付出的辛勤劳动。我希望有更多的此类教材尽早面世，为我国新能源汽车维修技术的普及推广，为培养更多新能源汽车维修技能人员发挥积极作用。

让我们携手共进，为实现新能源汽车产业的高质量发展，提高新能源汽车售后服务质量和水平作出新的贡献。

中国汽车维修行业协会会长

张延华

前　言

　　传统汽车产业的快速发展带来了交通拥堵、能源危机和环境污染等问题，成为限制汽车产业发展的主要瓶颈，因此新能源汽车产业成为国家重点发展和大力扶持的产业。受益于国家政策的扶持，我国新能源汽车产业得到了飞速的发展，新能源汽车的后市场也将需要大量的销售、售后，尤其是维修方面的人才。

　　为满足职业教育相关专业发展的迫切需求，由宁德时代新能源科技股份有限公司的技术专家、维修服务中心专家和汽车类专业职业院校的教师共同深入一线，结合行业协会、学会职教专家的经验，经过专业教学设计人员的指导，联合编写了这套职业教育新能源汽车专业产教融合创新教材。

　　本书以国家职业教育改革为契机，以课程改革为突破口，紧密结合当前新能源汽车行业和企业的发展，以及职业岗位群和企业需求变化，来源于宁德时代企业真实工作场景和真实工作任务，融合"有效教学"理念，内容包括四个项目：认识新能源汽车动力电池及管理系统、检修动力电池及管理系统常见故障、检修整车关联动力电池系统故障、新能源汽车动力电池的维护及储存。每个项目都源于企业真实工作场景、真实故障案例、真实故障排除流程和方法，每个项目分为理论活动和故障诊断活动，实现了教学内容的理实一体化。本书可作为新能源汽车检测与维修技术、新能源汽车技术、汽车技术服务与营销专业教材，也可作为新能源汽车维修企业员工的技能培训用书。

　　本书由宁德时代新能源科技股份有限公司组编，由吴凯、李伟任主编，张彪、薛姣、武卫忠、李果、孔纯放、刘超任副主编，呼海峰、陈宁、张璐、马荣荣、毛昌敏、张现驰、左晨旭、于洪兵、杨韬、赵梓贺参与编写。

　　在本书编写过程中，我们参考了一些汽车制造商的培训课件和资料，在此一并向原作者和汽车制造商表示真诚的感谢！

　　限于编者水平，书中难免存在不当之处，敬请广大读者批评指正。

宁德时代新能源科技股份有限公司

目　录

项目一　认识新能源汽车动力电池及管理系统

项目描述

新能源又称非常规能源，是指传统能源之外的各种能源形式，也指刚开始开发利用或正在积极研究、有待推广的能源，如太阳能、地热能、风能、海洋能、生物质能和核聚变能等。

如图 1-1 所示，汽车是指由动力驱动，具有 4 个或 4 个以上车轮的非轨道承载的车辆包括与电力线相连的车辆（如无轨电车），主要用于：载运人员和 / 或货物；牵引载运人员和 / 或货物（物品）的车辆或特殊用途的车辆；专项作业或专门用途。

图 1-1　汽车

新能源汽车（new energy vehicle）是指采用非常规的车用燃料（即汽油、柴油之外）或使用常规的车用燃料、采用新型车载动力装置作为动力来源的汽车，综合了车辆的动力控制和驱动方面的先进技术。

新能源汽车包括纯电动汽车、混合动力汽车、燃料电池汽车等类型，如图 1-2 所示。

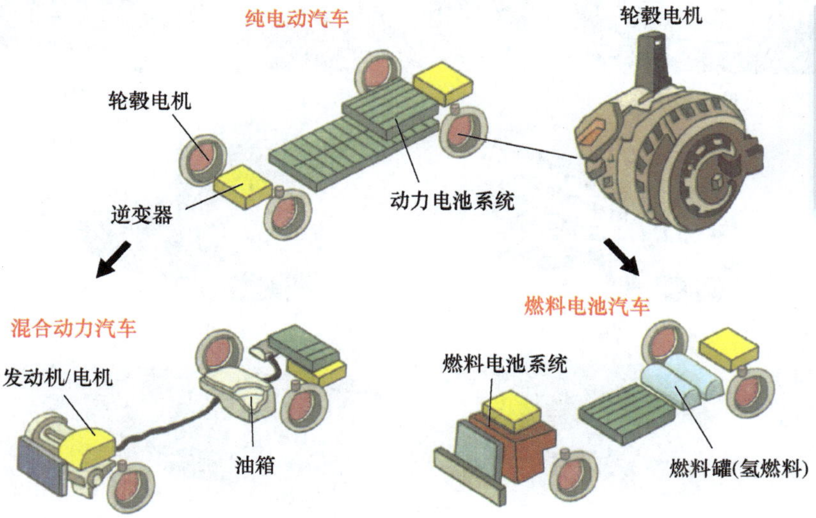

纯电动汽车
轮毂电机
轮毂电机
逆变器
动力电池系统

CATL 宁德
时代介绍

混合动力汽车
发动机/电机
油箱

燃料电池汽车
燃料电池系统
燃料罐(氢燃料)

图 1-2　新能源汽车

学习目标

知识目标
1. 了解动力电池的定义。
2. 了解动力电池术语。
3. 了解动力电池的分类。
4. 了解动力电池管理系统。

技能目标
1. 掌握动力电池的结构。
2. 掌握动力电池管理系统的工作原理。
3. 掌握动力电池的应用。
4. 掌握动力电池及管理系统故障的诊断方法。

素养目标
1. 养成定期总结知识和技能的习惯，为完成检修任务积累经验。
2. 能够养成自觉遵守技术标准和要求规定的习惯。
3. 提升发现问题、分析问题、解决问题的能力。
4. 培养知识总结、综合运用、语言表达的能力。

任务一　认识新能源汽车动力电池

动力电池是新能源汽车的动力来源，是新能源汽车的核心部件，也是未来能源转型的重要方向。动力电池的应用，如图 1-3 所示。

a)　　　　　　　　　b)　　　　　　　　　c)

d)　　　　　　　　　e)

f)　　　　　　　　　g)

图 1-3　动力电池的应用

新能源汽车与传统汽车的主要区别在于动力系统，如图1-4所示。

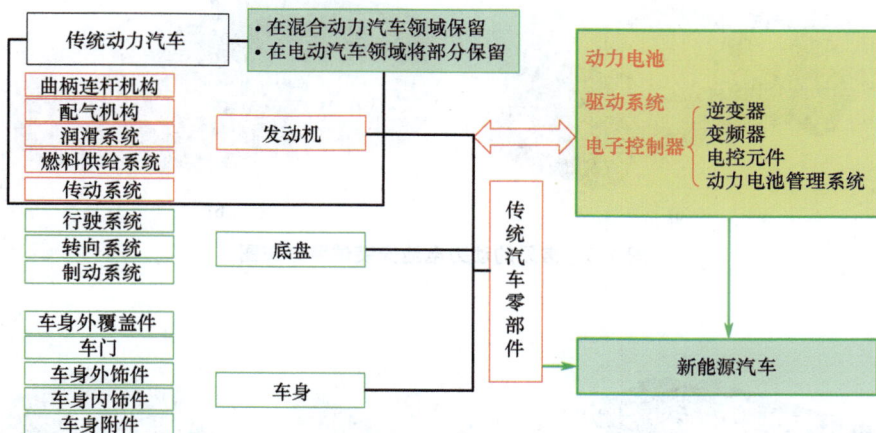

图1-4 新能源汽车与传统汽车的主要区别

一、新能源汽车基本知识

新能源汽车的核心结构主要包括动力电池系统、驱动系统和整车控制器三部分，此外还有车辆辅助控制系统等部件，如图1-5所示。

图1-5 新能源汽车的核心结构

新能源汽车以动力电池等电能元件作为驱动源，结构布置比较灵活，主要表现为能量由电缆传递，新能源汽车的各部件可灵活布置，不会影响整车其他系统的布局。

（1）动力电池系统

动力电池系统是新能源汽车的"心脏"。在汽车上，动力电池系统的主要作用是用于储存电能并提供动力及向用电设备供电。常见的动力电池安装位置分布图如图1-6所示。

动力电池系统由电池箱、模组与电芯、高压盒、热管理系统、动力电池管理系统、高低压线束等组成。乘用车动力电池系统主要零部件见图1-7，商用车动力电池系统主要零部件见图1-8，信息采集单元（CSC）见图1-9。

a)

b)

图 1-6　常见的动力电池安装位置分布图

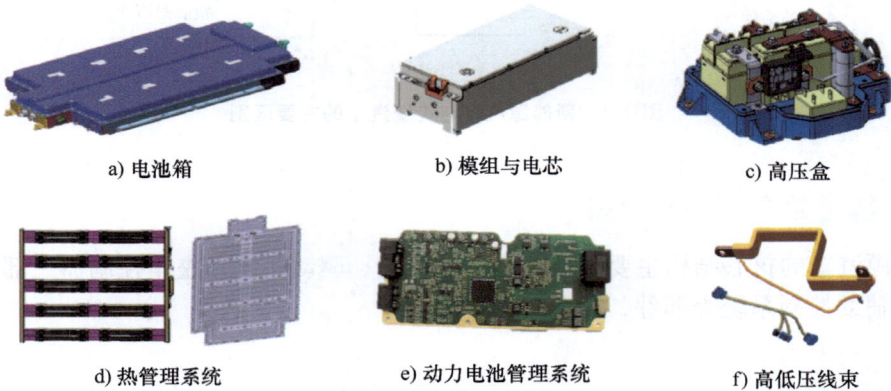

a) 电池箱　　　　　　　b) 模组与电芯　　　　　　c) 高压盒

d) 热管理系统　　　　e) 动力电池管理系统　　　　f) 高低压线束

图 1-7　乘用车动力电池系统主要零部件

a) 电池箱　　　　　　　　　　b) 高压盒

c) 热管理附件　　　　　　　d) 高低压线束

图 1-8　商用车动力电池系统主要零部件

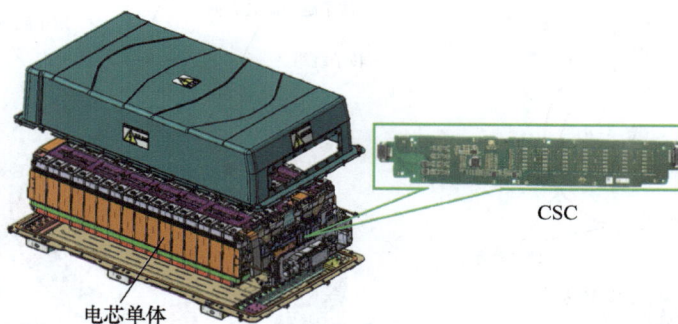

图 1-9 信息采集单元（CSC）

（2）驱动系统

驱动系统由驱动电机装置、驱动电机控制器和减变速机构组成。驱动电机是新能源汽车三大核心部件之一，是车辆行驶的主要执行机构，如图 1-10 所示。

图 1-10 驱动系统

当车辆处于高压状态时，驾驶人踩加速踏板，电机控制装置根据加速踏板上位移传感器采集的信息，发出接通电机电源的指令，动力电池通过车载逆变器（DC/AC 转换器）向电机定子绕组提供三相交流电，使定子绕组瞬间形成旋转磁场。如果是异步电机，闭合的转子绕组会产生感应电流，进而在旋转磁场中会受到电磁力的作用，促使转子开始随定子磁场旋转，使电机输出旋转力矩（图 1-11）；如果是永磁同步电机，转子的永磁体磁场与定子绕组的旋转磁场相互作用，使转子跟着旋转磁场同步旋转，从而使电机输出转矩。

电机通过减速器可以降低转速、高转矩的动力传递到差速器，再通过半轴将动力传递到驱动轮，最终驱动汽车起步、前进，新能源汽车动力驱动原理如图 1-12 所示。

驱动系统速度控制原理是当汽车加速前进时，电机控制器根据加速踏板位移传感器采集的信息，向电机输出更高的电源频率和电压，使电机转速升高，进而提高驱动轮的转速。当汽车减速行驶时，电机控制器根据加速踏板位移传感器采集的信息，调节电机转速，使驱动轮转速降低，进而降低汽车速度，如图 1-13 所示。

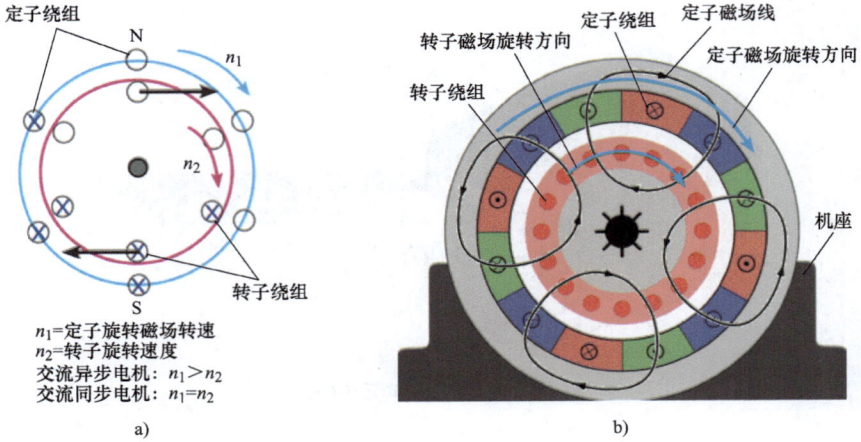

n_1=定子旋转磁场转速
n_2=转子旋转速度
交流异步电机：$n_1 > n_2$
交流同步电机：$n_1 = n_2$

a)

b)

图 1-11 异步电机工作原理

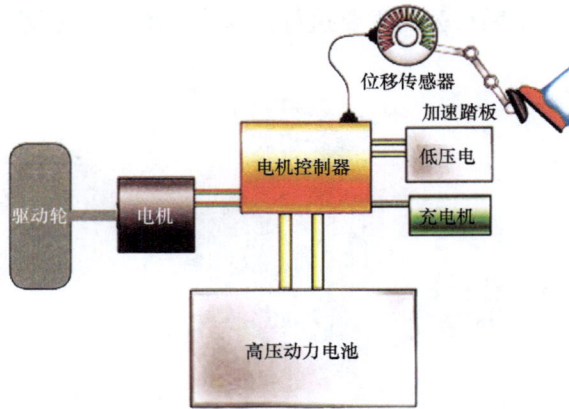

图 1-12 新能源汽车动力驱动原理

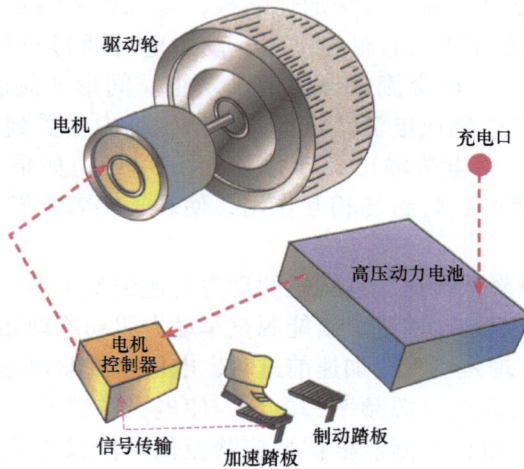

图 1-13 驱动系统速度控制原理

（3）整车控制器

整车控制器（VCU）是新能源汽车正常行驶的控制中枢，是整车控制系统的核心部件，是汽车正常行驶、再生制动能量回收、故障诊断处理和车辆状态监控等功能的主要控制部件。

整车控制器由硬件和软件两大部分组成，如图1-14所示。

整车控制器能够实现对新能源车辆动力、舒适度、安全性以及能耗等方面进行调整优化，再配合空中软件（OTA）升级，可以让汽车拥有更好的操纵稳定性。

整车控制器主要管理以下5个控制单元，分别是电池控制器（电池管理系统）、充电控制器、空调控制器、仪表处理器、电机控制器。

图1-14 整车控制器

1）电池控制器。电池控制器即电池管理系统（BMS），VCU通过CAN总线和BMS进行信息交互，实时获取动力电池的状态，同时也会根据驾驶人发出的指令，控制是否输出高压电，以及是否执行能量回收等功能。

2）充电控制器。当插上充电枪进行充电时，VCU在接收到充电唤醒信号后会首先确认充电枪是否已经正确连接，再向充电控制器发送充电指令，并根据此时动力电池的状态信息选择合适的充电电流对充电机充电。

3）空调控制器。当通过空调控制器开启空调，在选择合适的制冷或制热模式后，VCU便向电动压缩机或PTC加热器发送开启或关闭指令。

4）仪表处理器。VCU通过内部CAN总线网络实时监控车辆状态，并通过仪表处理器将各项信息呈现在仪表上，当车辆某项参数异常时，VCU同时也会发出警告信号，并将故障通过仪表进行警告。

5）电机控制器。当驾驶人踩下加速踏板时，VCU根据此时车辆的状态判断驾驶人意图，当车辆符合行驶条件时，便向电机控制器传达驱动电机信号，电机控制器再根据VCU给出的电子加速踏板信号控制驱动电机输出的转速和转矩，使车辆按照驾驶人的意图行驶。

随着车辆智能化的发展，整车的通信信息量也会大大增加，这也考验着VCU的信息处理能力。未来随着VCU算力的加强，用车环境也将会变得越来越舒适，越来越智能。

混合动力汽车，Hybrid来源于拉丁语Hybrida，是"混合"的意思。在技术层面，Hybrid是指一种系统，该系统将两种不同的技术组合在一起来使用。混合动力汽车如图1-15所示。

只采用燃油供给方式的混合动力汽车，我们通常称其为"普通混合动力汽车"，而可以兼固采用外接电源充电的混合动力汽车，称其为"插电式混合动力汽车"，如图1-16所示。

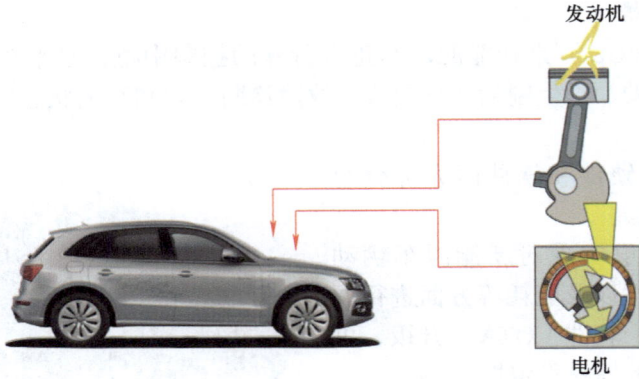

图 1-15　混合动力汽车

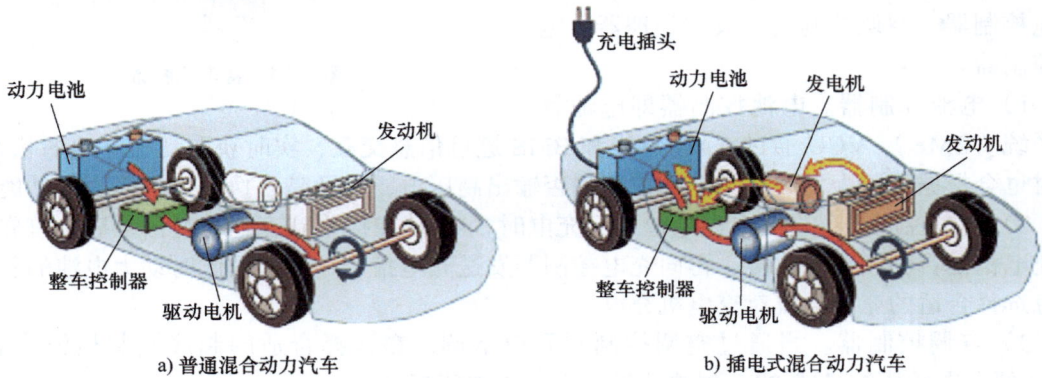

a) 普通混合动力汽车　　　　　　　　　　b) 插电式混合动力汽车

图 1-16　普通混合动力汽车与插电式混合动力汽车

（1）普通混合动力汽车

混合动力系统是指两种不同形式的动力组合在一起，共同驱动汽车前进的动力系统，其动力形式主要有燃油发动机（或燃气发动机）和电机等。但通常我们所说的普通混合动力汽车是指采用燃油发动机与电机两种动力组合而成的汽车，也称作油电混合动力汽车，如图 1-17 所示。

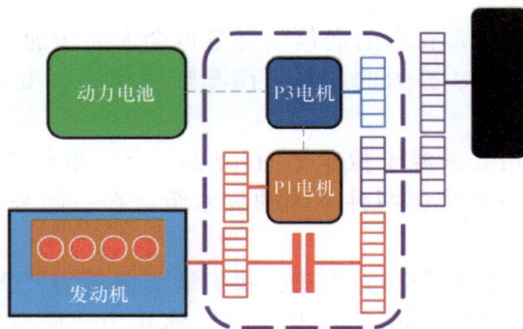

图 1-17　油电混合动力汽车

（2）插电式混合动力汽车

插电式混合动力汽车有两套动力系统：发动机和电机。这两套动力系统不仅相互独立（都可以独立获得能量补充、都可以独立驱动汽车行驶），而且相互协作，共同驱动汽车行驶，如图1-18所示。

图 1-18　插电式混合动力汽车

二、动力电池工作原理

动力电池是新能源汽车驱动力的来源，是新能源汽车的核心组成部分。动力电池的能量密度、产品性能、使用寿命和成本等直接影响到新能源汽车的续驶里程、动力性能、安全性和使用成本等。

动力电池是一种二次电池，二次电池可以重复充放电，也能储存电能。比较常见的二次电池是锂离子电池，作为车载电池被新能源汽车广泛使用，如图1-19所示。

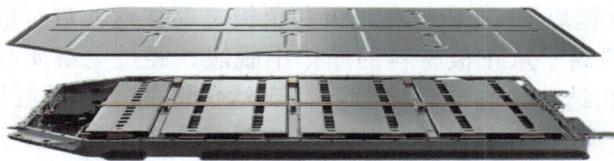

图 1-19　动力电池

1. 蓄电池的工作原理

如果同时将两根分别由锌和铜制成的金属棒吊挂在两个单独的、装有适当电解液的容器中，那么两种金属就会以不同的速度向电解液中释放出数量不同的离子，并在金属棒上留下电子。因为锌棒上存在过量的电子，所以它充当阳极，而铜棒就成为阴极。由于电子浓度不同，所以在两极之间可以测得电压。如果用一个导体连接两个电极，电子就从阳极向阴极移动。这种结构被统称为蓄电池，是电池最简单的形式。当蓄电池释放能量时，阳极就是负极。对于可充电蓄电池，同一个电极会在蓄电池充电或放电情况下分别充当阳极或阴极，如图 1-20 所示。

动力电池经历了铅酸电池、镍铬电池、镍氢电池等多种类型的发展和探索之后，锂离子电池由于具备能量密度高、大功率充放电能力强等优点，目前已经成为新能源汽车动力电池的首选。

2. 镍氢电池

镍氢电池（NMHB）是一种性能良好的动力电池。镍氢电池分为高压镍氢电池和低压镍氢电池。镍氢电池正极活性物质为 Ni（OH）$_2$（称 NiO 电极），负极活性物质为金属氢化物，也称储氢合金（电极称储氢电极），电解液为 6mol/L 氢氧化钾（KOH）溶液。

图 1-20　蓄电池的工作原理

3. 锂离子电池

锂离子电池（LIB）是指以锂离子嵌入化合物为正极材料电池的总称。锂离子电池以碳材料为负极，以含锂的化合物作正极，没有金属锂存在，只有锂离子，因此称为锂离子电池。

正极材料一般有钴酸锂、磷酸铁锂、锰酸锂、三元材料（三元材料主要包括镍钴锰酸锂和镍钴铝酸锂）等，负极是石墨或碳（一般多用石墨）。正负极之间使用有机溶剂作为电解质。

隔膜：一种经特殊成型的高分子薄膜，薄膜有微孔结构，可以让锂离子自由通过，而电子不能通过。

有机电解液：溶解有六氟磷酸锂的碳酸酯类溶剂，有些聚合物电池则使用凝胶状电解液。

电池外壳：分为钢壳（方型很少使用）、铝壳、镀镍铁壳（圆柱电池使用）、铝塑膜（软包装）等。

（1）锂离子电池工作原理

锂离子电池依靠锂离子（Li$^+$）在正极和负极之间往返，进行嵌入和脱嵌工作。锂离子电池充电时，锂离子从正极材料的晶格中脱嵌，经过电解质和隔膜到达负极，而作为负极的碳为层状结构，它有很多微孔，到达负极的锂离子就嵌入碳层的微孔中，嵌入的锂离子越多，充电容量越高；锂离子电池放电时，锂离子从负极碳层中脱嵌，通过电解质和隔膜重新嵌入正极材料晶格中，回到正极的锂离子越多，电池的放电容量越大。

在锂离子电池整个充放电过程中，没有金属锂存在，只有锂离子。从充放电的可逆性来看，锂离子电池反应是一种理想的可逆反应，如图 1-21 所示。锂离子电池的电极反应表达式为

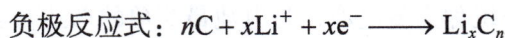

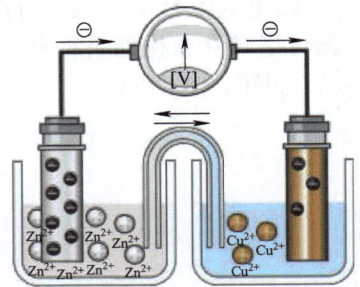

$$正极反应式：LiMO_2 \longrightarrow Li_{(1-x)}MO_2 + xLi^+ + xe^-$$

$$负极反应式：nC + xLi^+ + xe^- \longrightarrow Li_xC_n$$

$$电池总反应式：LiMO_2 + nC \longrightarrow Li_{(1-x)}MO_2 + Li_xC_n$$

式中，M 代表 Co、Ni、Mn 等金属。

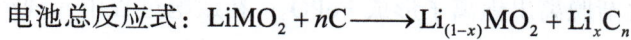

图 1-21　锂离子电池充电和放电过程示意图

（2）锂离子电池组成

锂离子电池组成如图 1-22 所示。

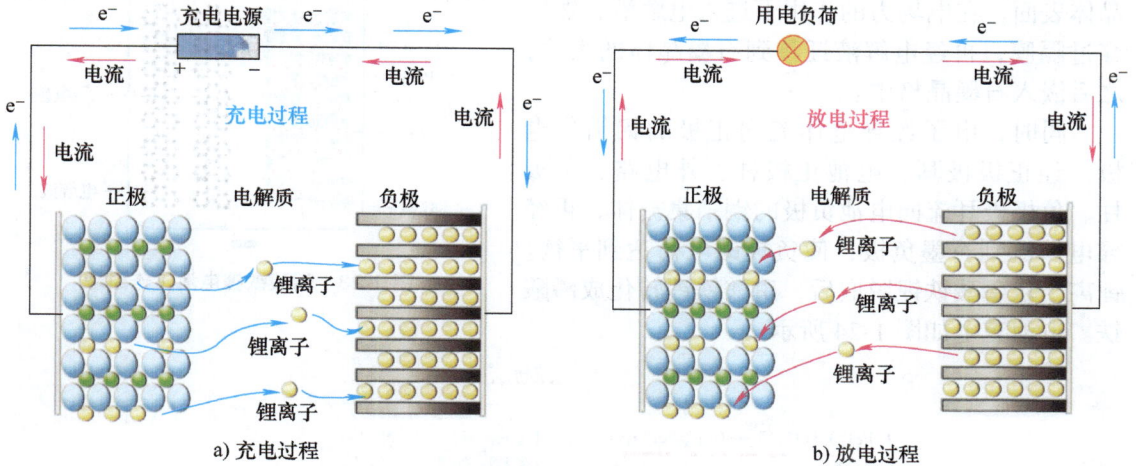

图 1-22　锂离子电池组成

4. 三元锂电池

三元锂电池（NCM）的特点是能量密度大，电压更高，因此同样重量的动力电池容量更大，瞬间放电能力更强，续驶里程更远，车辆加速能力也更强。但是其弱点是稳定性较差。三元锂电池工作电压范围：2.8 ～ 4.2V。

5. 磷酸铁锂电池

磷酸铁锂电池（LFP）简称铁锂电池，采用橄榄石结构的磷酸铁锂（LiFePO$_4$）作为正极，由铝箔与电池正极连接，中间是聚合物隔膜，它把正极与负极隔开；右边是由石墨组成的负极，由铜箔与电池负极连接。磷酸铁锂电池的上下端之间是电解液，电池由金属外壳密闭封装，其工作原理如图 1-23 所示。

（1）电池充电

磷酸铁锂电池的充放电反应是在 LiFePO$_4$ 和磷酸铁（FePO$_4$）两相之间进行。在充电过程中，$LiFePO_4$ 逐渐脱离出锂离子形成 $FePO_4$；在放电过程中，锂离子嵌入 $FePO_4$ 形成 $LiFePO_4$。

电池充电时，锂离子从磷酸铁锂晶体迁移到晶体表面，在电场力的作用下进入电解液，然后穿过隔膜，再经电解液迁移到石墨晶体的表面，之后嵌入石墨晶格中。

同时，电子经导电体流向正极的铝箔集电极，经正极极耳、电池正极柱、外电路、负极柱、负极极耳流向电池负极的铜箔集流体，再经导电体流到石墨负极，使负极的电荷达到平衡。锂离子从磷酸铁锂脱嵌后，磷酸铁锂转化成磷酸铁。电池充电如图 1-24 所示。

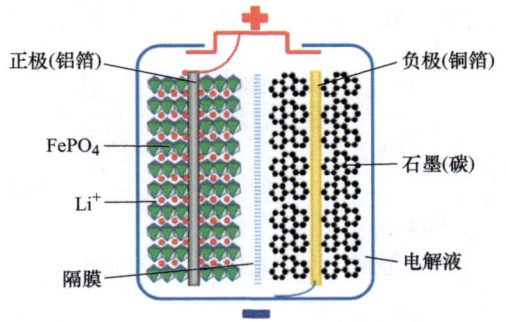

图 1-23　磷酸铁锂电池工作原理

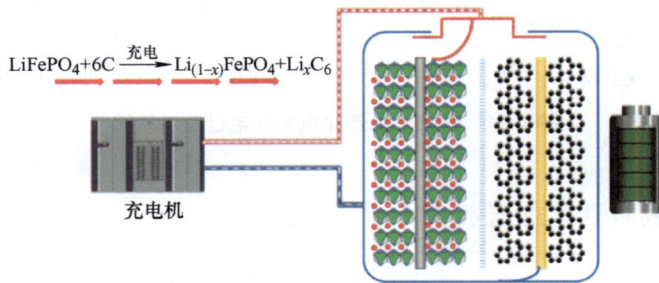

图 1-24　电池充电

（2）电池放电

电池放电时，锂离子从石墨晶体中脱嵌出来，进入电解液，穿过隔膜，迁移到磷酸铁锂晶体的表面，然后重新嵌入磷酸铁锂的晶格内。电池放电如图 1-25 所示。

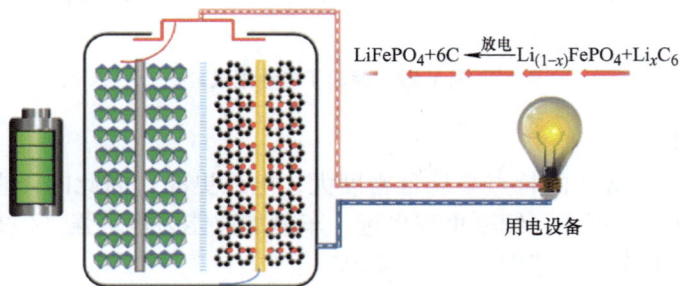

图 1-25　电池放电

磷酸铁锂电池单体标称电压 3.2V，单体充电电压为 3.7V，放电终止电压为 2.5V，电池模组由电芯单体和动力电池管理系统（BMS）组成。

磷酸铁锂电池是用磷酸铁锂作为正极材料的锂离子电池。而三元锂电池全称为正极材料使用镍钴锰酸锂或镍钴铝酸锂等三元聚合物的锂离子电池。磷酸铁锂电池与三元锂电池的区别如图 1-26 所示。

图 1-26　磷酸铁锂电池与三元锂电池的区别

磷酸铁锂电池模组通常由多节电池单体串联组成电池模组。

6. 钴酸锂电池

钴酸锂电池（LCO）是采用钴酸锂（$LiCoO_2$）作为正极材料、石墨或石墨烯作为负极材料，以液态电解质或聚合物电解质为介质的一种锂离子电池。

钴酸锂电池的应用比较少，小电用用钴锂的技术很成熟，钴酸锂电池应用的最大缺点就是成本高，很多公司用锰锂来代替。

钴酸锂电池较镍钴锰酸锂三元正极材料的锂电池（NCM）单位能量密度高，但是循环次数不及镍钴锰酸锂三元正极材料的锂电池（NCM）及磷酸铁锂电池。

钴酸锂电池没有磷酸铁锂电池的循环次数高。

不同锂离子电池综合优势对比见表 1-1。

表 1-1　不同锂离子电池综合优势对比

电池类别	标称电压 /V	能量密度	安全性	寿命	成本
三元锂	3.7	高	中	长	中
磷酸铁锂	3.2	较高	高	长	低
钴酸锂	3.7	高	低	较长	高
锰酸锂	3.7	较高	中	较长	低

7. 固态电池

固态电池（SSB）与目前主流锂离子电池最大的不同在于电解质。固态电池通过使用固态电解质替代了传统锂离子电池的电解液和隔膜，在大电流下工作不会因出现锂枝晶而刺破隔膜导致内部短路，不会在高温下发生副反应，大大提升锂离子电池的安全性及使用寿命。使用全固态电解质后，电池不必使用嵌锂的石墨作负极，而是直接使用金属锂作负极，可以大大减轻负极材料的用量，明显提高了整个电池的能量密度，电池能量密度可达到 300 ～ 400W·h/kg，如图 1-27 所示。

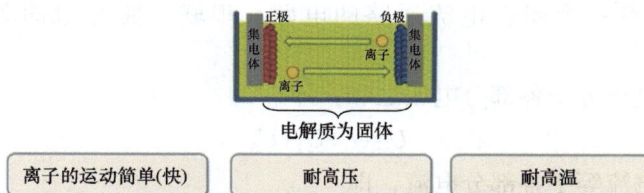

图 1-27　固态电池

三、动力电池术语

动力电池一般应用在电动汽车、混合动力汽车、电动运输车、电动工程车等新能源汽车上。动力电池的结构如图 1-28 所示。以下是常用的动力电池术语。

图 1-28　动力电池的结构

1. 电路

电路就是电流所经过的路径，形成一个闭合回路。或是为了实现某种功能，由各种电气设备和元器件按一定方式联接而成，其形成的电流通路称为电路。

（1）电源

电源是把其他形式的能转换成电能的装置，或者说是供应电能的装置。常见的有干电池、电池、发电机、信号源等。汽车电路中的电源主要由电池和带整流器的交流发电机组成。

（2）负载

负载是指用电的装置或设备，如电灯、电烙铁、电机等，汽车电路中的负载很多，如前照明、点烟器、起动机、汽车音响、显示屏和转向灯等。

（3）导线

导线是连接电源与用电器的金属线，它把电源产生的电能输送到电器，常用材料有铜、铝等。例如，汽车电路中的高压线束、低压线束等。

（4）开关

开关是控制电路接通或断开的电子元件，如手电筒的按钮，汽车上的点火开关及转向灯开关等。

电路分为三种基本连接方式：串联电路、并联电路、混联电路。

（1）串联电路

串联电路是只有一个闭合电流通路的电路，串联电路是最简单的电路形式，如图 1-29 所示。

串联电路的总电压等于各部分电压之和，即

$$U=U_1+U_2+U_3$$

串联电路的总电流等于各部分电流，即

$$I=I_1=I_2=I_3$$

串联电路的总电阻等于各部分电阻之和，即

$$R=R_1+R_2+R_3$$

串联电路应用：根据串联电路的特点计算两个灯泡的电流和电压，如图 1-30 所示。

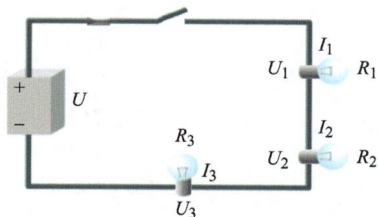

图 1-29　串联电路

图 1-30　计算串联电路两个灯泡的电流和电压

$$R=R_1+R_2=4\Omega+2\Omega=6\Omega$$

$$I=I_1=I_2=\frac{U}{R}=\frac{12V}{6\Omega}=2A$$

$$U_1=I_1R_1=2A\times4\Omega=8V$$

$$U_2=I_2R_2=2A\times2\Omega=4V$$

（2）并联电路

并联电路是有一条以上电流通路的电路。在并联电路中，每个分支上都有电池电压，增加分支不减少可用电压，但会分走电路上一部分的电流。并联电路的每个分支均有一个单独的串联电路，如图 1-31 所示。

并联电路的总电压等于每个分支电压，即

$$U=U_1=U_2=U_3$$

并联电路的总电流等于每个分支电流之和，即

$$I=I_1+I_2+I_3$$

并联电路的总电阻小于最小的单个电阻，即

$$\frac{1}{R}=\frac{1}{R_1}+\frac{1}{R_2}+\frac{1}{R_3}$$

并联电路应用：根据并联电路的特点计算两个灯泡的电流和电压，如图 1-32 所示。

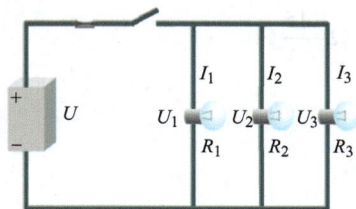

图 1-31　并联电路

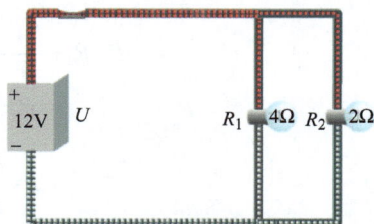

图 1-32　计算并联电路两个灯泡的电流和电压

$$R=\cfrac{1}{\cfrac{1}{R_1}+\cfrac{1}{R_2}}=\cfrac{1}{\cfrac{1}{4}+\cfrac{1}{2}}\Omega=\cfrac{4}{3}\Omega$$

$$I=\cfrac{U}{R}=\cfrac{12V}{\cfrac{4}{3}\Omega}=9A$$

$$I_1=\cfrac{U_1}{R_1}=\cfrac{12V}{4\Omega}=3A$$

$$I_2=\cfrac{U_2}{R_2}=\cfrac{12V}{2\Omega}=6A$$

（3）混联电路

电路里既有串联也有并联的电路是混联电路，如图 1-33 所示。

混联电路可以先把并联部分看成一个整体部件，此时混联电路就变成了串联电路，再按照串联电路的特点进行计算，并联部分按照并联电路的特点进行计算。

$$U=U_1+U_2 \text{ 或 } U=U_1+U_3$$

$$I=I_1=I_2+I_3$$

$$R=R_1+\cfrac{1}{\cfrac{1}{R_2}+\cfrac{1}{R_3}}$$

混联电路的应用如下：根据混联电路的特点计算三个灯泡的电流和电压，如图 1-34 所示。

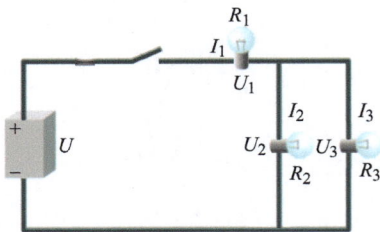

图 1-33　混联电路

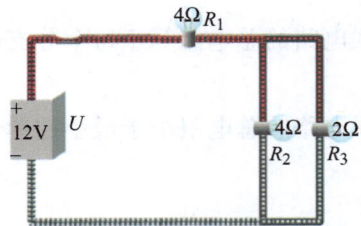

图 1-34　计算混联电路三个灯泡的电流和电压

$$R=R_1+\cfrac{1}{\cfrac{1}{R_2}+\cfrac{1}{R_3}}=4\Omega+\cfrac{1}{\cfrac{1}{4}+\cfrac{1}{2}}\Omega=\cfrac{16}{3}\Omega$$

$$I=\cfrac{U}{R}=\cfrac{12V}{\cfrac{16}{3}\Omega}=2.25A$$

$$I=I_1=I_2+I_3$$

$$U_1 = R_1 I_1 = 4\Omega \times 2.25A = 9V$$

$$U_2 = U - U_1 = 12V - 9V = 3V$$

$$U_3 = U_2 = 3V$$

$$I_2 = \frac{U_2}{R_2} = \frac{3V}{4\Omega} = 0.75A$$

$$I_3 = \frac{U_3}{R_3} = \frac{3V}{2\Omega} = 1.5A$$

2. 电路的三要素

电路的三要素是电压 U、电流 I、电阻 R，是描述电路行为和特征的三个基本参数，如图 1-35 所示。

（1）电压 U

电压是电流流过导体产生的压力（电动势）。电压的力是由两个原子间的"势差"而引起的，即正（+）电荷与负（−）电荷之间的数量差造成了这种不平衡的"电位差"。

将电压与水塔中所形成的水压进行比较来理解电压的概念，如图 1-36 所示。水塔顶部（相当于 12V）与底部或地面（相当于 0V）之间的位差导致形成水压，电压与水压的产生原理相似。

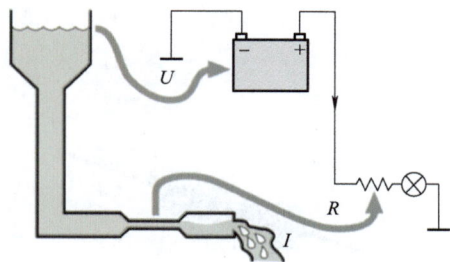

图 1-35　电路的三要素

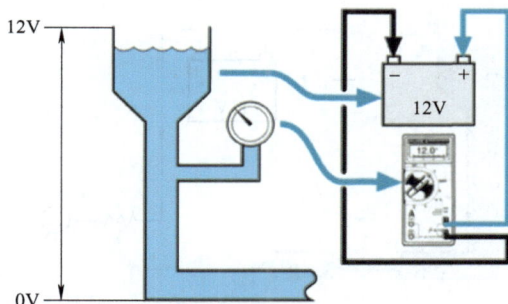

图 1-36　电压与水塔中所形成的水压进行比较

电压的计量单位为伏特（V）。大多数汽车电路用电池和发电机作电源，电压一般是 12V。汽车电路中常用的电压单位为伏特（V）和毫伏（mV），两者之间的关系：1V=1000mV。

电压电源始终具有带有不同电荷的两极：一侧是缺少电子的正极，另一侧是电子过剩的负极。在负极与正极之间有一种电子补偿趋势，即两极连接起来时电子由负极流向正极。这种电子补偿趋势称作电压。

（2）电流 I

以水塔为例，可以将电流比作从水塔流向水龙头的水流。从水塔到地面的实际水流类似于电路中的电流，如图 1-37 所示。

电流是指电荷载体（例如，物质或真空中的自由电子或离子）的定向移动，如图 1-38 所示。电子在受到电压作用时才会有电流。

图 1-37　电流

图 1-38　电荷载体的定向移动

电流的计量单位是安培（A）。汽车电路中常用的电流单位为安培（A）和毫安（mA），两者之间的关系：1A=1000mA。

（3）电阻 R

电阻比如是水管中的一个缩颈。在缩颈的位置阻碍了水流的流动，缩颈位置可以看成类似于电路中的一个电阻，电阻原理如图 1-39 所示。自由电荷载体在导体内部移动的结果是，自由电荷载体与原子相撞，因此电子流动受到阻碍，这种效应称作电阻。电阻实物如图 1-40 所示。

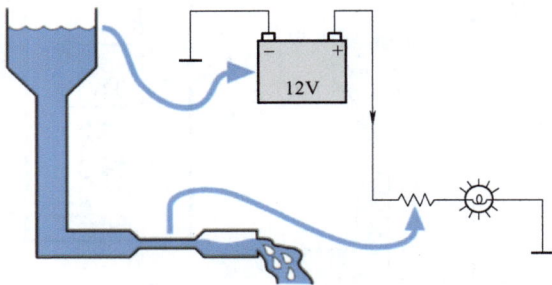

图 1-39　电阻原理

图 1-40　电阻实物

该效应使电阻具有限制电路内电流流动的特点。电阻也称为欧姆电阻。在电子系统中，电阻的作用非常重要。除作为标准电阻元件，还能够影响电路的电压和电流大小。

公式符号：电阻的物理量符号是大写的英文字母 R。

计量单位：电阻的计量单位是欧姆，符号是 Ω。

电阻符号：—▭—。

我们在车辆电池维修中经常会遇到电阻单位是千欧（kΩ）和兆欧（MΩ）的情况，它们之间的关系如下，即

$$1k\Omega=1000\Omega$$

$$1M\Omega=1000k\Omega=1000000\Omega$$

并不是所有的电阻都是有害的。在一个正常的照明灯电路中，灯泡的灯丝通常是可测到电阻的，灯丝的电阻抵抗电流使灯丝加热到白炽的程度。

3. 电池容量（A·h）

电池容量是指电池能够储存电量的总量，电池容量是电池性能的重要指标，它是由电极活性物质的用量和按法拉第定律计算活性物质的电化学当量精确决定。

1）单位：容量用 C 表示，单位用安时（A·h）或毫安时（mA·h）表示。

2）公式：$C=It$，即电池容量（A·h）＝电流（A）× 放电时间（h）。

3）举例：容量为 10（A·h）的电池，以 5A 电流放电可放电 2h，以 10A 电流放电可放 1h。

4）影响因素：电池的实际容量主要取决于活性物质的数量、质量和对活性物质的利用率。

5）额定容量：在规定标准下测得的，由制造商给定的最低限度电池容量。

6）可用容量：在规定条件下，从充满电的电池中释放的电量。

7）理论容量：假设活性物质完全被利用，电池可释放的电量。

4. 电池能量（W·h）

电池能量是指电池储存的能量多少，单位用 W·h 表示。

1）公式：能量（W·h）＝额定电压（V）× 工作电流（A）× 工作时间（h）。

2）举例：3.2V15A·h 电芯单体的能量为 48W·h，3.2V100A·h 电池箱的能量为 320W·h。电池能量是衡量电池带动设备做功的重要指标，而电池容量不能决定做功的多少。

5. 能量密度（W·h/kg）

能量密度是指单位质量所释放的能量，用质量能量密度（W·h/kg）表示。

举例：如一节锂电池重 325g，额定电压为 3.7V，容量为 10A·h，则其能量密度为 113.8W·h/kg，在实际应用中需要考虑电池结构中的壳体、零件等因素。

6. 功率（W 或 kW）与功率密度（W/kg 或 W/L）

功率是指在一定的放电条件下，单位时间内电池输出的能量，单位用 W 或 kW 表示。

功率密度又称比功率，是单位质量或单位体积电池输出的功率，单位用 W/kg 或 W/L 表示。比功率是评价电池及电池箱是否满足电动汽车加速、负载行驶和爬坡能力的重要指标。

7. 放电倍率（C）

放电倍率是指在规定时间内放出其额定容量时所需要的电流值，它在数值上等于电池额定容量的倍数，用 C 表示。

举例：以 10A·h 电池举例，以 2A 放电，则放电倍率为 0.2C；以 20A 放电，则放电倍率为 2C。

8. 充电方式

1）CC/CV：CC 即恒流，以固定的电流对电池充电；CV 即恒压，以固定的电压对电池充电，充电电流会随着电池充满而逐渐下降。

2）涓流充电：指以小于 0.1A 的电流对电池充电，一般在电池接近充满电时，进行补充充电时采用，若电池对充电时间没有严格要求，建议采用涓流充电方式充电。

9. 充、放电深度（SOC、DOD）

1）电池荷电状态（State of Charge，SOC）又称剩余电量，是指电池当前还剩多少电量。常取其与实际电池容量的百分比，0%代表电池完全没电了，100%代表电池满电。

2）放电深度（Depth of Discharge，DOD）：表示电池放电状态的参数，等于实际放电容量与额定容量的百分比。

3）深度放电（Deep Discharge，DD）：表示蓄电50%或更大的容量被释放的程度。

举例：充、放电深度以百分比来表示，如容量为10A·h的电池放电后容量变为2A·h，称为80%DOD；容量为10A·h的电池，充电后容量为8A·h，称为80%SOC，形容满充满放，称为100%DOD。

10. 内阻（mΩ）

内阻是指电池在工作时，电流流过电池内部受到的阻力，单位用mΩ表示。内阻大小主要受电池材料、制造工艺、电池结构等因素的影响。

11. 自放电率（%/月）

电池在储存过程中，容量会逐渐下降，其减少的容量与电池容量的比例，称为自放电率，单位用%/月表示。

12. 循环寿命（次）

二次电池经历一次充放电称为一个周期或一次循环，电池在反复充放电后，容量会逐渐下降，在一定的放电条件下，保持一定电池容量水平之前，电池所经受的循环次数就是循环寿命。

13. 放电平台

放电平台是指放电曲线中电压基本保持水平的部分。放电平台越高、越长、越平稳，电池的放电性能越好。

14. 电池箱的一致性

多个单体电芯串联、并联在一起即组成电池箱（也称为动力电池）。电池箱的整体性能和寿命取决于其中性能较差的一个电芯，因此要求电池箱中每个电芯性能的一致性要高。

15. 化成

电池制成后，通过一定的充放电方式将其内部正负极活性物质激活，改善电池的充放电性能及自放电、储存等综合性能的过程，称为化成。

16. 电池健康状态

电池健康状态（State of Health，SOH）：在标准条件下，动力电池从充满状态以一定倍率放电至终止电压所放出的容量与其所对应的标称容量（实际初始容量）的比值，该比值是电池健康状况的一种反映。

17. 电池寿命

（1）储存寿命

储存寿命用于衡量电池自放电的大小，可以用电池在特定没有负荷的条件下，储存至某规定容量时的天数表示，是进行放置以达到性能劣化到规定程度时所能放置的时间。

（2）循环寿命

循环寿命指电池容量等性能满足规定条件下，所能达到的最大充放电循环次数。循环寿命测试必须同时符合规定充放电循环试验制度，包括充放电倍率（C）、放电深度（DOD）和环境温度范围等。

18. 峰值电压

峰值电压（Peak Voltage，PV）是指电池充电截止电压，如磷酸铁锂电池（LFP）峰值电压 3.65V、三元锂电池（NCM）峰值电压 4.25V 等。注意：不同的电池生产企业的电池峰值电压会有偏差。

19. 标称电压

标称电压（Nominal Voltage，NV）是物理学的专业术语，是指稳压热敏电阻器在 25℃时，标称工作电流所对应的电压。动力电池的标称电压指的是其在 0.2C 放电时全过程的平均电压，是一个近似数值。磷酸铁锂电池的标称电压为 3.22V，三元锂电池的标称电压为 3.7V。

20. 终止电压

终止电压（Final Voltage，FV）指电池放电截止电压，如磷酸铁锂电池终止电压 2.5V、三元锂电池终止电压 2.75V 等。

四、动力电池的结构

1. 电芯

电芯（Battery Cell）是指电池中最基本的组成部分，通常是一个封装在金属壳体中的电化学装置。它是储存和释放电能的单元，通过电化学反应将化学能转化为电能，电芯的种类和构造因电池类型和应用而异。

（1）电芯单体组成

电芯单体的结构由正极板、负极板、顶盖、电解液、绝缘隔膜、壳体、绝缘皮等部件组成，如图 1-41 所示。

1）正极板。正极板的材料是铝箔，铝箔上面被黑色的金属氧化物覆盖，金属氧化物的材料决定锂电池的名称，常见的正极材料包括钴酸锂、锰酸锂、镍钴锰、磷酸铁锂等。

2）负极板。负极板的材料是铜箔，铜箔上面被灰色的石墨材料覆盖，常见的为鳞片石墨或人造石墨材料。理想的石墨材料具有层状结构，可以嵌入和固定锂离子和电子。正极板和负极板的材料如图 1-42 所示。

3）顶盖。顶盖通过激光焊接与壳体组成一个密封的整体，顶盖具有较多的设计和功能，包括注液孔、安全阀（防爆阀）、防护板、绝缘塑料等，能够有效防止电路短路和壳体底部腐蚀，如图 1-43 所示。

4）电解液。电解液是离子传输的载体，一般由锂盐和有机溶剂组成。电解液在锂电池正、负极之间起到传输离子的作用，常见的电解液为碳酸乙烯酯、碳酸丙烯酯、碳酸二乙酯等，如图 1-44 所示。

图 1-41　电芯单体的结构

顶盖
壳体
负极板
正极板
电解液
绝缘隔膜　　绝缘皮

铜箔　　石墨　　　　　　绝缘薄膜　　　　金属氧化物　铝箔
负极板　　　　　　　　　　　　　　　　　　　正极板

图 1-42　正极板和负极板的材料

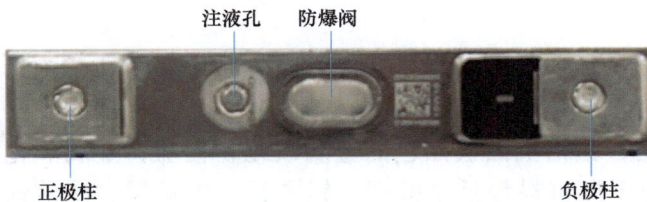

注液孔　防爆阀

正极柱　　　　　　　　　　负极柱

图 1-43　顶盖

图 1-44　电解液

5）绝缘隔膜。绝缘隔膜为不导电材质，绝缘隔膜会影响电池的界面结构、内阻等，由于电解液为有机溶剂体系，所以需要用耐有机溶剂的绝缘隔膜材料，一般采用高强度薄膜化的聚烯烃多孔膜，如图 1-45 所示。

锂电池绝缘隔膜位于正极板和负极板之间，主要作用是将正负极活性物质分隔开，防止两极因接触而短路。此外，在电化学反应时，能保持必要的电解液，形成离子移动的通道。隔膜材质不导电，其物理化学性质对电池的性能有很大的影响。电池的种类不同，采用的隔膜也不同。

6）壳体。壳体在早期主要是钢壳，现在多采用合金材料的铝壳，铝壳的重量更轻、更安全。从材料厚度和膨胀系数上可以有效抑制电池极化、减少热效应、保护电池和电解液。

7）绝缘皮。电芯单体外部的白色或蓝色绝缘膜胶带是以聚酯薄膜复合材料为基材，在基材胶粘带上涂覆专用的亚克力胶水，具有耐高温、耐高压击穿、耐穿刺、抗拉强度好等特点，如图1-46所示。

图 1-45　绝缘隔膜

图 1-46　电芯单体外部的绝缘膜胶带

电芯单体是新能源汽车中重要的核心部件之一，它直接影响整车的性能和续驶里程。电芯单体的质量、容量和电压决定了动力电池的性能，而动力电池的性能又直接影响着新能源汽车的性能。因此，选择优质的电芯单体非常重要，不仅可以保证车辆的运行安全，还可以延长动力电池的使用寿命及续驶里程。

（2）电芯参数

某型号磷酸铁锂电池电芯和某型号三元锂电池电芯性能对比见表1-2。

表 1-2　某型号磷酸铁锂电池电芯和某型号三元锂电池电芯性能对比

序号	参数	磷酸铁锂电池电芯数值	三元锂电池电芯数值
1	电芯规格	LFP–143A·h	NCM–190A·h
2	外形尺寸	$L \times W \times H$：150mm × 69mm × 116mm	$L \times W \times H$：148mm × 80mm × 103mm
3	电芯容量	143A·h	190A·h
4	标称电压	3.22V	3.7V
5	工作电压范围	2.5 ～ 3.65V	2.8 ～ 4.35V
6	电芯能量	460.46W·h	709.65W·h
7	电芯重量	（2600±45）g	（2800±200）g
8	电芯能量密度	177.1W·h/kg	253.44W·h/kg
9	工作温度	充电：–20 ～ 55℃ 放电：–30 ～ 55℃	充电：–20 ～ 55℃ 放电：–30 ～ 55℃
10	4周最大自放电率	4%（25℃，以40%SOC储存）	4%（25℃，以40%SOC储存）

（3）电芯单体采样

电芯电压采样、模组温度采样，可简单理解为给电芯和模组做持续监测；在充放电过程中，实时采集动力电池中每块电池的端电压、温度，防止发生电池温度过高、过充电或过放电的情况，如图 1-47 所示。

1）电芯电压采样：帮助电池控制单元（BMU）对电池进行电压监控及其均衡控制。

2）模组温度采样：帮助 BMU 对电池的温度进行监控。

这种监控是在线、持续、不间断的。当监控过程中发现数据异常时，可及时查询对应的电池状况，并挑选出有问题的电池，从而保证整组电池运行的可靠性和高效性。

3）采样的基本流程：电芯电压采样和模组温度采样的基本流程见表 1-3。

图 1-47 电芯电压采样、模组温度采样

表 1-3 电芯电压采样和模组温度采样的基本流程

功能	路径		车型
电芯电压采样	分布式 BMS：电芯正负极柱巴片→FPC、线束→采样芯片（CSC/CMC 上）→主控芯片（BMU 上）		商用车
	集成式 BMS：电芯正负极柱巴片→FPC、线束→采样芯片（BMU 上）→主控芯片（BMU 上）		乘用车
模组温度采样	分布式 BMS：模组 NTC→FPC、线束→采样芯片（CSC 上）→主控芯片（BMU 上）		商用车
	集成式 BMS：模组 NTC→FPC、线束→采样芯片（BMU 上）→主控芯片（BMU 上）		乘用车

4）采样的电气原理展示。

① 某商用车电芯电压采样和模组温度采样电气原理如图 1-48 所示。

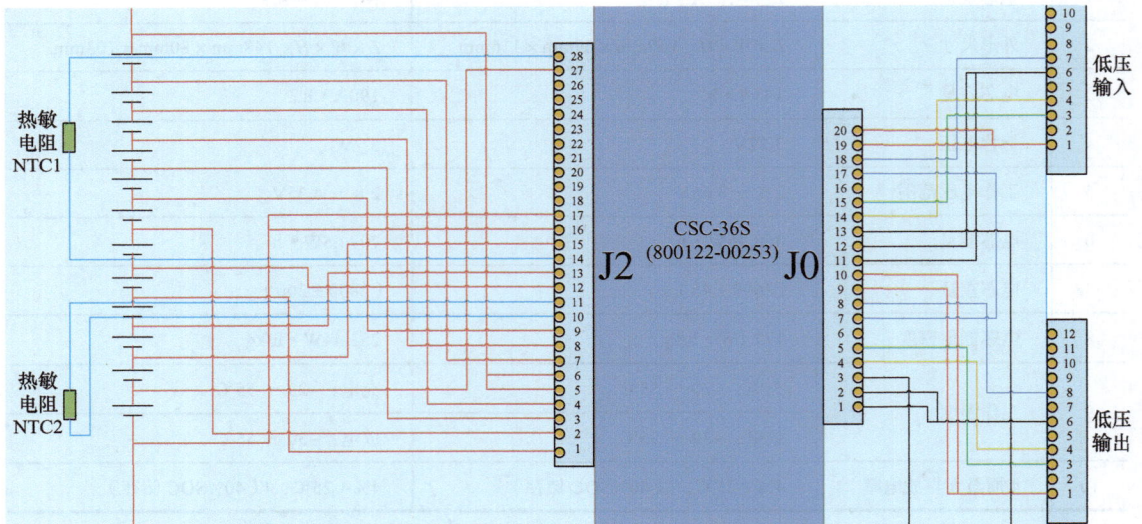

图 1-48 某商用车电芯电压采样和模组温度采样电气原理

② 某乘用车电芯电压采样和模组温度采样电气原理如图 1-49 所示。

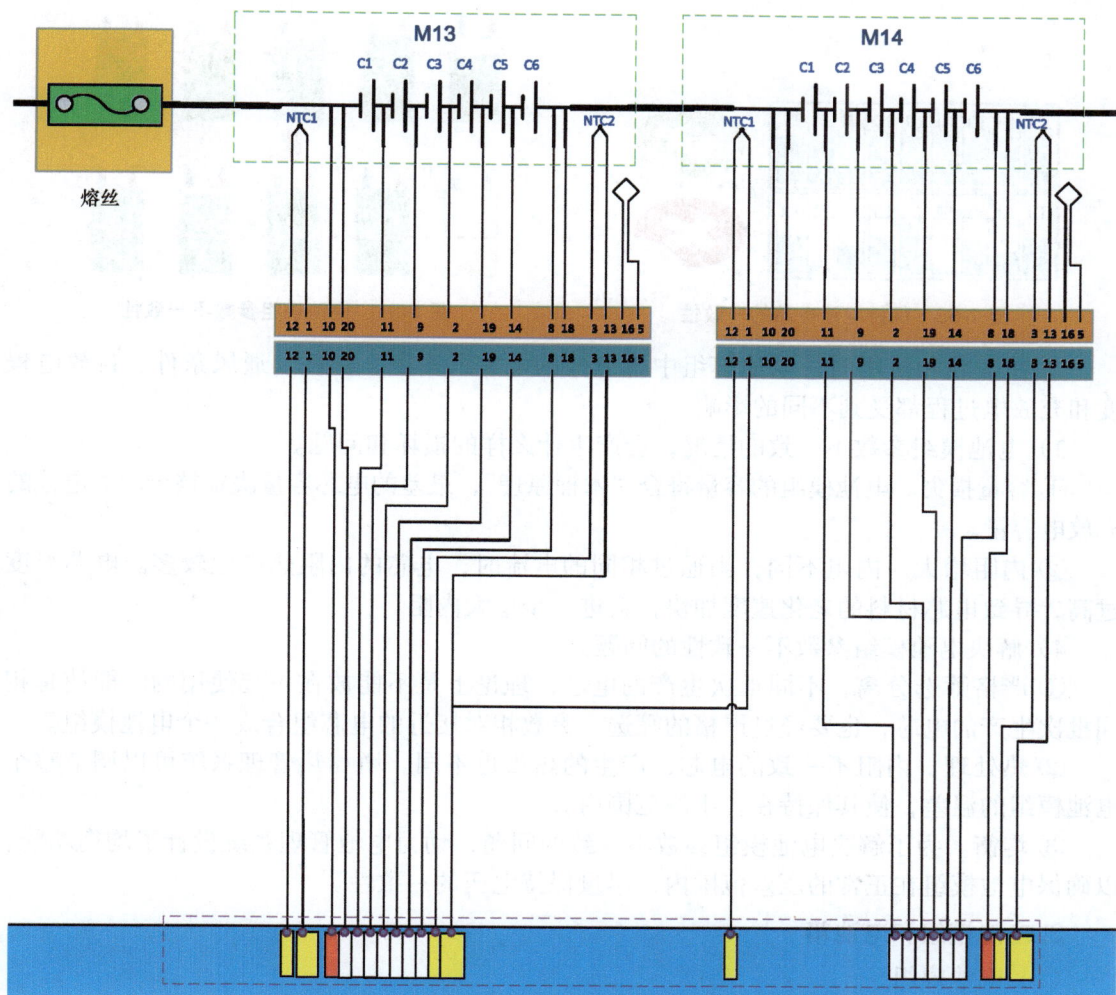

图1-49 某乘用车电芯电压采样和模组温度采样电气原理

（4）电芯一致性

组装动力电池模组时，首先要做的是电芯单体配对，需要将相同容量和倍率的电芯进行筛选和排列，最后焊接成电池模组。在确保这些电池参数一致后，再将其组合成串、并联成组。如果其中有一颗电芯和其他电芯不匹配，那么做出来的电池也是有问题的，甚至会导致电池被损坏。因此在组装动力电池模组时，要保持电池电芯的一致性，如图1-50所示。

1）电池模组参数不一致的概念。电池模组参数不一致性主要是指组成电池模组单电芯的容量、内阻和开路电压的不一致性，如图1-51所示。

2）电池模组参数不一致的原因。电池模组参数不一致是一个积累的过程，其原因主要有以下两个方面。

① 在生产过程中产生的问题，如工艺、材料不均匀等问题，这会造成材料之间的细微差别。

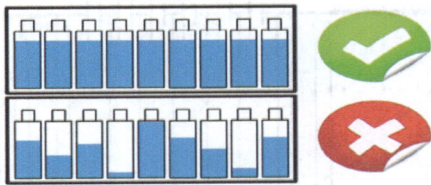

图 1-50　保持电池电芯的一致性

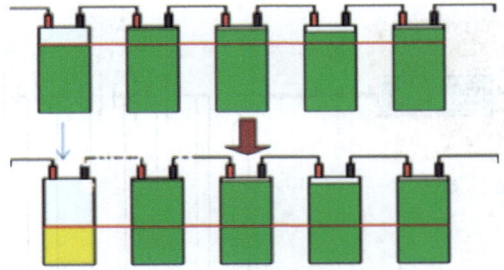

图 1-51　电池模组参数不一致性

② 在加载和使用时，电池模组中各电池的电解质密度、温度、通风条件、自放电程度和充放电过程都受到不同的影响。

3）电池模组参数不一致的情况，会产生什么样的损坏和问题。

① 容量损失。电池模组的容量符合"木桶原理"，最差的电芯容量决定整个动力电池的充放电容量。

② 内阻增大。内阻不同，当通过相同的电流时，电芯的内阻热产生较多。电芯温度过高，导致电芯材料的老化速度加快，会进一步增大内阻。

4）解决电池模组参数不一致性的问题。

① 严格筛选分离。不同批次生产的电芯，理论上是不能放在一起使用的。即使是相同批次生产的电芯，也要经过严格的筛选，参数相对接近的电芯组合成一个电池模组。

② 热处理。内阻不一致的电芯，产生的热量也不同。增加热管理系统可以调节整个电池模组的温差，使其保持在较小的范围内。

③ 均衡。为了解决电池模组参数不一致的问题，动力电池管理系统设计了均衡功能，以确保电池模组在正常的压差范围内，尽量保持电压的一致性。

2. 电池模组和电池箱

（1）电池模组

电池模组（Battery Module）是由多个电芯组装而成的单元，用于为新能源汽车提供更高的电池电压或容量，串联连接电芯可以增加电池总电压，并联连接电芯可以增加电池总容量。电池模组是电池系统中的一个组件，其结构通常由若干个电芯单体、连接器柔性印制电路板（FPC）和其他附件等组成，如图 1-52、图 1-53 所示。

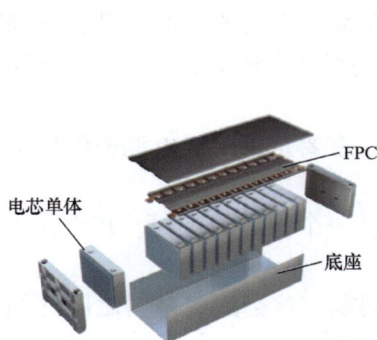

图 1-52　电池模组

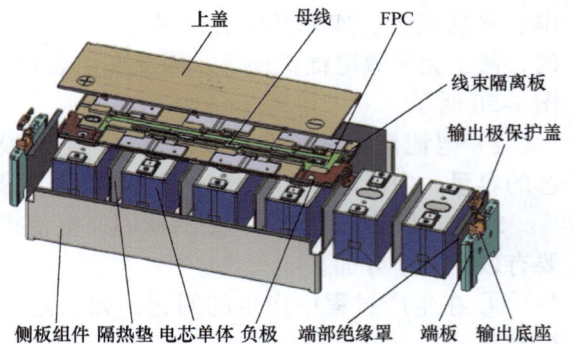

图 1-53　电池模组结构

电池模组通常还具备外壳或保护结构，用于保护电芯并提供结构支撑和物理隔离。电池外壳具有提供防护、散热和保护电池系统免受外部环境损害的功能。

（2）电池箱

电池箱（Battery Pack）是由多个电池模组组装而成的整体单元，用于为新能源汽车储存和提供电能。它是电池系统中更高级别的组件，通常由若干个电池模组、连接器、动力电池管理系统、热管理系统、电气接口和电池外壳等组成，如图1-54所示。

图1-54　电池箱

电池箱配备了BMS，用于监控和管理整个电池系统。BMS对电池模组的工作状态进行监测，控制充放电过程，实现对电池的保护和均衡控制，以确保电池箱满足安全性和性能的稳定性要求。

电池箱通常还具备热管理系统，用于控制电池箱的温度。通过热管理系统，可以有效冷却电池模组，防止其过热，使电池箱维持在适宜的工作温度范围内。

电池箱还包括电池外壳和保护结构，用于保护电池模组和BMS，并提供结构支撑和物理隔离，以确保电池系统的安全性和可靠性。

3. 动力电池分类

（1）无模组（CTP）电池箱

无模组（CTP）电池箱，电芯单体是电池箱的核心组件，即由多个电芯单体直接集成到电池箱内，CTP电池箱如图1-55所示。

（2）有模组（MTP）电池箱

有模组（MTP）电池箱是由电池模组组成的电池箱，它是传统技术的电池箱技术，多个电池模组是由电芯单体通过电池极柱串联。它在电池箱内部集成封装好之后再安装到车身上，因为它是有模组的结构，所以维修的时候可以单独更换电池模组，这是目前电池维修中常见的电池箱，如图1-56所示。

图1-55　CTP电池箱

CTP电池箱是在商用车领域应用的背接触电池（BC）系列电池箱，如图1-57所示。

（3）电芯底盘一体化（CTC）电池

电芯底盘一体化（CTC）电池是将电芯直接集成到车辆底盘内部的电池技术。

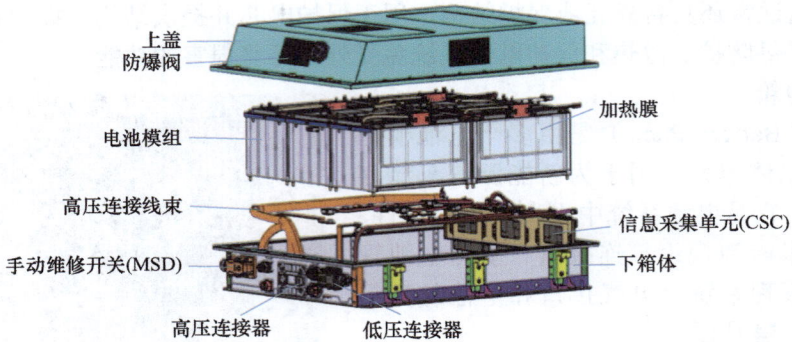

图 1-56　MTP 电池箱

（图中标注）
上盖
防爆阀
电池模组
高压连接线束
手动维修开关(MSD)
高压连接器
低压连接器
加热膜
信息采集单元(CSC)
下箱体

CTC 电池省去了从电芯到模组，再到电池箱的步骤，直接将电芯安装在车辆底盘平台上，是 CTP 电池的升级版集成方案。

CTC 电池集成方案是直接将电芯集成在地板框架内部，将地板的上下板作为电池外壳。它是 CTP 方案的进一步集成，完全使用地板的上下板代替电池外壳和盖板，与车身地板和底盘进行一体化设计，从根本上改变了新能源汽车电池的安装形式。

图 1-57　BC 系列电池箱

五、动力电池的编码

1. 动力电池的标签

动力电池的标签包括信息标签和警告标签，如图 1-58 所示。信息标签，可获得的信息是电池的型号、电池材料、额定电压、额定容量与重量等。警告标签，所有高压组件均带有安全警告标识。

图 1-58　动力电池的标签

2. 汽车动力电池 24 位编码

2018 年 8 月 1 日起实施的《新能源汽车动力蓄电池回收利用溯源管理暂行规定》要求：自 2019 年 8 月 1 日起生产的新能源汽车动力电池产品单体、模块、电池箱均需采用全新的 24 位电池编码。那么这 24 位编码由哪些代码组成，分别代表什么含义？

汽车动力电池 24 位编码分别由 3 位厂商代码，1 位产品类型代码，1 位电池类型代码，2 位规格代码，7 位追溯信息代码，3 位生产日期代码，7 位序列号组成，如图 1-59 所示。

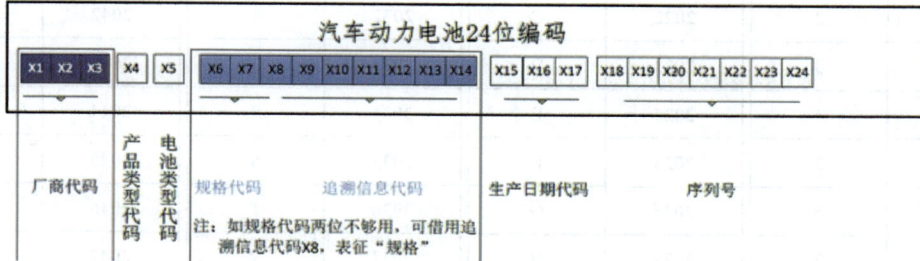

图 1-59 汽车动力电池 24 位编码

（1）X1、X2、X3

X1、X2、X3：厂商代码（3 位）代表电池生产厂商，电池生产厂商通过"汽车动力电池编码备案系统"提交申请，由工信部统一分配。

（2）X4、X5

X4：产品类型代码（1 位）代表电池组成形态。如用 P 表示电池箱，用 M 表示电池模块，用 C 表示单体电池。

X5：电池类型代码代表电池所采用材料。如用 B 表示磷酸铁锂电池，用 E 表示三元锂电池，其余电池材料的代码见表 1-4。

表 1-4 电池材料的代码

电池类型	代码
镍氢电池	A
磷酸铁锂电池	B
锰酸锂电池	C
钴酸锂电池	D
三元锂电池	E
超级电容器	F
钛酸锂电池	G
其他	Z

（3）电池类型代码

1）X6、X7：规格代码（2 位）由电池生产厂商自定义，需在"汽车动力电池编码备案系统"完成备案。

2）X8、X9、X10、X11、X12、X13、X14：追溯信息代码（7 位）由电池生产厂商自定义，需在"汽车动力电池编码备案系统"完成备案。

3）X15、X16、X17：生产日期代码（3 位）。X15 代表生产年份代码，见表 1-5。

表 1-5　生产年份代码

年份	代码	年份	代码	年份	代码	年份	代码
2011	1	2021	B	2031	M	2041	1
2012	2	2022	C	2032	N	2042	2
2013	3	2023	D	2033	P	2043	3
2014	4	2024	E	2034	R	2044	4
2015	5	2025	F	2035	S	2045	5
2016	6	2026	G	2036	T	2046	6
2017	7	2027	H	2037	V	2047	7
2018	8	2028	J	2038	W	2048	8
2019	9	2029	K	2039	X	2049	9
2020	A	2030	L	2040	Y	2050	A

注：数字不含 0，字母不含 I、O、Q、U、Z，每 30 年循环一次。

X16 代表生产月份，X17 代表生产日期，生产月份和生产日期共用代码见表 1-6。

表 1-6　生产月份和生产日期共用代码

日期	代码	日期	代码	日期	代码
1	1	12	C	23	P
2	2	13	D	24	R
3	3	14	E	25	S
4	4	15	F	26	T
5	5	16	G	27	V
6	6	17	H	28	W
7	7	18	J	29	X
8	8	19	K	30	Y
9	9	20	L	31	0
10	A	21	M	—	—
11	B	22	N	—	—

注：字母不含 I、O、Q、U、Z。

（4）生产日期代码

X18、X19、X20、X21、X22、X23、X24：序列号（7 位）代表当日生产顺序，数字范围为 0000001 ～ 9999999。

认识电池编码后，能够快速判断动力电池的生产日期、材料组成等信息，动力电池标牌如图 1-60 所示。

图 1-60 动力电池标牌

任务二 新能源汽车动力电池管理系统认知

新能源汽车动力电池管理系统的主要任务是保证动力电池一直处于正常、安全的工作状态，在动力电池状态出现异常时及时响应处理，并根据车辆行驶状态、环境温度、动力电池状态等确定动力电池的充放电功率等。动力电池管理系统包括众多的传感器（监测电流、电压和温度等）和电池控制单元（BMU）等。其中，动力电池管理系统重要部件BMU 如图 1-61 所示。

图 1-61 动力电池管理系统重要部件 BMU

一、动力电池管理系统（BMS）功能和组成

1. 动力电池管理系统（BMS）功能

动力电池管理系统（BMS）可对电池箱和电池模组的运行状态进行动态监控，能够精确测量电池的剩余电量，同时对电池进行充放电保护，并使电池工作在最佳状态，达到延长其使用寿命、降低运行成本的目的，进一步提高了动力电池的可靠性和经济性。

动力电池管理系统（BMS）的功能如图 1-62 所示。

2. 动力电池管理系统（BMS）组成

动力电池管理系统（BMS）由电池控制单元（BMU）、电池监控单元（CSU）、信息采集单元（CSC）、熔断器或手动维修开关（MSD）、继电器、高低压线束等部件组成。通过各部件或模块协同配合工作，实现高效有序的动力电池性能管理。

图 1-62　动力电池管理系统（BMS）的功能

（1）电池控制单元（BMU）

电池控制单元（BMU）是动力电池管理系统的核心，根据采样芯片的位置分为集成式与非集成式。

（2）动力电池数据采集系统

1）电流采样采用两种形式，一种是霍尔式传感器，另一种是分流器。

① 霍尔式传感器。霍尔式传感器根据霍尔原理设计制造，由于其采样时并不连接高压回路，所以也叫非接触式电流传感器；感受被测电流信息，并将检测内容转化为电信号发送给 BMU 的检测通信装置，位于 S 盒（S-BOX），当一次电流流过导体时，在导体周围产生磁场强度与电流大小成正比的磁场，霍尔元件输出与气隙处磁感应强度成正比的电压信号，放大电路将该信号放大输出。霍尔式传感器电路原理如图 1-63 所示，乘用车霍尔式传感器实物如图 1-64 所示。

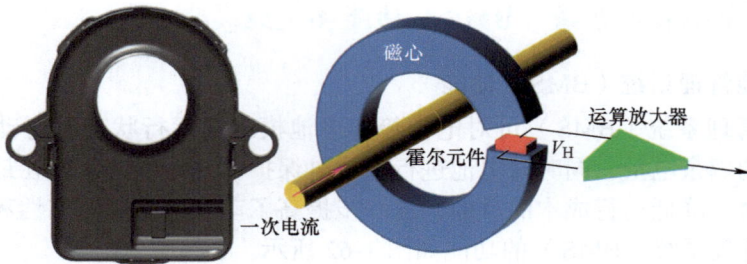

图 1-63　霍尔式传感器电路原理

非接触式电流传感器，对温度不敏感，但是对外部磁场变化比较敏感，对于结构（尤其是母线）设计有较高的要求，商用车霍尔式传感器安装位置及实物如图 1-65、图 1-66 所示。

图 1-64 乘用车霍尔式传感器实物

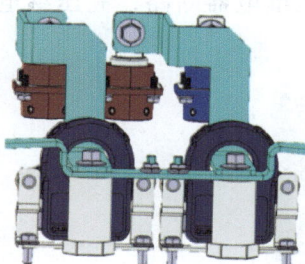

图 1-65 商用车霍尔式传感器安装位置

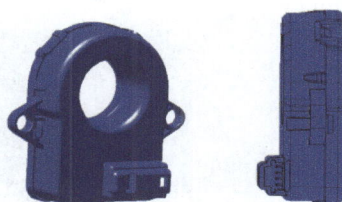

图 1-66 商用车霍尔式传感器实物

② 分流器。分流器电流采样；与 BMU 进行 SCAN 通信。

区别于传统意义上的电流传感器，分流器在检测到被测电路的电流与主回路电压信息时，将检测信息转化为电信号发送给 BMU 的检测通信装置，位于 S-BOX 内，集成高压采样的电流采样单元，如图 1-67 所示。

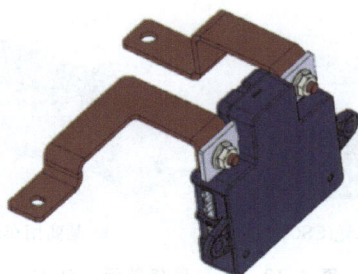

图 1-67 集成高压采样的电流采样单元

2）高压继电器。高压继电器作为高压通断的开关器件，如图 1-68 所示。高压继电器的主要作用如下：

① 控制充放电回路的接通与断开。

② 控制充电流程。

③ 控制热管理系统的开启与关闭。

④ 具备在发生电池自保护故障或火灾预警故障时断开所有高压连接回路，以实现保护电池及确保整车安全的目的。

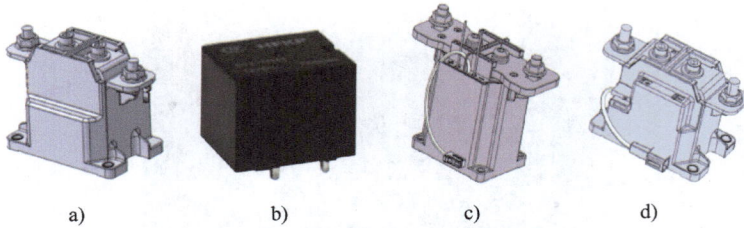

图 1-68 高压继电器

通过采集电池内侧电压与高压继电器外侧电压进行比较来判断高压继电器的工作状态；如果高压继电器闭合前采样到的内外侧电压一致，说明高压继电器粘连；如果高压继电器闭合后采样到的外侧电压为 0V，说明高压继电器断路，高压继电器实物如图 1-69 所示。

图 1-69 高压继电器实物

3）信息采集单元（CSC）。信息采集单元（Cell Supervision Circuit，CSC）是一种安装在电池箱内部的监测器，负责将电池信息采集后传递给 BMU 进行处理。CSC 是新能源汽车中的一个重要部件，如图 1-70 所示。

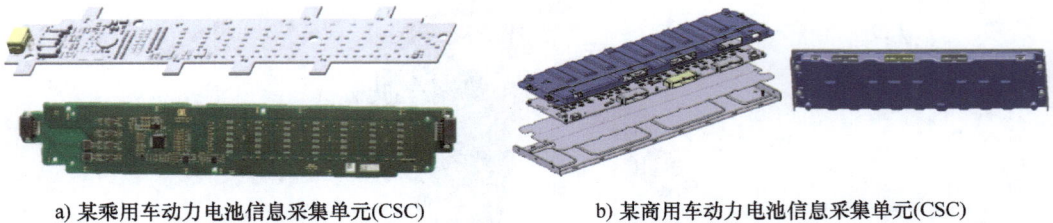

a) 某乘用车动力电池信息采集单元(CSC)　　　b) 某商用车动力电池信息采集单元(CSC)

图 1-70 信息采集单元（CSC）

CSC 主要功能：监控单体电压、模组温度，与 BMU 通信，执行均衡。

每一个电池单元有多个 CSC，以监测其中每个单体电池或电池模组的单体电压、温度信息。CSC 将相关信息上报电池管理单元（BMU），并根据 BMU 的指令执行相关动作。

（3）高压盒

高压盒主要包括主正继电器、主负继电器、充电继电器、预充继电器、预充电阻、熔断器等。某乘用车高压盒构造如图 1-71 所示。

高压盒的继电器接收控制单元指令，完成整车的预充、上电、下电过程，在短路、过热或故障情况下可切断动力电池输出。某商用车高压盒实物如图 1-72 所示。

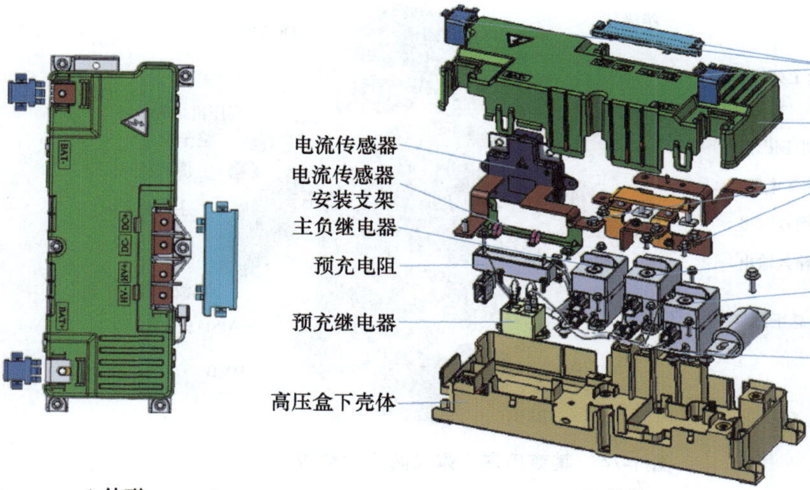

电流传感器
电流传感器安装支架
主负继电器
预充电阻
预充继电器

保护盖
高压盒上壳体
高压铜巴
充电继电器
主正继电器
熔断器
低压线束

高压盒下壳体

a) 外形   b) 结构

图 1-71   某乘用车高压盒构造

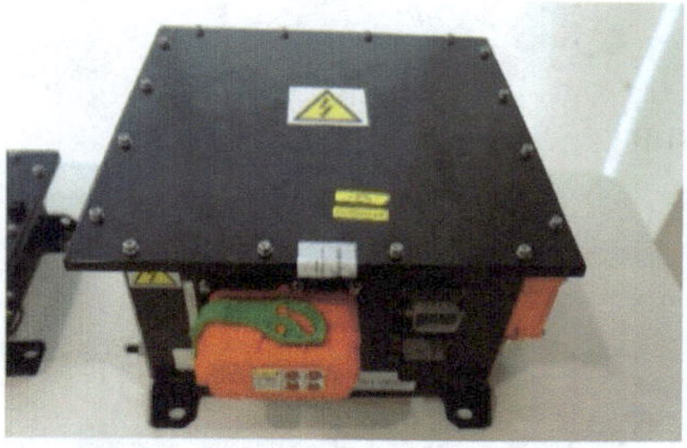

图 1-72   某商用车高压盒实物

某商用车高压盒如图 1-73 所示。高压盒分为一体式高压盒（图 1-73a）和分体式高压盒（图 1-73b）两种，其中

分体式高压盒 = 接线盒 + 控制盒

1）接线盒：高压回路及高压采样模块，包含高压采样板（HVB）模块。

2）控制盒：包括 BMS 硬件及驱动控制，包含 BMU、数据管理（PDM）、关系数据库（RDB）模块。

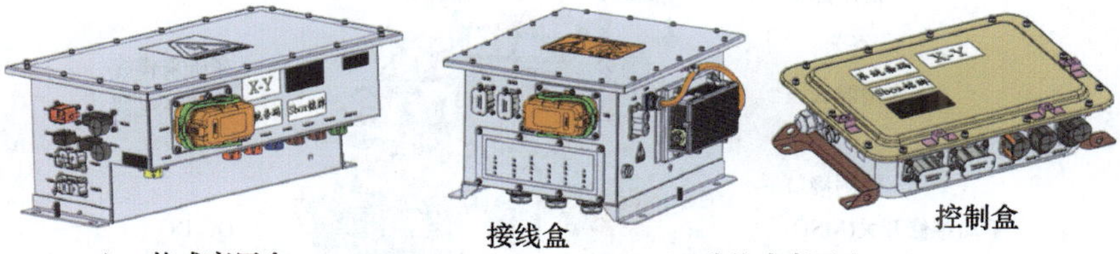

a) 一体式高压盒   接线盒   b) 分体式高压盒   控制盒

图 1-73   某商用车高压盒

某商用车一体式高压盒结构如图 1-74 所示。

图 1-74　某商用车一体式高压盒结构

某商用车分体式——控制盒如图 1-75 所示。

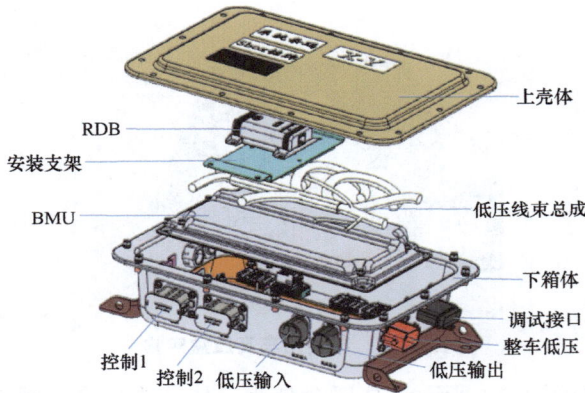

图 1-75　某商用车分体式——控制盒

某商用车分体式——接线盒如图 1-76 所示。

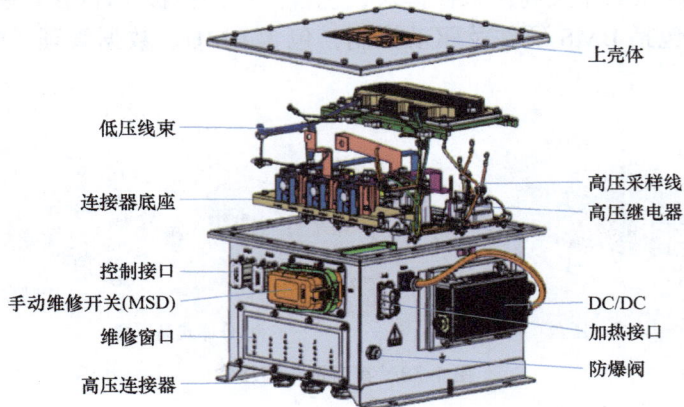

图 1-76　某商用车分体式——接线盒

二、动力电池管理系统（BMS）工作原理

动力电池管理系统（BMS）组成架构如图 1-77 所示，一般包括信息采集单元（CSC，从控模块）、电池控制单元（BMU，主控模块）、高压盒、电流传感器和热管理系统五个部分组成。集中式 BMS 将从控模块与主控模块集成为一整体。

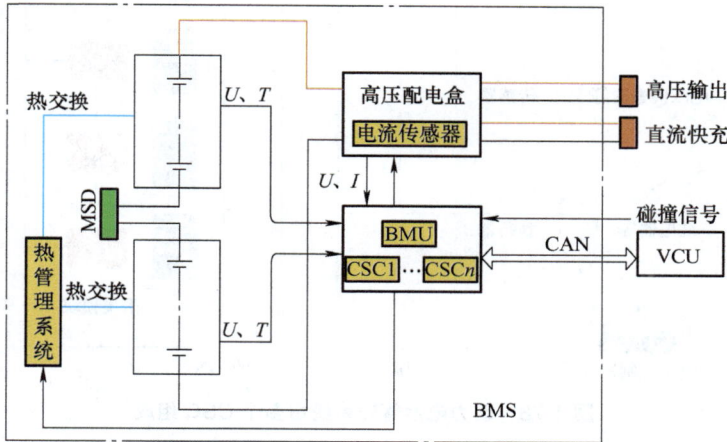

图 1-77　BMS 组成架构

动力电池管理系统是保证动力电池正常使用、行车安全、数据采集和提高电池寿命的一种关键技术。它能提升动力电池的工作性能，预防个别电芯单体早期发生损坏，有利于新能源汽车的顺利运行，并对乘员具有保护和警告功能。

动力电池管理系统相当于人的大脑，不仅要保证动力电池系统安全可靠的运行，还要充分发挥动力电池的性能并延长其使用寿命。动力电池管理系统是动力电池和整车控制器与驾驶人之间沟通的桥梁，通过控制高压继电器的动作来控制动力电池的充放电，并向整车控制器上报动力电池系统的运行参数与故障信息。动力电池管理系统是动力电池的核心部件，是集监测、控制与管理为一体的控制单元，主要由 BMU、CSC、高压盒、温度调节装置等部件组成。动力电池的性能很复杂，不同类型的动力电池特性相差很大。需要建立动力电池管理系统来提高对动力电池的利用率，防止动力电池出现过充电和过放电的情况，延长动力电池的使用寿命并监控动力电池的状态。

1. 信息采集单元（CSC）

信息采集单元（CSC）是一个专用的集成数据采集模块，负责对动力电池模组各电芯单体电压、温度和采样线是否异样进行监测。为了达到动力电池系统布线的最优化，各电芯单体的均衡电路也在这个模块中完成。一个动力电池模组对应一个 CSC，由于动力电池由多个动力电池模组组成，所以动力电池管理系统由多个 CSC 组成，如图 1-78 所示。

（1）数据采集

动力电池管理系统所有的控制均源于准确的数据采集，采集的数据包括电芯单体电压、温度、总电压、总电流、绝缘电阻、高压互锁（HVIL）信号、碰撞信号、热管理系统进出水口温度等。

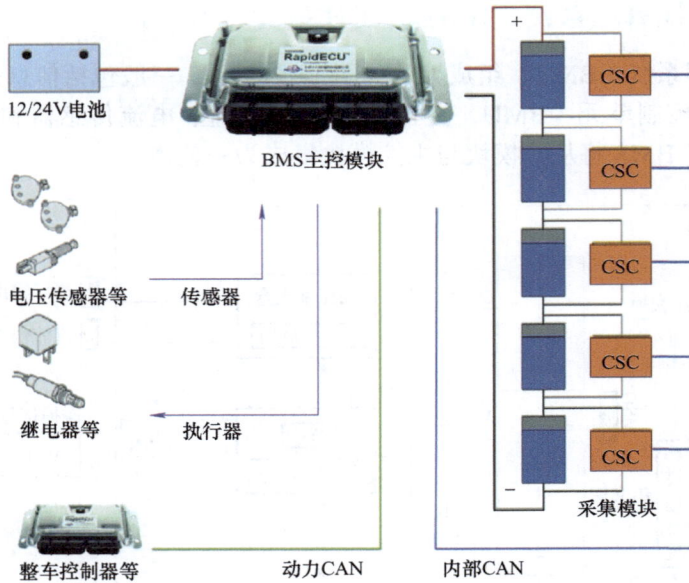

图 1-78　动力电池管理系统由多个 CSC 组成

根据 GB 18384—2020《电动汽车安全要求》，在最大工作电压下，直流电路绝缘电阻应≥100Ω/V，交流电路应≥500Ω/V。如果直流和交流的 B 级电压电路可导电的连接在一起，则应满足绝缘电阻≥500Ω/V 的要求。动力电池管理系统还对高压插接件的连接可靠性、手动维修开关及部件开合状态进行高压互锁检测，确保高压系统安全有效。动力电池管理系统对所有采集的数据均通过动力系统 CAN 总线与整车控制器进行交互。

（2）状态估算

状态估算是 BMS 的重要功能之一，通过采集当前的动力电池状态、运行工况和充放电电量信号，对动力电池的电池荷电状态（SOC）、电池健康度（SOH）进行估算，SOC、SOH 估算精度直接影响动力电池的运行效率和使用寿命，一般要求估算误差不超过 5%。SOC、SOH 信息还会与整车控制器交互，并显示在仪表上。

（3）能量管理

能量管理主要包括动力电池充放电管理和均衡管理。BMS 根据动力电池荷电状态对充放电过程的电流和电压进行限制，控制充放电功率。动力电池模组中设置有均衡电路，对电芯单体进行均衡控制，确保电芯单体工作状态的一致性，提高动力电池的整体性能和使用寿命。

（4）安全保护

BMS 具备动力电池保护功能，当动力电池出现过充电、过放电、过热时对动力电池进行限流、限压、下电控制，监测动力电池绝缘故障、高压互锁故障和碰撞信号，切断高压回路，确保人身和高压系统的安全。

（5）热管理

例如，锂离子动力电池对工作温度的要求非常高，动力电池热管理系统必须确保动力电池在最佳温度状态下工作。当动力电池工作温度过高时会启动制冷系统进行冷却，工作温度过低时会通过 PTC 加热器等方式进行加热，并在动力电池工作过程中保持电芯单体间温度的一致性。

（6）数据通信与显示

BMS 具有与整车控制器（VCU）、车载充电机（OBC）及直流充电桩等进行通信的功能。通信方式包括模拟量、脉冲宽度调制（PWM）信号和动力 CAN 总线。为了帮助驾驶人及时准确地了解新能源汽车动力系统的状态，动力电池管理系统还需将温度、SOC 和各种警告信息通过仪表进行显示。

（7）故障自诊断

BMS 具备故障自诊断功能，系统上电后根据动力电池的工作状况、采样线通断等情况，对动力电池及其管理系统自身的故障进行判断和报警，保存故障信息，以便进行故障快捷排查。

2. 动力电池管理系统（BMS）的类型

BMS 一般采用模块化设计，主要包括两大功能模块，BMU 和 CSC，通常也称之为主控模块和从控模块。CSC（从控模块）为动力电池信息采集与均衡控制模块，负责采集动力电池信息和执行 BMU 的均衡控制。BMU（主控模块）负责信息处理及系统控制。按主控模块和从控模块拓扑结构的不同，BMS 可分为集中式 BMS 和分布式 BMS 两种类型。

（1）集中式 BMS

集中式 BMS 将主控模块（BMU）、从控模块（CSC）组成一个一体机，如图 1-79 所示。集中式 BMS 高度集成，主控模块与从控模块位于同一块印制电路板（PCB）内，结构简单，成本较低，占用电池箱空间较少，维护比较简单。但由于采集线全部从一体机引出，当动力电池串联电芯单体过多时，一体机采集线会十分庞大，部分采集线过长且长短不一，容易造成信号失真和均

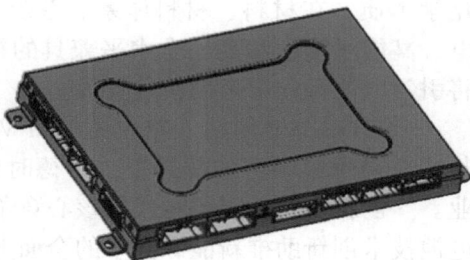

图 1-79 集中式 BMS

衡时产生额外的电压降，过长的采集线也容易产生一些安全隐患。因此集中式 BMS 通常只适用于电池容量低、总电压低、串联数量不多、电池系统体积较小的车型，如电动场地车（电瓶车）、低速乘用车等。

（2）分布式 BMS

分布式 BMS 主要由多个从控模块（CSC）、主控模块（BMU）、高压控制单元等部件构成，如图 1-80 所示。一个从控模块对应一个动力电池模组或一组电芯，负责监控电芯单体电压、温度采集、均衡管理和故障诊断。高压控制单元负责对动力电池系统的电池总电压、总电流、绝缘电阻等状态进行监测。从控模块和高压控制单元分别将采集后的数据发送到主控单元，由主控单元对 BMS 进行状态估算、能量管理、安全保护、热管理、数据通信与显示和故障自诊断等。

分布式 BMS 架构的优势在于可以根据不同电池系统的串并联设计进行高效配置，分布式 BMS 连接到动力电池的采样线更短、更均匀、可靠性更高，同时也可以支持体积更大的电池系统。目前分布式 BMS 主控模块、从控模块之间主要采用 CAN 总线进行通信。

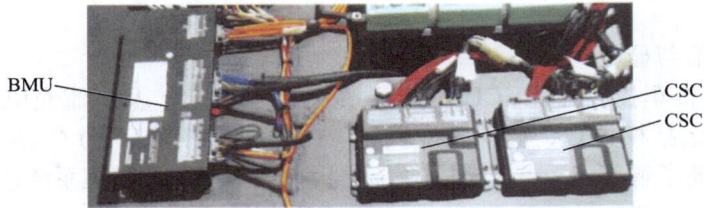

图 1-80　分布式 BMS

⚙ 拓展学习

2023 年 12 月 15 日，欧洲著名的独立汽车评委会 AUTOBEST 组委会，公布了全球汽车行业年度大奖名单。经过来自 31 个国家的专业评委的严格评测，宁德时代"神行超充电池"脱颖而出，成为全球动力电池行业首个获得 AUTOBEST 最佳技术（TECHNOBEST）奖的产品，宁德时代也成为首个且唯一获得该奖项的中国企业。

组委会高度肯定神行超充电池的颠覆性创新：神行超充电池作为全球首款在磷酸铁锂上实现"4C 超充"的电池，充电 10min 续驶里程可达 400km、一次充满电续驶里程可达 700km，有望大幅缓解用户的快速补能焦虑，开启新能源汽车超充时代。宁德时代围绕电化学本质，在材料、材料体系、系统结构等方面进行全方位创新，创造性地推出超快充电、高能量密度和高安全水平兼具的神行超充电池，这超越了磷酸铁锂的化学性能界限，将引领电池行业未来创新的发展。

AUTOBEST 创始人兼主席 Dan Vardie 先生认为："这是实至名归。在宁德时代董事长兼总经理曾毓群的领导下，宁德时代研发了很多突破性技术，是电池行业的现象级企业。"创新一直是宁德时代的核心竞争力，唯有创新才能赢得未来。宁德时代始终以动力电池技术创新助推新能源汽车的全面电动化发展，与全球合作伙伴共创绿色低碳的可持续发展新时代。

低温快充 –1	低温快充 –2	CTP3.0 轻量化

项目二 检修动力电池及管理系统常见故障

📌 项目描述

动力电池系统一般包括电池箱、高低压线束、动力电池管理系统（BMS），其中电池箱是由很多电池单体串并联在一起组成的，如图2-1所示。因此动力电池系统故障按照发生的部位可以分为三类：电芯单体故障、动力电池管理系统故障、线路或连接件故障。

图2-1　动力电池系统

（1）电芯单体故障

电芯单体故障一般可以分为以下三种。

1）电芯单体性能正常，电芯单体无须进行更换处理。对应故障现象有电芯单体SOC偏低和电芯单体SOC偏高两种。如果电芯单体SOC偏低，对应策略是应及时对该电芯单体进行充电，以防电池箱实际电池容量降低。如果电芯单体SOC偏高，对应策略是需要对该电芯单体进行单独放电，以防止影响整体电池的充电容量。导致电芯单体SOC不一致的原因有制造因素、储存环境、电芯单体内阻不同、用户使用习惯不同等。

2）电芯单体性能衰退严重。对应故障现象有电芯单体内阻偏大和电芯单体容量不足。如果锂离子电池内阻偏大，会严重影响电池的电化学性能，在电池箱中，最小的电芯单体容量会限制整个电池箱的容量，电芯单体容量不足会影响车辆的续驶里程。因此对于性能衰退严重的电芯单体应进行立即更换处理。

3）电芯单体短路故障影响行车安全。对应故障现象有电芯单体内部短路和电芯单体外部短路。车辆行驶中如果遇强振动，锂离子电池内部极板上的活性物质、接线柱可能会出现脱落或折断，因此可能造成电芯单体内部短路或者外部短路故障。

（2）动力电池管理系统故障

动力电池管理系统（BMS）对于保障电池箱的安全及使用寿命具有重要作用（图2-2），若动力电池管理系统发生故障，就失去了对电池的监控，不能估算电池的

SOC，容易对电池造成过充、过放、过载、过热等问题，影响电池的性能、使用寿命和行车安全。动力电池管理系统故障主要包括 CAN 通信故障、总电压测量故障、电芯单体电压测量故障、温度测量故障、电流测量故障、继电器故障、PTC 加热器故障和冷却系统故障等。

图 2-2　动力电池管理系统（BMS）

（3）线路或连接件故障

因为车辆振动可能会造成电池间的连接螺栓松动，电池间接触电阻增大，发生电池间虚接故障，以致电池箱内部能量损耗增加，直接造成车辆动力不足和续驶里程变短的问题，极端情况下还能引起高温，产生电弧，熔化电池电极和连接片，甚至造成电池着火等极端电池安全事故。在新能源汽车运行过程中，电池箱和新能源汽车的电气连接也是故障的高发点，电插接件在经历长时间振动后容易出现虚接、易烧蚀、接触不良等故障。

🔲 学习目标

知识目标

1. 能够分析电芯单体产生电压类故障的原因。
2. 能够掌握电芯单体检修的方法。
3. 掌握动力电池与动力电池管理系统的构造及工作原理。
4. 掌握上位机软件的安装与使用。
5. 能够掌握动力电池管理系统产生故障的诊断流程。

技能目标

1. 能够熟练使用检测设备。
2. 能够排除电芯欠电压或过电压的故障。
3. 能够排除电芯温度异常的故障。
4. 能够排除动力电池和动力电池管理系统的常见故障。
5. 能够排除不同类型的动力电池故障。

素养目标

1. 能够通过阅读资料划出关键技术点，具备归纳整理故障诊断方法的能力。
2. 培养能够对"简单"的技术系统确认诊断方法的能力。

任务一 检修电芯单体电压类故障

电芯单体是电池箱当中的单个电池，电池箱由电芯单体和动力电池管理系统（BMS）等组成，如图 2-3 所示。

图 2-3 电芯单体

一、上位机软件的安装与使用

上位机是指可以直接发出操控命令的计算机。

1. 诊断仪连接

诊断仪连接见表 2-1。

表 2-1 诊断仪连接

调试接口	位置	调试线束
	车载自动诊断系统（OBD）接口：主驾驶处	OBD 调试线束 +DB9 转接线
	网关接口：副驾驶/后排座椅处	1）网关调试线束 +DB9 转接线 2）某车型连接插头
	整车低压接口：电池箱外壳处	电池调试线 +DB9 转接线

（续）

CAN 盒		诊断计算机	
	1）CAN 盒自带适配线，与诊断计算机相连 2）选择上位机支持的 CAN 盒 3）CAN 盒通信接口端子 7-CANH、2-CANL 4）CAN 盒通信通道选择必须与上位机设置保存一致		1）需自装上位机环境 2）需自装不同 CAN 盒驱动程序 3）需自装对应项目的上位机软件

2. 线束连接顺序

乘用车线束连接顺序如下。

线束查询表见表 2-2。按照线束查询表，查询对应子线束的序号，找出检测转接线，如图 2-4 所示。

表 2-2　线束查询表

序号	名称	标识码
A	调试中转线束	18-10-02-013078
B	香蕉头转 DB9 连接线	18-10-02-013079
C	24V 电源连接线	18-10-02-013080
D	易损连接线	18-10-02-013081
1	吉利 PMA-1_DC1E 高配 /PMA-1_DC1E 中配 /PMA-1+800V/CMA_19.4/CMA_PHEV/CMA_ 高包 /SC02 低配 /SC02 高配 /EX11/ 本田 DE01/GE5/BSUV/ 合众 EP11/EP12/ 长城 141E/EC01/ES11/ 金康 X1/F1/X1_BEV/SF5_REV/ 欧标 SF5_REV/X1_REV 23 款 /RK08/F2REV 岚图 H97BEV/H97REV/H37_BEV/H56_BEV/H97C_REV/ 现代 TAM 调试线	18-10-02-013082
2	吉利 G1 项目调试线束	18-10-02-013083
3	吉利 G2/G4/G5/G9/E100/E200/ 五菱 E50/E100/E200/ 车和家 X01/X02/X03/ 五菱 E50 外协 / 东风小康 E501 外协项目调试线	18-10-02-013084
4	五菱 N300L/CN115/ 萤石 EL155/ 广汽 A20/A26/A27/A75/A77/ 一汽 FME_120kW·h/ 东南 FSE26.6KWH/ 长安 C211-LEP/ 捷豹路虎 D8/ 小鹏 D55/G3/161Ah 低压调试线	18-10-02-013085
5	东风 F15A/F37/F148/132LFP/153LFP 低压调试线	18-10-02-013086
6	零跑 T03/ 恒大 SK11/ 北汽三合一平台 /C46/ 合众 _EP36-2/EP40-500/ 华人运通 VC1/ 鸿华先进 TWH_57kW·h 低压调试线	18-10-02-013087
7	长安 A301/ 长安 A301 外协 / 长安 E2（四驱 / 二驱）/EPA1-59/EPA1-120/CD569/B561/S311/C673 低压调试线	18-10-02-013088
8	长安 C211 快换 / 凯翼 FX11/ 北汽 EU5/N60/N61/FSR 低压调试线	18-10-02-013089
9	长安 C385/A158 外协 / 长安 C385（快充）项目低压调试线	18-10-02-013090
10	北汽 EU300 低压调试线	18-10-02-013091
11	小米 MS11 低压调试线	18-10-02-013092

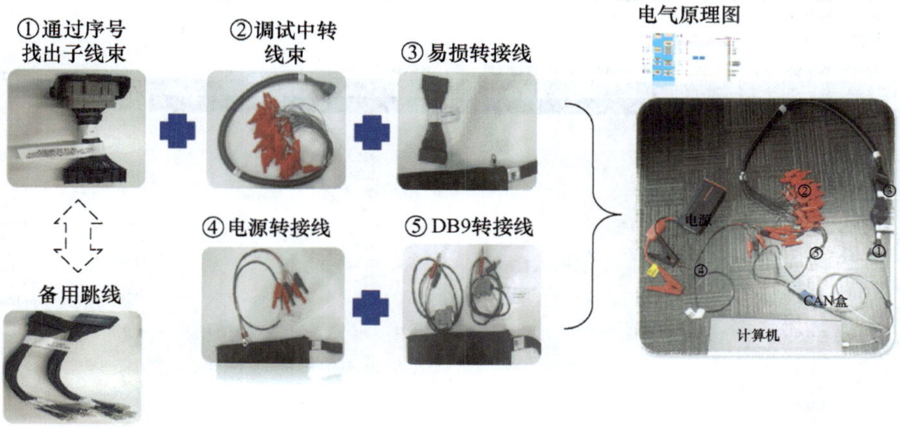

图 2-4　找出检测转接线

3. 安装注册

安装注册上位机软件，双击运行，如图 2-5 所示。

复制＋截图发送、点击注册、添加许可证（license），安装过程截图如图 2-6 所示。

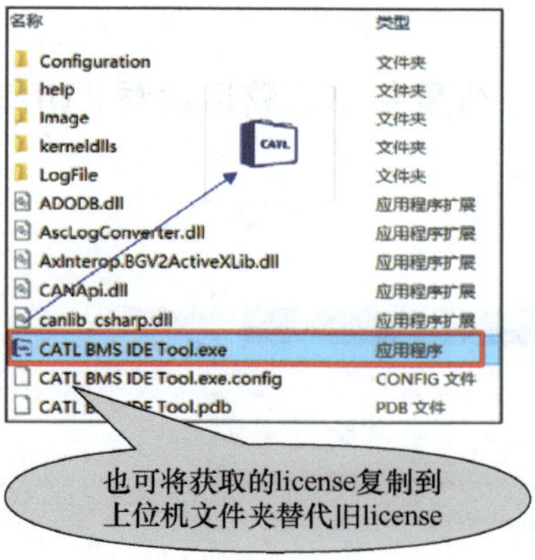

图 2-5　双击运行

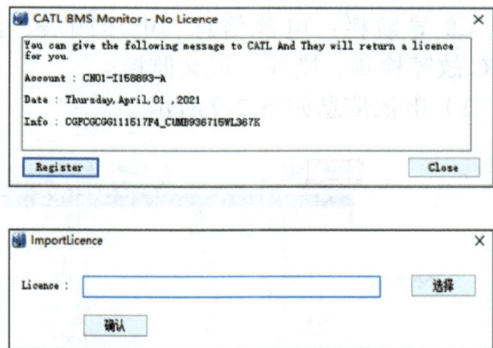

图 2-6　安装过程截图

一台计算机需要一个 license，基本适配所有上位机软件。

4. 检测动力电池

双击运行上位机软件，系统界面如图 2-7 所示，主界面如图 2-8 所示。

图 2-7　系统界面

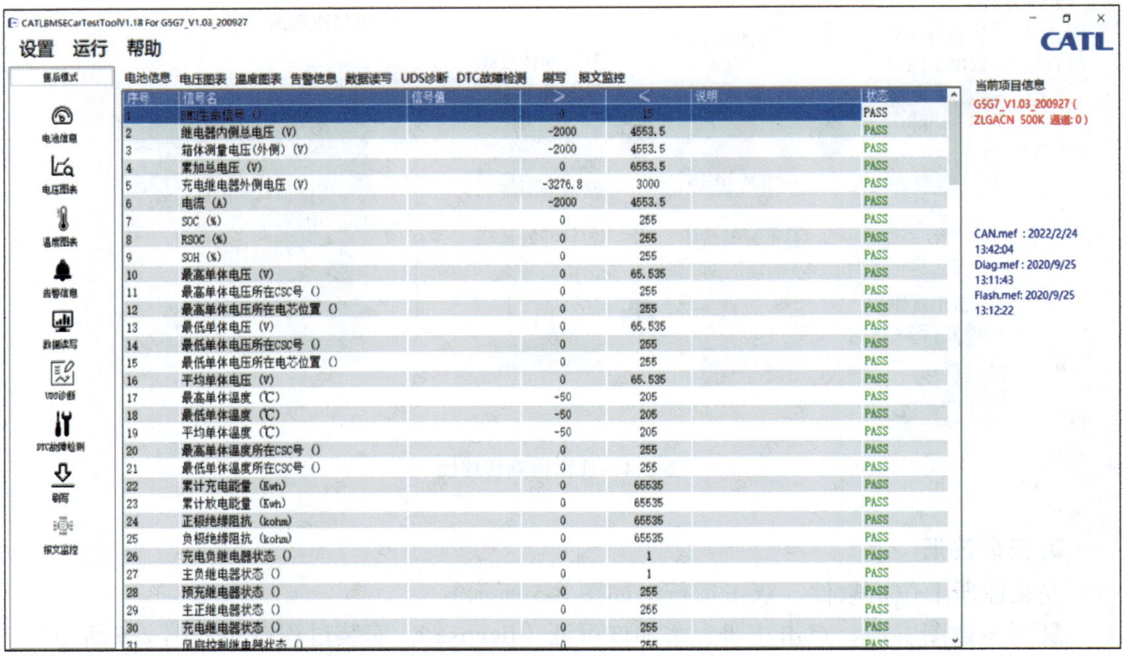

图 2-8　主界面

　　① 操作区：设置、运行、帮助。

　　② 导航栏：电池信息、电压图表、温度图表、告警信息、数据读写、UDS 诊断、DTC 故障检测、刷写、报文监控。

　　1）电池信息如图 2-9 所示。

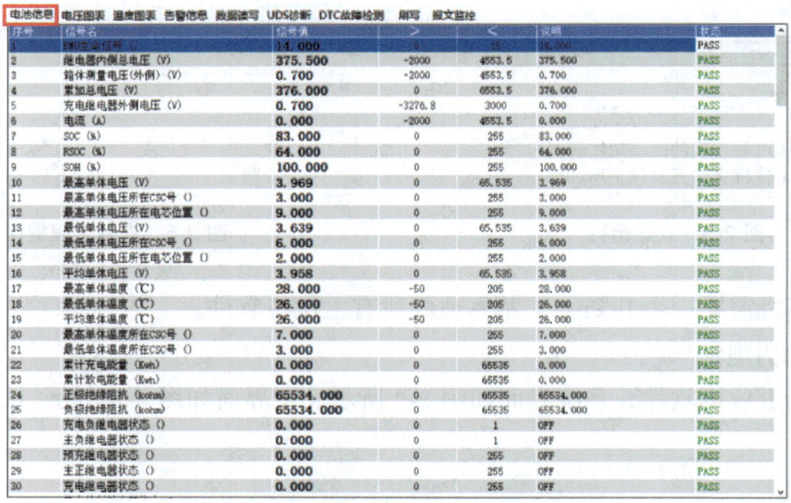

图 2-9　电池信息

电池信息总览：

① BMU 生命信号——判定 BMU 是否被唤醒。

② 继电器内外侧电压。

③ 累计总电压——单体电压求和。

④ 母线电流。

⑤ SOH——健康指数。

⑥ SOC、RSOC——当前电量。

⑦ 最高单体电压及所在电芯位置。

⑧ 最高单体温度及所在 CSC 编号。

⑨ 正极、负极绝缘阻抗。

⑩ 各类继电器状态。

⑪ 累计充放电能量。

2）电压图表如图 2-10 所示。

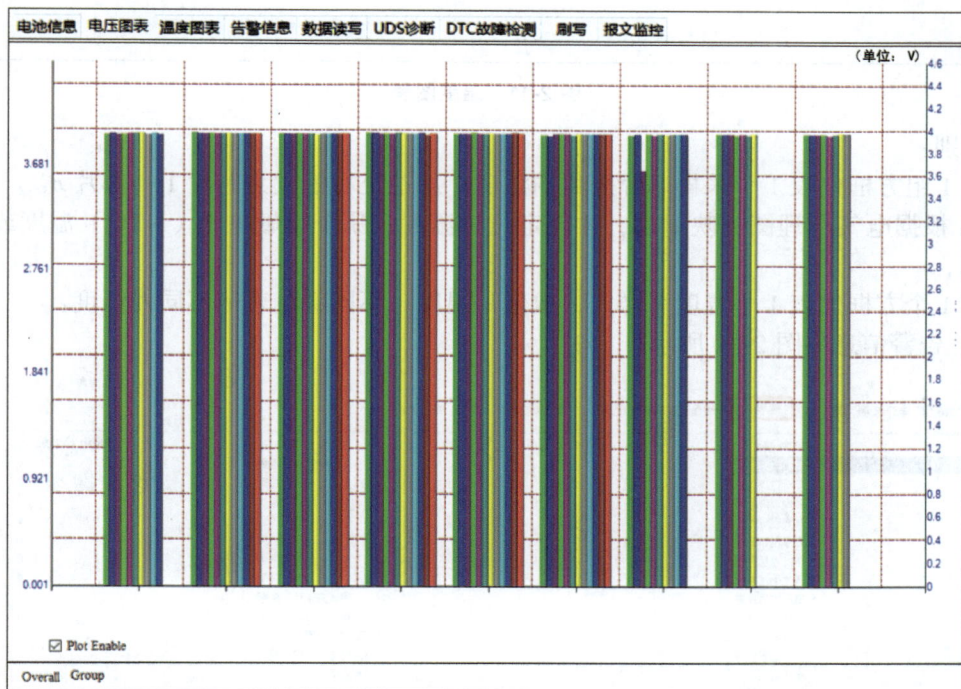

图 2-10　电压图表

操作：

① 勾选"Plot Enable"，显示代表电芯电压的柱状图。

② 点击"Overall"，显示系统所有电芯的电压。

③ 点击"Group"，选择 CSC 编号显示该 CSC 或采样芯片采集的单体电压。

识别：

① 1 个柱子代表 1 个电芯电压。

② 1 组柱子代表 1 个采样芯片采集的电芯电压，从左至右依次为芯片 1 →芯片 n。

③ 根据电气原理图的映射表，才能定位电芯所在的模组位置及 CSC 采样位置。

3）温度图表如图 2-11 所示。

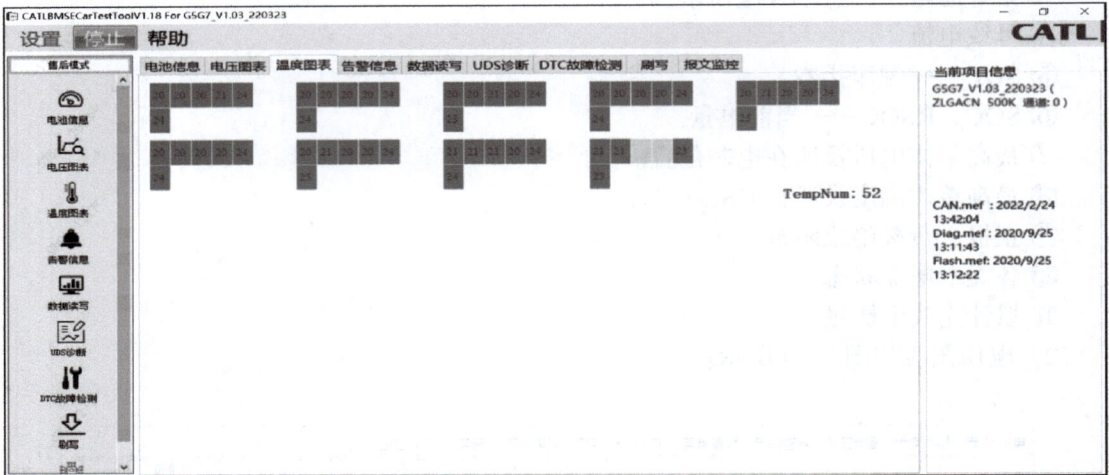

图 2-11　温度图表

识别：

① 1 组方框代表 1 个采样芯片采集的温度，从左至右依次为芯片 1→芯片 *n*。

② 根据电气原理图的映射表，才能定位该温度是哪个热敏电阻（NTC）温度或 CSC 温度。

③ 1 个方框代表 1 个温度采样点，数值是温度，不同颜色表征不同的温度。

4）告警信息如图 2-12 所示。

Item Name	Warning Grade	Item Name	Warning Grade
BMS_Fail_Level	0	外侧电压高于内侧	0
充电过流警报	0	预充超时	0
放电过流警报	0	预充超次	0
回充过流警报	0	预充短路	0
绝缘阻抗警报	0	预充反向	0
单体过电压报警	0	预充过电流	0
单体欠电压报警	0	快充充电机与BMS功率不匹配故障	0
模组过温报警	0	直流充正预充失败	0
单体低温报警	0	DC充电接收CRM00超时	0
单体压差过大	0	DC充电接收CRMAA超时	0
Soc差异过大	0	DC充电接收CML超时	0
单体温差过大	0	DC充电接收CRO超时	0
SOC过低警报	0	DC充电接收CCS超时	0
SOH过低警报	0	BMS接收到充电机异常停止充电	0
充电插座过温	0	碰撞故障(来自ACAN信号)	0
电芯极限过电压	0	碰撞故障(来自硬线)	0
电芯极限欠电压	0	放电高压互锁断路故障	0
电池包总电压过电压	0	充电高压互锁断路故障	0
电池包总电压欠电压	0	均衡电路故障	0
BMS的12V供电电压电压过低故障	0	绝缘电阻测量故障	0
BMS的12V供电电源电压过高故障	0	高压回路断路故障	0
预留告警1	0	电流传感器故障	0
预留告警2	0	电流传感器零漂过大故障	0
预留告警3	0	入水口温度传感器故障	0
预留告警4	0	快充设备故障	0
预留告警5	0	电芯电压采样线掉线	0
预留告警6	0	电压传感器故障	0
预留故障1	1	电池温度传感器故障	0
预留故障2	1	电池温度传感器故障(严重)	0

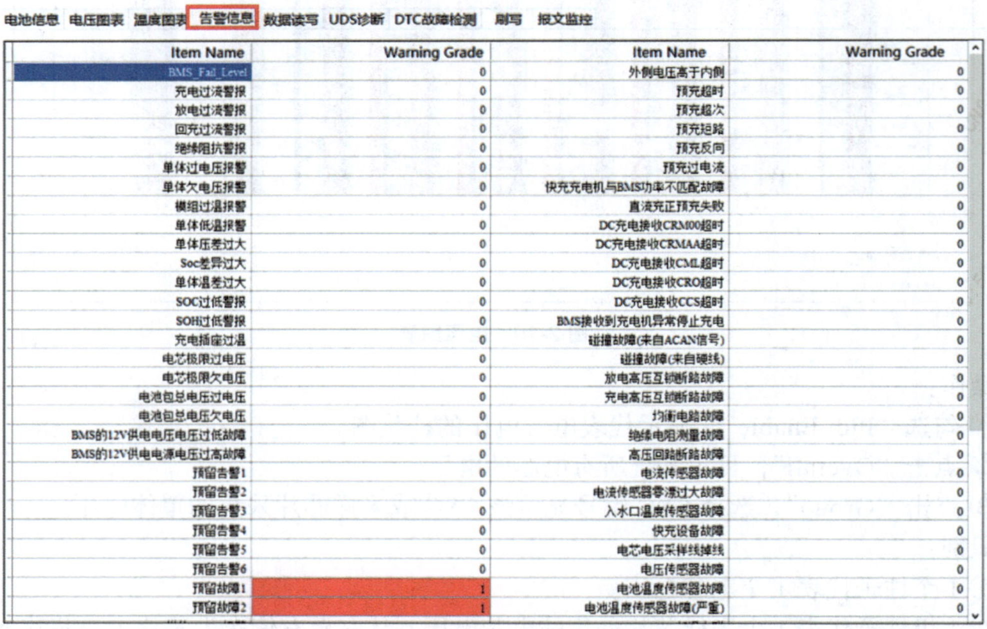

图 2-12　告警信息

定义：
① 0——正常。
② 1——一级故障。
③ 2——二级故障。
④ 3——三级故障。

有故障时，单元格会填充为红色，数字越高，故障等级越高。

5）DTC 故障检测，如图 2-13 所示。

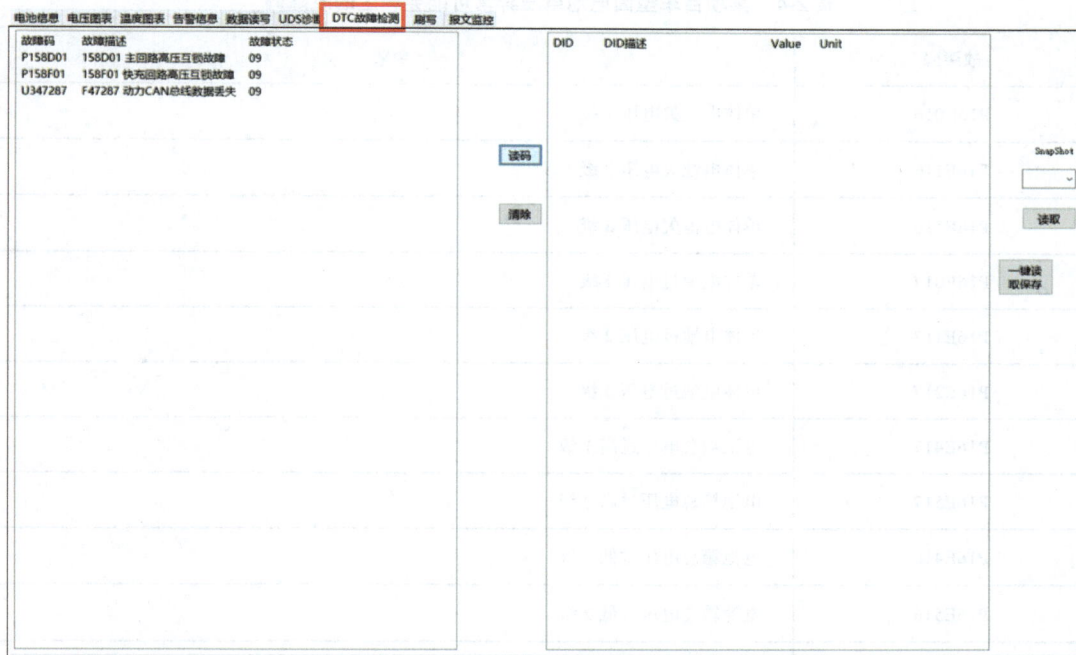

图 2-13　DTC 故障检测

功能：
① 01——第一次发生，但当前不存在该故障。
② 08——不止一次发生，但当前不存在该故障。
③ 09——不止一次发生，但当前仍存在该故障。
④ 可一键读取 Snap Shot 信息。

注意事项：
① 清除故障前，先截图保存。
② 清除故障前，先保存 Snap Shot 信息。

二、检修电芯单体欠电压或过电压的故障

1. 动力电池的基本数据及故障码含义

首先要知道动力电池的工作电压范围，见表 2-3。

表 2-3　动力电池的工作电压范围

动力电池	工作电压范围 /V
磷酸铁锂电池（LFP）	$2.5 \sim 3.22 \sim 3.65$
三元锂电池（NCM）	$2.8 \sim 3.7 \sim 4.2$

某项目车型因电池电压异常可能会产生的故障码，见表 2-4。

表 2-4　某项目车型因电池电压异常可能会产生的故障码

故障码	含义
P16E016	单体电池欠电压 1 级
P16E116	单体电池欠电压 2 级
P16E216	单体电池欠电压 3 级
P16E017	单体电池过电压 1 级
P16E117	单体电池过电压 2 级
P16E217	单体电池过电压 3 级
P16E417	电池箱总电压过高 1 级
P16E517	电池箱总电压过高 2 级
P16E416	电池箱总电压过低 1 级
P16E516	电池箱总电压过低 2 级
P164001	电芯电压采样线掉线
P16101C	电芯电压传感器故障
P164302	电芯电压和芯片（Chip）电压偏差故障
P168500	内部菊花链不更新故障

2. 故障排查

（1）检查分析电芯电压采样电路

电芯电压采样可简单理解为给电芯和模组做例行的"体检"；在充放电过程中，实时采集电池箱中每块电池的端电压，防止电池发生过充电或过放电现象。

电芯电压采样：帮助 BMU 对动力电池进行电压监控及其均衡控制。

这种"体检"是在线、持续、不间断的。过程中一旦发现数据异常，可及时查询对应电池状况，并挑选出有问题的电池，从而保持整箱电池运行的可靠性和高效性。

（2）采样的基本流程

采样分为分布式 BMS 和集成式 BMS，电芯电压采样的基本流程，见表 2-5。

表 2-5　电芯电压采样的基本流程

功能	路径	车型
电芯电压采样	分布式 BMS：电芯正负极柱巴片→FPC、线束→采样芯片（CSC/CMC 上）→主控芯片（BMU 上）	某商用车
	集成式 BMS：电芯正负极柱巴片→FPC、线束→采样芯片（BMU 上）→主控芯片（BMU 上）	某乘用车

（3）电气原理图（某商用车）

某商用车电芯电压采样电气原理图，如图 2-14 所示。

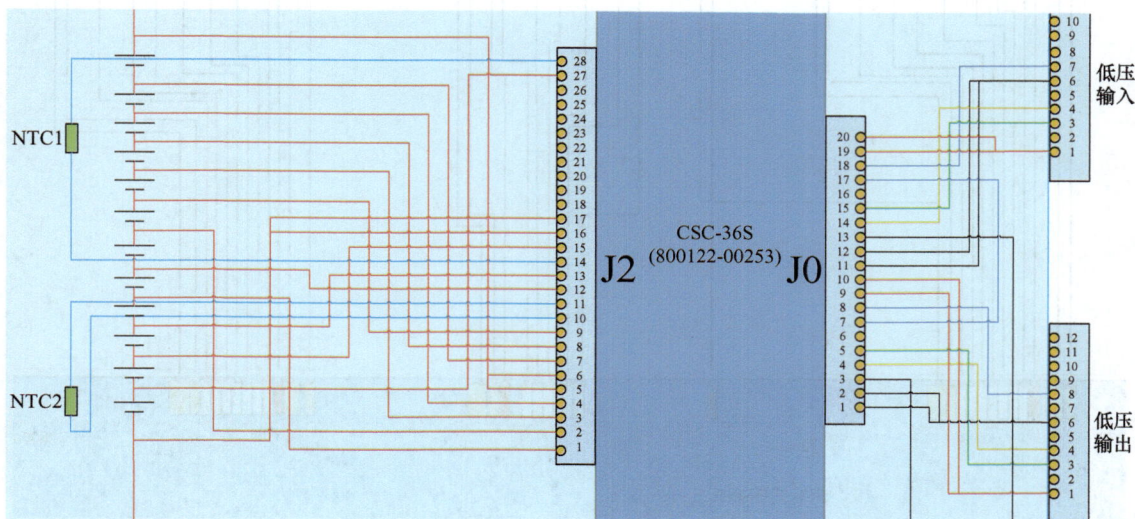

图 2-14　某商用车电芯电压采样电气原理图

（4）电气原理图（某乘用车）

1）分布式 BMS 电芯电压采样电气原理图，如图 2-15 所示。

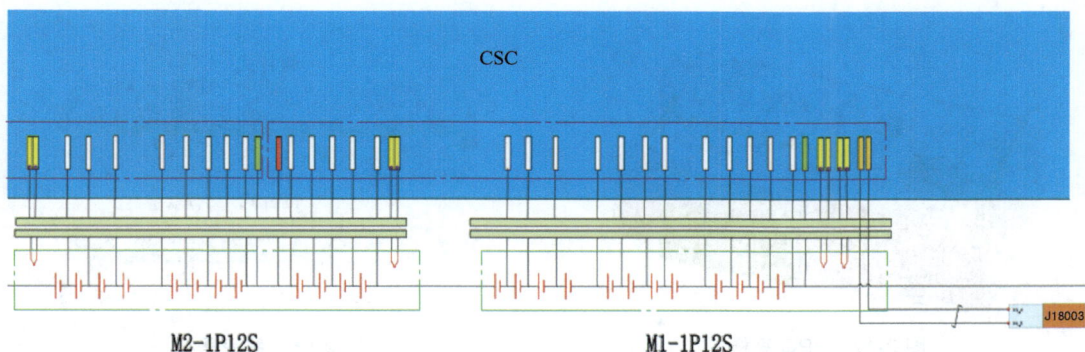

图 2-15　分布式 BMS 电芯电压采样电气原理图

2）集成式 BMS 电芯电压采样电气原理图，如图 2-16 所示。

图 2-16 集成式 BMS 电芯电压采样电气原理图

（5）电芯电压采样形式

电芯电压采样包括 FPC 采样和线束采样两种形式。FPC 采样如图 2-17 所示。线束采样如图 2-18 所示。

图 2-17 FPC 采样

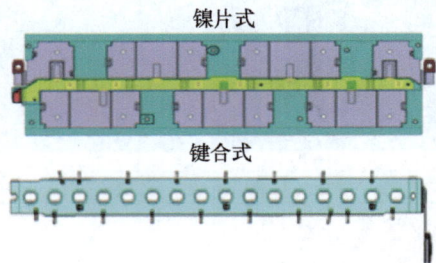

图 2-18 线束采样

电芯电压采样的连接形式分别是线束转接式（图 2-19）、直插式（图 2-20）。

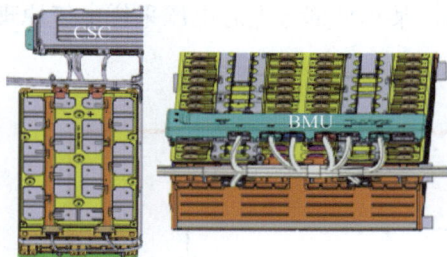

图 2-19 线束转接式

图 2-20 直插式

通过对电芯电压采样电气原理图的分析，总结出的故障排查方法见表 2-6。

表 2-6 故障排查方法

故障位置	故障原因	故障排查
电芯	欠电压、过电压、一致性差、容量衰减、不均衡、环境不佳等 内短路、过电流、过温等	万用表测电压
母线（Busbar）	阻抗大、断裂/虚接	—
键合/镍片	断裂/虚接、阻抗大	外观检查
FPC	破损、插接件虚接/退针	外观检查、万用表测通断和电压
采样线束	破损（绝缘破损微短路/串电）、虚焊、被钳压	外观检查、万用表测通断和电压
采样芯片	供电问题、硬件损坏	万用表测通断和电压、ABA 验证
CSC	供电问题、编码问题、硬件损坏、通信问题（菊花链/CAN）	万用表测通断和电压、上位机编码、ABA 验证、排查通信问题
BMU	供电问题、编码问题、硬件损坏、通信问题（菊花链/CAN）	万用表测通断和电压、上位机编码、ABA 验证、排查通信问题
软件	软件漏洞（bug）、软件加载错误	软件升级、重刷软件
……	……	……

1）根据实际故障情况评估维修方案，包括但不限于：充放电、均衡、更换有模组（MTP）、更换无模组（CTP）、更换采样线束、更换主控模块或从控模块等。

2）如果按照以上维修方案故障仍未排除，需由维修人员按要求用上位机采集容量数据，进行电池容量衰减分析，从而评定最终的维修方案。

3）注意更换电池箱、更换主从模块后的特殊维修项可能会涉及重新编码、刷程序、标定等。

三、检修单体电池电压采样失效故障

动力电池由很多节单体电池串并联而成。在动力电池使用过程中，BMS 需要实时监控每一节单体电池的电压信息，用于 SOC 计算、安全监控、故障诊断等。当单体电池电压采样功能丧失时，如采集电压为 0V、采集电压比实际电压偏高或偏低等与实际单压不符的情况，通常把这种丧失规定功能的状态叫作"失效"或者"故障"。

单体电池电压采样故障分析离不开电气原理图，某车型部分电芯电压采样电气原理图，如图 2-21 所示。

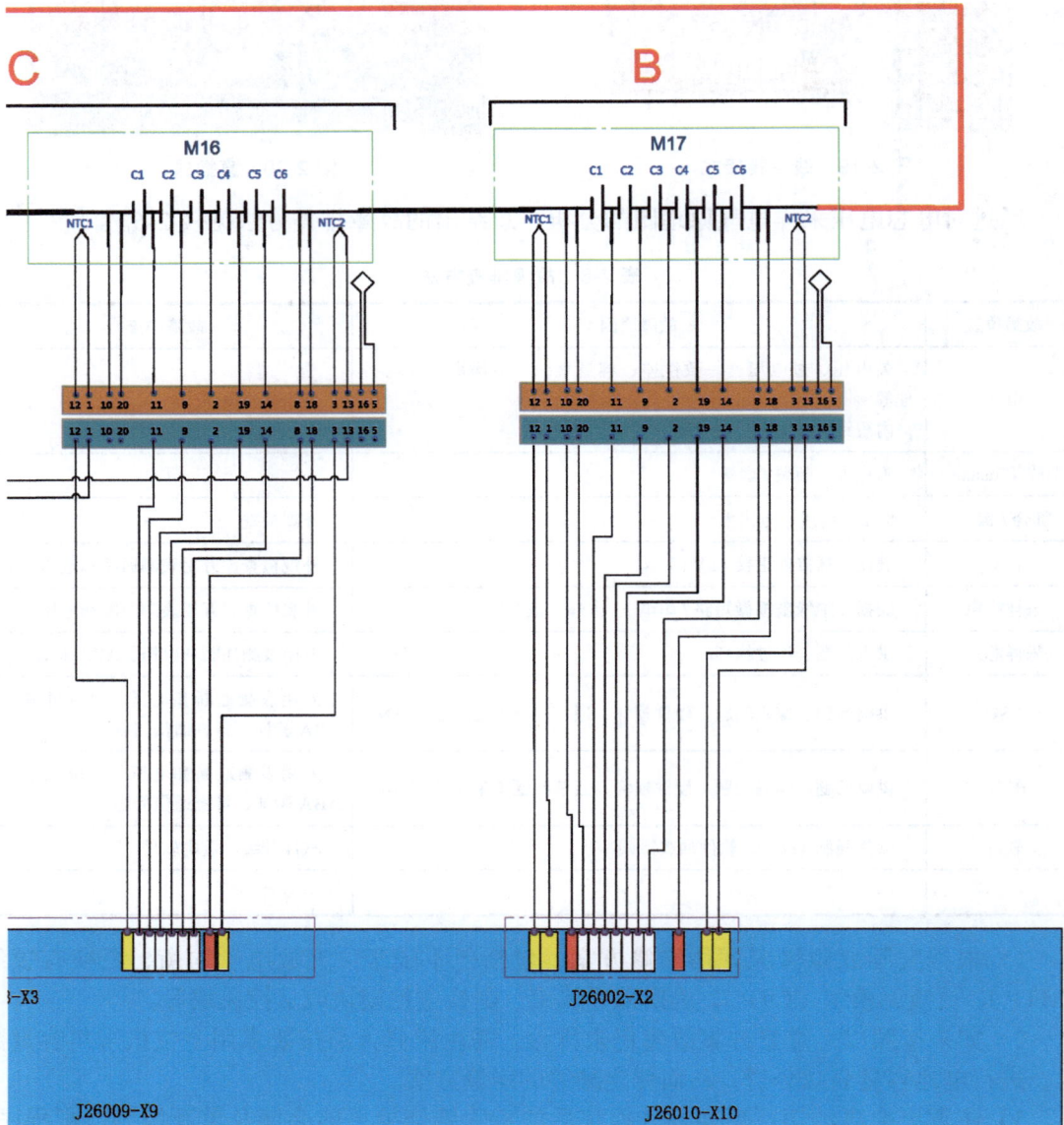

图 2-21　某车型部分电芯电压采样电气原理图

（1）采集芯片损坏

采集芯片损坏主要是因为过芯片电流超过芯片的最大耐受电流，引发芯片出现不可逆的损伤，进而导致采样功能失效，此时只能更换采样单元（如 CSC 或 BMU）来解决该问题。

（2）通信故障

单体电池采样芯片信号传递大多支持 CAN 总线和菊花链两种通信方式，可能导致通信异常的原因主要有线路断路、短路、信号干扰、终端电阻失效等。以上通信异常故障，可以通过线路电压通断测量或者终端电阻测量，锁定故障点，更换或维修故障部位的元器件。

（3）线束失效

线束及插头是单体电池电压采样模块的重要组成部分，且也是较易失效的部分。线束一般由导线、端子、卡扣、插接件等组成，线束失效导致单体电池电压采样异常，一般有以下几种模式。

1）BMS FPC 端线束插头未接，导致该线束对应的单体电压均为 0V。

2）BMS FPC 端线束插头未插紧，车辆运行中振动颠簸及固定线束卡箍应力作用造成偶发性的阻抗偏大，导致电压采集异常。

3）线束端子有胶尘，导致接触阻抗变大，电压采样丢失。

4）线束锁定端子弹片变形，电压采样丢失，可通过晃动插接件复现故障。

5）线束插接件退针导致电压采样异常，可通过晃动插接件复现故障。

6）柔性印制电路板（FPC）断裂，导致电压采集在正常采集和虚连接之间来回跳动。

7）电池模组上的 FPC 镍片焊接失效或漏焊，导致电压采样异常。

8）电压采集线束焊接失效／破损，导致电压采样跳动。

（4）电池箱铝排连接松动

当串联连接电池箱的铝排或铜排不牢固、松动时，两个接触端点之间会有一个接触电阻，产生一个电压降。当电池箱放电时，电流经过该接触电阻便会产生一个电压降，此时采集芯片采集端的电压受该电压降的影响，采集电压偏小，引发电压采样失效。例如，电池箱出现铝排连接松动，可以通过焊接方式将固定点进行修复。

任务二　检修电芯温度类故障

确保电芯单体的工作温度范围是非常重要的，工作温度过高或过低都会对电芯的性能和寿命造成不利的影响。通常，动力电池电芯单体的正常工作温度范围为 -20 ～ 55℃。超出正常工作温度范围，电芯单体将会出现一些异常情况，如过热或过冷、充电反应迟缓等。

当工作温度低于 0℃ 时，电芯单体的性能会下降，充放电能力也相应降低，所以电芯单体的理想充放电温度范围是 20 ～ 45℃。锂离子电池工作温度，如图 2-22 所示。

锂离子电池处于低温环境时的电解液黏度变大，锂离子的迁移速度变慢，在低温下以较大的电流放电，放出的容量会相对减少；高温环境下因副反应的发生会损失容量，并可能出现气体造成电池鼓胀。

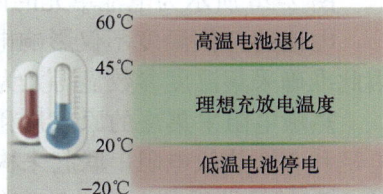

图 2-22　锂离子电池工作温度

一、电芯单体的工作温度

锂离子电池的放电效率在低温时会有显著的降低（如温度低于 -15℃），电池的充电速度也将大大降低；为了有效充电，环境温度范围应在 $20 \sim 45$℃，一般充电效率会随温度的升高而升高，但当温度升到 45℃ 以上时，高温下充电电池材料的性能会发生退化，电池的循环寿命也将大大缩短。

二、BMS 温度采样原理

1. 电池箱

电池箱一般由电池模组、热管理系统、BMS、电气系统及结构件组成。其中，电池模组由多个电芯组成，电池箱内部结构如图 2-23 所示，电池箱内温度传感器如图 2-24 所示。

图 2-23　电池箱内部结构

图 2-24　电池箱内温度传感器

2. 温度传感器

温度传感器采用的是负温度系数的热敏电阻（NTC）。温度越高，NTC 的电阻越小。通常，BMS 通过采用分压电路采集 NTC 的分压确定热敏电阻的阻值，从而得到电芯单体的温度，温度采样原理如图 2-25 所示。

温度传感器安装在电池模组上，根据其测量值可确定各电池的温度。借助电池温度可以识别 BMS 是否过载或有电气故障。出现以上任一种情况时，必须立即降低电流强度或完全关闭高电压系统，以免进一步损坏电

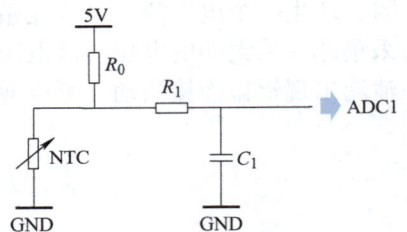

图 2-25　温度采样原理

池。此外，测量温度还用于监控冷却系统是否正常运行，确保电池始终在最有利于自身功率和使用寿命的温度范围内运行。

图 2-26 所示为电池单元的内部电气结构。

电池的工作温度不仅影响电池的性能，而且直接关系到新能源汽车使用安全的问题，因此准确采集温度参数显得尤为重要。目前市场使用的电池温度传感器主要为热敏电阻。

热敏电阻采集法的原理是利用热敏电阻的阻值随温度变化而变化的特性，用一个定值电阻和一个热敏电阻串联起来构成一个分压器，从而把温度的高低转化为电压信号，再通过 A/D 转换器得到温度的数字信息。常用的是负温度系数的热敏电阻（NTC），因为热敏电阻成本低，所以广泛应用于新能源汽车电池的温度采集。但 NTC 的缺点是线性度不好，制造误差一般比较大，如图 2-27 所示为电池温度传感器（NTC）。

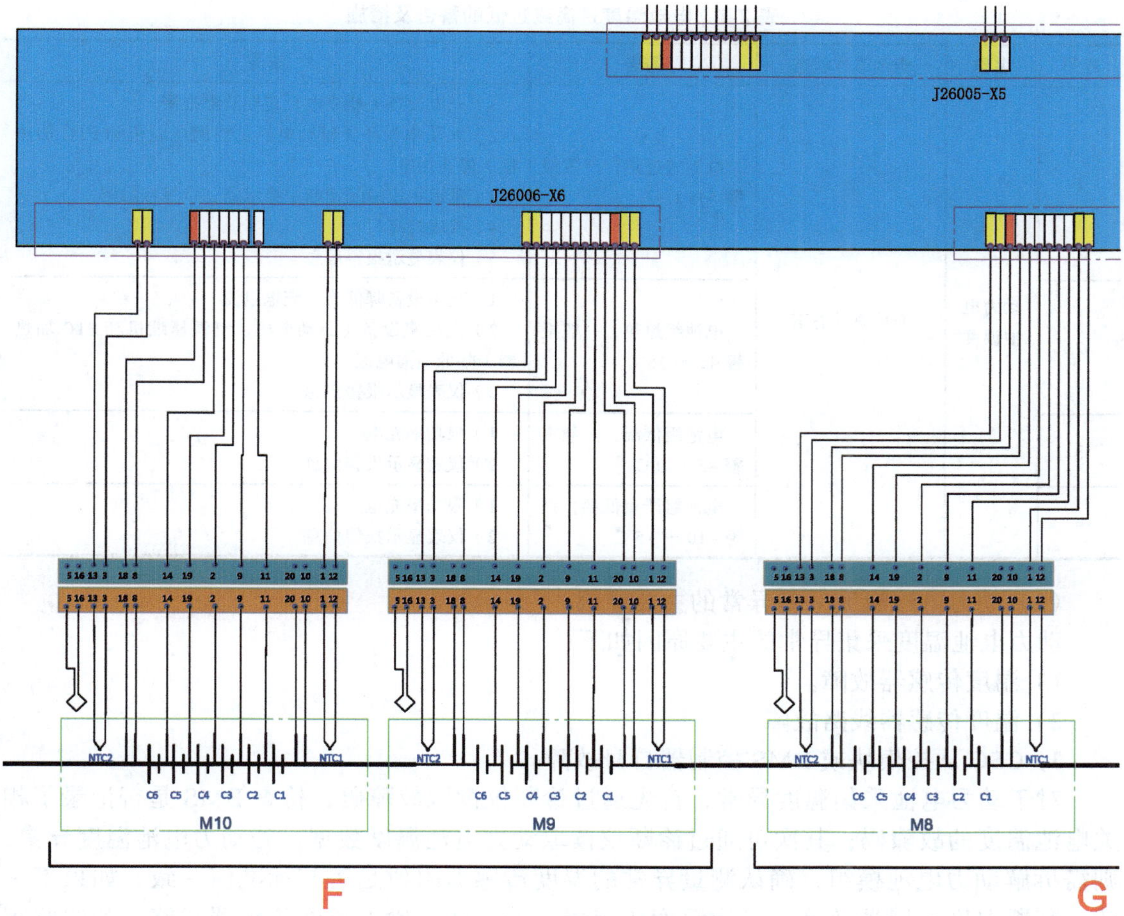

图 2-26　电池单元的内部电气结构

M10 ～ M8—电池模组　C1 ～ C6—电芯单体　NTC1、NTC2—温度传感器

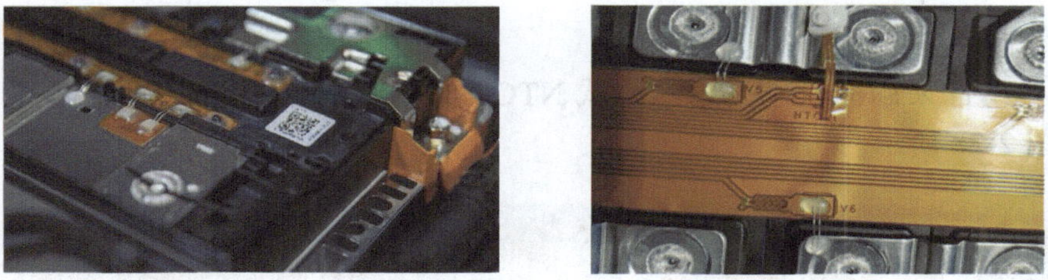

a)　　　　　　　　　　　　　　b)

图 2-27　电池温度传感器（NTC）

（1）温度采集异常采取的措施

　　BMS 通过 CSC 采集动力电池温度，动力电池模组温度过高会导致 BMS 无法充电、限定电流、限定功率等，温度过低会导致限流、限定功率充电等。电池温度过高或过低的警告及措施见表 2-7。

表 2-7　电池温度过高或过低的警告及措施

序号	名称	电池工作状态	警告	措施
1	动力电池温度	充放电状态下	电池组过热，严重报警 >55℃	1）充电设备关断充电，直到清除报警 2）大功率设备（驱动电机、空调压缩机和 PTC 加热器）停止用电 3）延迟一定时间切断主接触器、负极接触器 4）仪表灯亮 5）仪表显示报警信息
2			电池组过热，一般报警 45～55℃	1）充电设备降低当前充电电流 2）大功率设备（驱动电机、空调压缩机和 PTC 加热器）降低当前电流 3）仪表显示报警信息
3			电池组低温，一般报警 −5～0℃	1）限功率充电 2）仪表显示报警信息
4			电池组严重低温，报警 −10～−5℃	1）限功率充电 2）仪表显示报警信息

（2）动力电池温度采集异常的主要原因

动力电池温度采集异常的主要原因如下：

1）温度传感器故障。

2）温度传感器线路故障。

3）CSC 从控模块或 BMS 控制器自身故障。

对于动力电池采集温度异常，首先通过诊断仪读取故障码，检查 BMS 是否记录了相关电池温度的故障码；其次可通过诊断仪读取动力电池温度数据，若动力电池温度异常，则需拆解动力电池模组，确认测量异常的温度传感器阻值是否与标准值一致。如果不一致，判断温度传感器故障，更换温度传感器；若一致，检查温度传感器线路，若线路正常，可判断温度采集 CSC 故障或 BMS 控制器自身存在故障。

三、BMS 温度采样组件及温度信号通信

1. BMS 温度采样组件

BMS 温度采样组件采用的分别是水滴头式 NTC、镍片式 NTC、键合贴片式 NTC、贴片式 NTC，如图 2-28 所示。

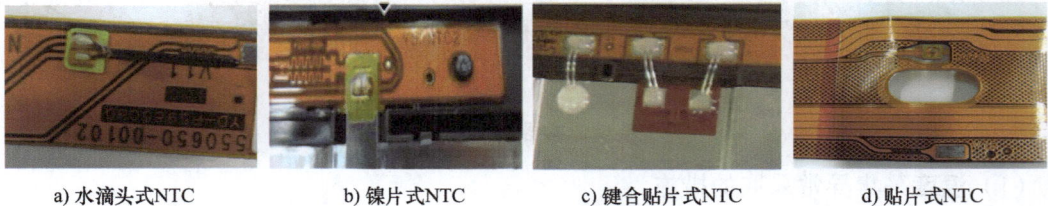

a) 水滴头式NTC　　　　b) 镍片式NTC　　　　c) 键合贴片式NTC　　　　d) 贴片式NTC

图 2-28　BMS 温度采样组件

BMS 温度采样连接形式分别是线束转接式和直插式两种组件，如图 2-29、图 2-30、图 2-31 所示。

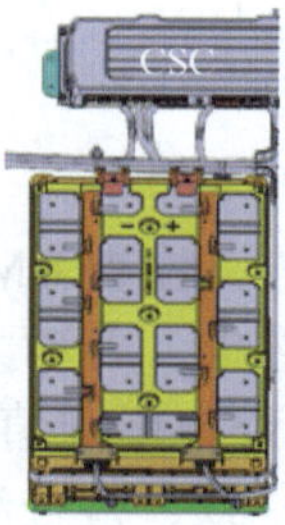

图 2-29　线束转接式 CSC

图 2-30　线束转接式 BMU

图 2-31　直插式组件

2. 温度信号通信

1）BMS 模组温度采样通信的基本流程见表 2-8。

表 2-8　BMS 模组温度采样通信的基本流程

功能	路径	车型
模组温度采样	分布式 BMS：模组 NTC → FPC、线束→采样芯片（CSC/CMC 上）→主控芯片（BMU 上）	某商用车
	集成式 BMS：模组 NTC → FPC、线束→采样芯片（BMU 上）→主控芯片（BMU 上）	某乘用车

2）温度信号数据通信形式见表 2-9。

表 2-9　温度信号数据通信形式

车型	BMS 结构	采样方式	类别
某商用车	分布式	线束	CSC
	分布式	FPC	CSC
某乘用车	集成式	FPC	BMU
	分布式	FPC	CMC
	半集成半分布式	FPC	BMU+CMC

四、检修电芯温度类故障

BMS 通过 CSC 采集动力电池电芯温度，动力电池模组温度过高会导致 BMS 无法充电、限定电流、限定功率等，温度过低会导致 BMS 限定电流、限定功率充电等。

1. 故障原因分析

动力电池电芯温度采集异常的主要原因如下。

1）温度传感器故障。

2）温度传感器线路故障。

3）CSC 或 BMS 控制器故障。

对于动力电池采集温度异常，首先通过诊断仪读取故障码，检查 BMS 是否记录了相关电池温度的故障码；其次可通过诊断仪读取动力电池温度数据，若动力电池温度异常，则需拆解动力电池模组，确认测量异常的温度传感器电阻是否与标准值一致。如果不一致，判断温度传感器故障，更换温度传感器，见表 2-10；若一致，检查温度传感器线路，若线路正常，可判断温度采集 CSC 故障或 BMS 控制器自身存在故障。

电芯温度类故障有以下几种。

1）温度高：BMS 中某个或者某几个电芯温度点偏高，运行或充电中达到报警阈值。

2）温度低：BMS 中某个或者某几个电芯温度点偏低，运行或充电中达到报警阈值。

3）温差：参照高低温排查方法。

4）电芯发热差异。

表 2-10　动力电池温度正常工作范围　　　　　　　　　　（单位：℃）

类别	电池温度特性（乘用车）	电池温度特性（商用车）
电池工作温度	−30 ～ 55	−35 ～ 55
储存环境温度	−40 ～ 60	−40 ～ 55

2. 故障码清单

某项目车型因电池温度异常可能会产生的故障码见表 2-11。

表 2-11　某项目车型因电池温度异常可能会产生的故障码

故障码	含义
P16E098	电池温度过高 1 级报警
P16E198	电池温度过高 2 级报警
P16E298	电池温度过高 3 级报警
P16E099	电池温度过低故障
P16E006	电池温差过大
P16114C	电池温度传感器故障
P16104C	电池温度传感器故障（严重）
P164802	电池温度测量故障
P16484B	热失控故障

3. 故障排查

故障排查方法见表 2-12。

表 2-12 故障排查方法

故障位置	故障原因	故障排查
电芯	温度低、温差大、容量衰减等 内短路、过电流、过温等	万用表测电压
母线（Busbar）	阻抗大、断裂 / 虚接	—
键合 / 镍片	断裂 / 虚接、阻抗大	外观检查
FPC	破损、插接件虚接 / 退针	外观检查、万用表检测通断、电压
采样线束	破损（绝缘破损微短路 / 串电）、虚焊、被钳压	外观检查、万用表检测通断、电压
采样 NTC	损坏	万用表检测通断、ABA 验证
CSC	供电问题、编码问题、硬件损坏、通信问题（菊花链 /CAN）	万用表检测导线通断、检查供电电压、使用上位机编码、ABA 验证、排查通信问题
BMU	供电问题、编码问题、硬件损坏、通信问题（菊花链 /CAN）	万用表检测导线通断供电电压、使用上位机编码、ABA 验证、排查通信问题
软件	软件漏洞、软件加载错误	软件升级、重刷软件
……	……	……

故障排查方法可参考上位机检测电芯单体温度。

4. 故障处理

根据实际故障情况评估维修方案，可能的维修方案有：更换模组温度采样组件，更换线束转接线，更换直插式插头等组件。

电池测试

任务三 检修 DC/DC 故障

DC/DC 变换器的电能来自于动力电池，作用是给车载低压用电设备供电，常被简称为 DC/DC。

DC/DC 变换器相当于燃油汽车的发电机，其作用是将动力电池的高压直流电转换成低压直流电，对用电设备供电和为低压电池充电，如图 2-32 所示。

一、DC/DC 功能及工作原理

1. DC/DC 功能

（1）整车端

DC/DC 变换器负责将动力电池 200V 或 800V 的高压电转换成 12V 电源输出供给整车用电器工作，以保证行车时低压用电设备正常工作，如向车身电气设备供电，在电池亏电时补充电等。

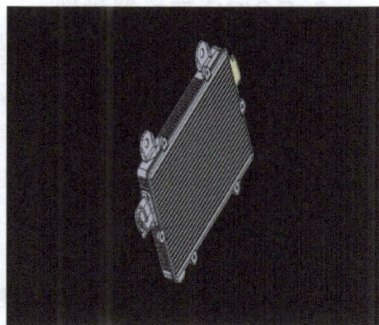

图 2-32 DC/DC 变换器

（2）动力电池端

1）电压转换与功率输出。电压转换与功率输出主要功能是充电时将电池高压电转换为低压电，供给 BMS 正常工作。

2）24h 监控。24h 监控的 BMS-DC/DC 具备定时唤醒与 CAN 通信功能，支持在休眠状态下定时唤醒并输出供电与唤醒信号给 BMS，与 BMS 配合实现 24h 监控功能。

3）故障诊断与保护。BMS-DC/DC 具备故障诊断与保护功能，包括过温保护、输入过电压保护、输入欠电压保护、输出过电压保护、输出欠电压保护、输出过电流保护、输出短路保护、通信丢失等。某商用车 DC/DC 变换器如图 2-33 所示。

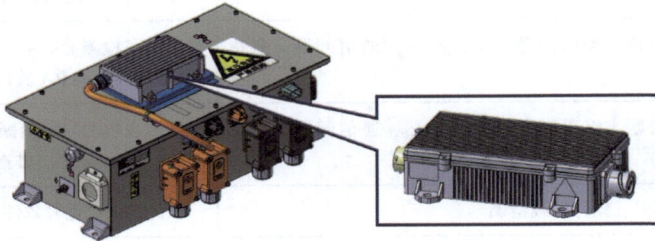

图 2-33　某商用车 DC/DC 变换器

2. DC/DC 变换器工作原理

DC/DC 变换器是一种将直流（DC）转换为直流（DC）的元件，具体是指利用 DC 转换电压的元件。集成电路（IC）等电子元件各自的工作电压范围不同，因此需要利用 DC 转换为相应的电压。生成电压低于初始电压的变换器被称为"降压变换器"；生成电压高于初始电压的变换器被称为"升压变换器"。

DC/DC 变换器的功能是将新能源汽车动力电池的高压直流电转换为低压直流电，既能给整车低压电气设备供电，又能给辅助电池充电的变换装置供电，如图 2-34 所示。

3. DC/DC 变换器类型

（1）高压转高压 DC/DC 变换器

高压转高压 DC/DC 变换器在新能源汽车上主要用于高压系统升压，将动力电池管理系统的电压等级进行再升高，以匹配更高等级的电机驱动系统。例如，混合动力汽车使用 144V 系统的动力电池，为了匹配 400V 的电机驱动系统，在动力连接上使用此类 DC/DC 变换器，将动力电池管理系统的电压等级升高，以匹配对应的电机驱动系统。

（2）高压转低压 DC/DC 变换器

高压转低压 DC/DC 变换器一般用于代替传统汽车的发电机，为新能源汽车低压 12V 及低压电气设备提供电源。这类 DC/DC 变换器在新能源汽车领域的应用十分普遍，已经成为新能源汽车设计领域内必要的关键电气部件之一。

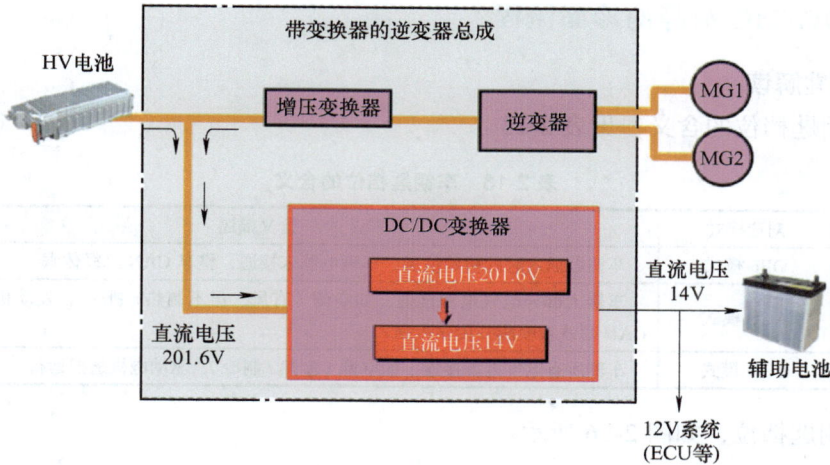

图 2-34　DC/DC 变换器的功能

（3）低压稳压 DC/DC 变换器

无论是传统汽车还是新能源汽车，由于车内低压电气设备较多，在不同工况下的低压功率需求差异很大，即使有 12V 电池稳压，仍不能保证 12V 低压电源是稳定可靠的。例如，在起动发动机的时候，电池电压瞬间可以跌落到 6V，此时使用低压稳压 DC/DC 变换器来进行有效的稳压是有必要的。又如一些高级配置常规车，配备低压稳压 DC/DC 变换器，为车载计算机稳压。

4. 整车控制器与 DC/DC

DC/DC 接收整车控制器发出的使能信号，在充电或起动车辆时将高压直流电变压后给低压电池充电，同时整车控制器对 DC/DC 进行监控，当 DC/DC 有故障时及时通过仪表进行报警，其连接关系如图 2-35 所示。

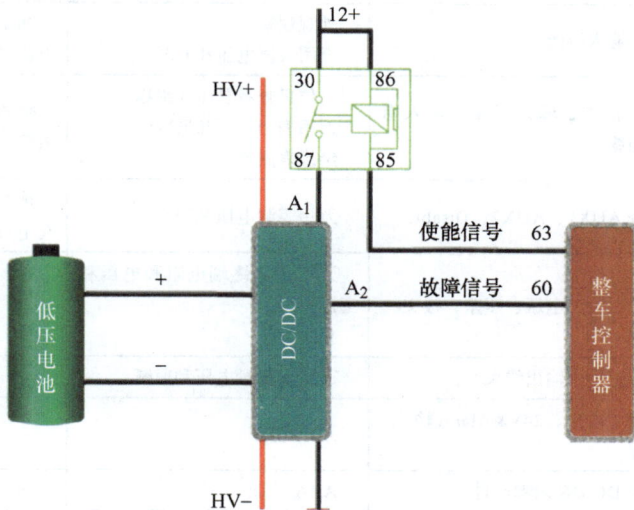

图 2-35　整车控制器与 DC/DC 的连接关系

二、DC/DC 故障的诊断流程

1. 车钥匙解读

1）车钥匙档位的含义，见表 2-13

表 2-13　车钥匙档位的含义

车钥匙档位	对应模式	含义描述
起动按钮 （POWER）	OFF 模式	车钥匙插入时的初始位置，车辆电源未接通，整车 CAN 总线休眠
	ACC 模式	车辆大部分电气电源接通，如空调（有风，但不制热 / 制冷），发动机未起动，整车 CAN 总线被唤醒并传输数据
	RUN 模式	车辆所有电气电源接通，如空调（制热 / 制冷），驱动电机遥控运行

2）车钥匙档位，如图 2-36 所示。

图 2-36　车钥匙档位

2. 故障分析方法

以动力电池端 DC/DC 为例，故障排查分析方法见表 2-14。

表 2-14　故障排查分析方法

故障类型	故障可排查点	排查方法	备注原因
DC/DC 熔丝故障	电源输入熔丝	外观观察 万用表测电压和通断	如加热回路故障，DC/DC 过电流增加
输入电源故障	总压范围、输入线束、输入阻抗、绝缘	上位机查看总压和绝缘 万用表测总压和通断 绝缘表测绝缘	须查电池端欠电压 / 断路等故障
控制信号故障	检查 AUX1、AUX2、Disable	万用表测电压和通断	须查信号来源：BMU、整车、充电桩
通信故障	终端电阻、电压、压差、报文	万用表测终端电阻和电压和通断 报文解析	—
输出电源故障	电压范围、输出线束	万用表测量电压和通断	—
BMU 故障	AUX2 输出、24V&Alarm 输入、通信等	ABA 验证	—
DC/DC 故障	检查 DC/DC 内部硬件	ABA 验证	如阻抗测试、绝缘测试
报警信号故障	未正常报警	万用表测量电压和通断	—
软件故障	安装新软件	上位机检查软硬件版本号	—

以动力电池端 DC/DC 内部硬件故障排查为例，内部硬件故障检测方法见表 2-15。

表 2-15 内部硬件故障检测方法

测试方法	使用万用表二极管档，测试旧件 DC/DC 的输入阻抗，正反方向均测试
正常	红表笔接输入正极，黑表笔接输入负极，万用表正常显示为 OL
	黑表笔接输入正极，红表笔接输入负极，万用表正常显示为 OL
异常	红表笔接输入正极，黑表笔接输入负极，万用表异常显示为 1713

3. 测量数据分析参考范围

测量数据的参考范围见表 2-16。

表 2-16 测量数据的参考范围

测试项目（以强松 380143-00006 为例）		参考范围
电阻测试（万用表电阻档）	高压输入正→高压输入负	>17MΩ
	低压输出负→低压输出正	450～490Ω
	AUX1→GND	8.15～8.19kΩ
	AUX2→GND	8.15～8.19kΩ
	Alarm→GND	9.8～10kΩ
	Disable→GND	8.15～8.19kΩ
	CANH→CANL	3.2～3.4kΩ
	CANH→GND	OL
	CANL→GND	OL
绝缘测试（绝缘测试仪 1kV 绝缘档）	高压输入正→机壳	≥100MΩ
	高压输入负→机壳	≥100MΩ

任务四　检修电流采样故障

动力电池的电压和电流会随着车辆的运行状态、运行环境及驾驶人操控状态等不同而发生变化，当电流超过预先设定的允许范围、动力电池电压低于设定值仍在大电流放电时，会导致过温问题，轻则影响电池使用寿命、损坏功率部件，重则影响高压系统的安全。

为了保障动力电池在电流不正常时整车高压系统的电气安全、动力电池安全、驾乘人员安全，需要设计电压检测和电流检测回路对高压电路系统的工作电压和电流进行实时准确的检测。当检测到异常时，动力电池高压管理系统需要及时限制电池放电功率或切断高压回路，并向驾驶人发出声光警报，报警灯如图 2-37 所示。

电池寿命

图 2-37　报警灯

一、电流采样的作用

1. 动力电池的电流检测

动力电池中的每个单体电池都有可能产生电流过大的现象，这会影响动力电池的安全性。因此，通过电流检测可以及时发现过电流问题并采取措施予以解决，确保驾乘人员和车辆的安全。

2. 电流采样的目的

通过电流传感器对母线电流进行采样，帮助 BMU 实时监控动力电池管理系统的电流输入和输出。图 2-38 所示为霍尔式传感器采样。

图 2-39 所示为分流器电流采样电路。分流器检测到被测电流与主回路电压的信息，并将检测内容转化为电信号发送给 BMU 的检测通信装置。

新能源汽车通常会采用电流传感器进行电流检测。电流传感器一般采用霍尔元件或磁电阻元件等技术，并通过信号处理电路将电流模拟信号转换为数字信号，最终输送至动力电池管理系统进行处理。

电流采样通常采用非接触式电流传感器或接触式电流传感器，电流传感器通常串联在整车动力电池的总正 / 总负极，如图 2-40 所示。

二、电流采样的结构及工作原理

动力电池管理系统充放电总电流是重要的控制参数，动力电池电流的检测需将电流转换成电压信号进行测量。

1. 电流采样传感器的结构

常见的电流采样传感器结构有非接触式电流传感器（表 2-17）和接触式电流传感器（表 2-18）两大类。

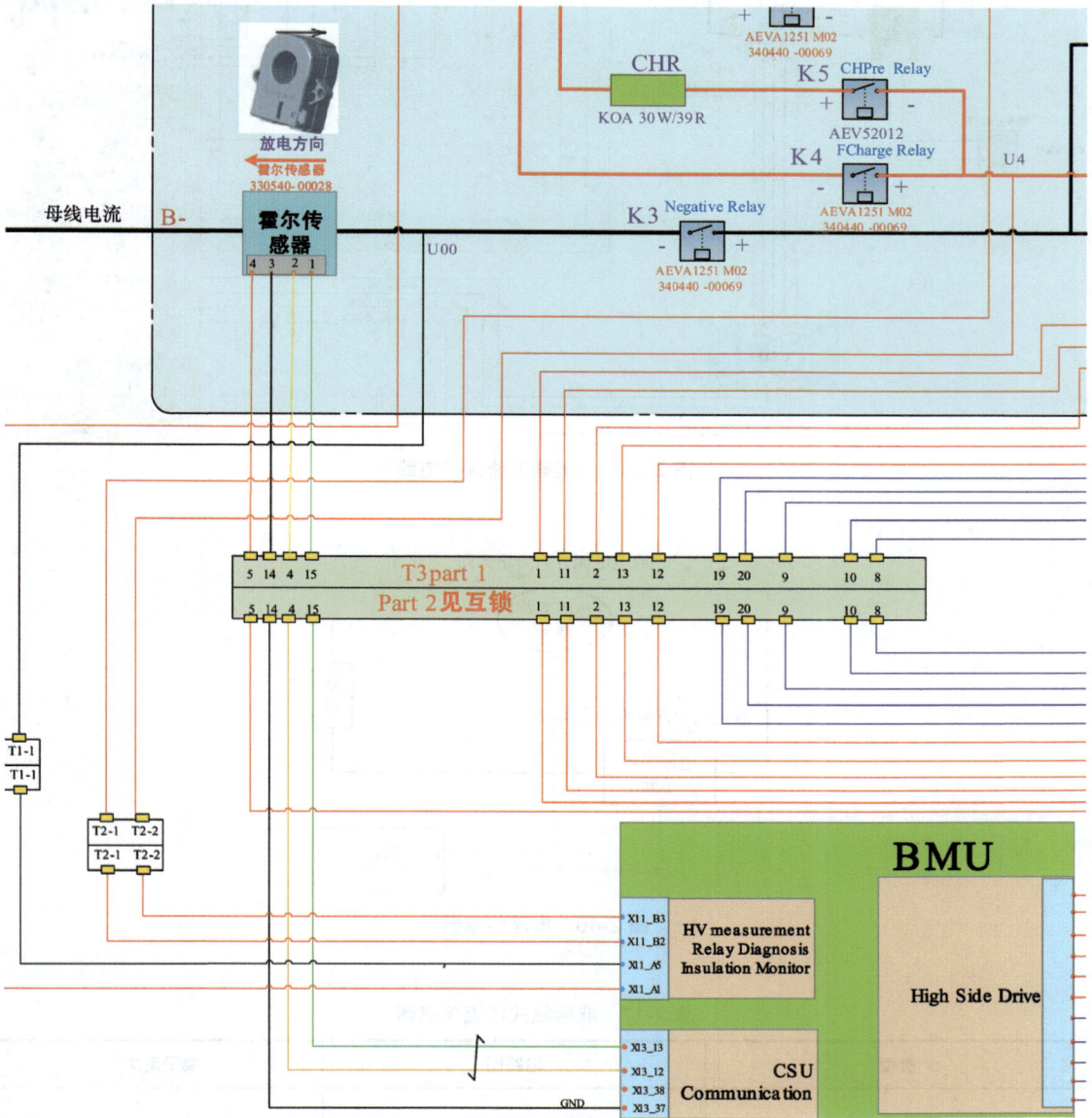

图 2-38 霍尔式传感器采样

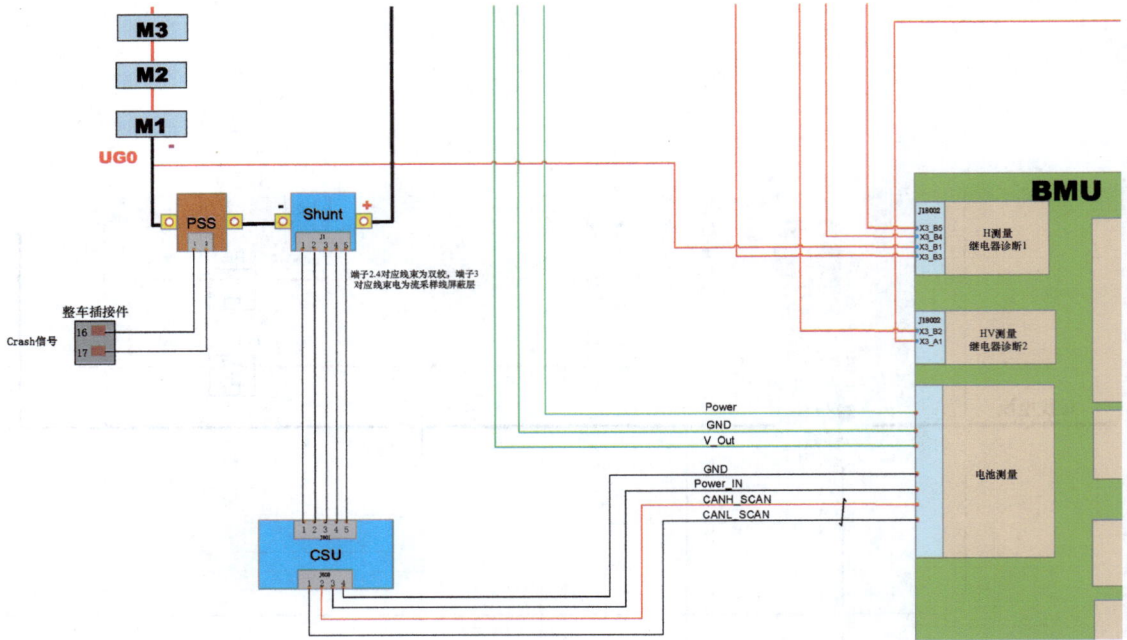

图 2-39　分流器电流采样电路

图 2-40　电流传感器

表 2-17　非接触式电流传感器

类型	电路图	端子定义
开环霍尔（Hall）	DRW1500	A. 采样电压输出 B. 低压搭铁 C. 低压供电

（续）

类型	电路图	端子定义
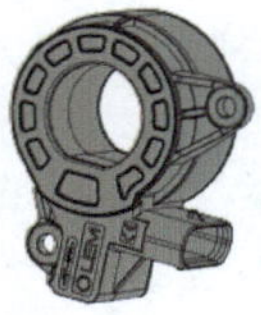 开环霍尔（Hall）	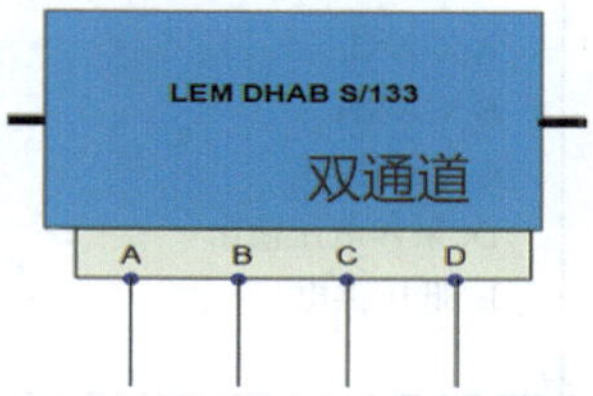 **LEM DHAB S/133** 双通道　A B C D	A. 低压供电 B. 采样电压输出 C. 低压搭铁 D. 采样电压输出
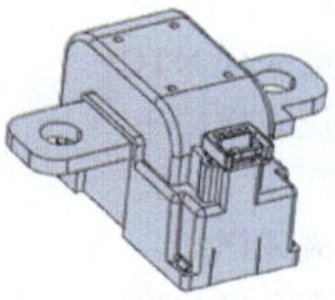 开环霍尔（Hall）	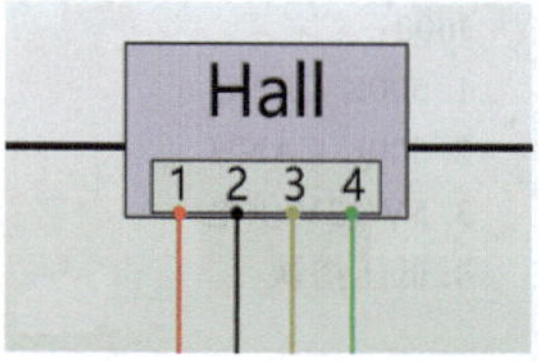 Hall　1 2 3 4	1. 低压供电 2. 低压搭铁 3. CANH 4. CANL
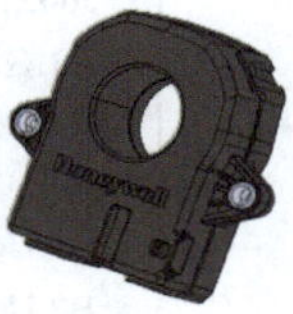 闭环霍尔（Hall）	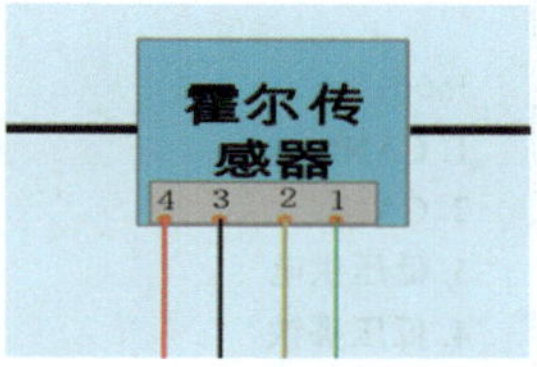 霍尔传感器　4 3 2 1	1. CANL 2. CANH 3. 低压搭铁 4. 低压供电
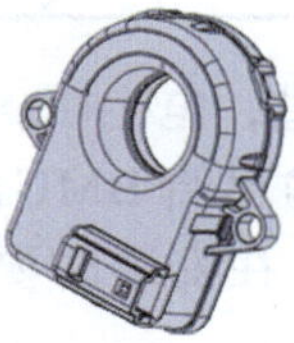 磁通门（Fluxgate）	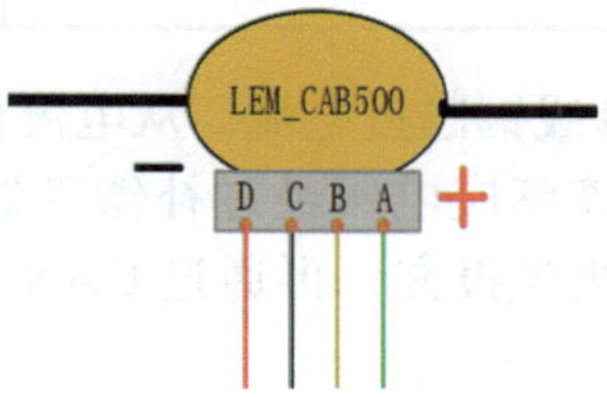 LEM_CAB500　D C B A +	A. CANL B. CANH C. 低压搭铁 D. 低压供电

表 2-18　接触式电流传感器

类型	端子定义	
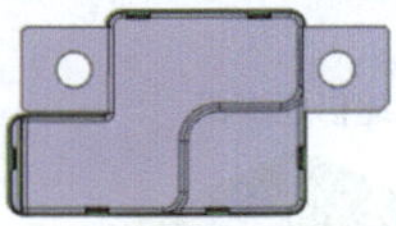 BCD-CSU	1. CANH 2. CANL 3. 低压搭铁 4. 低压供电	
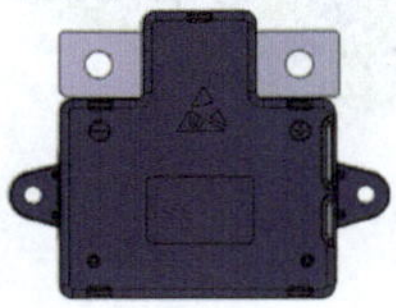 HV-CSU	J1： 1. CANH 2. CANL 3. 低压搭铁 4. 低压供电	J2： 8.U1_G0 5.U2_G0 3.U3_G0 1.U4_G0

（续）

类型	端子定义		
BUS-CSU 用于商用车	A. CANL B. CANH C. 低压搭铁 D. 采样电压输出 E. 低压供电		
CSU-PLUS	J600： 1. 500K CANL 2. 500K CANH 3. 5V/12V 供电 4. 低压搭铁	J601： 1. 温度采样 NTC+ 2. 电流采样端 + 3. G0 4. 电流采样端 − 5. 温度采样 NTC−	
HV-CSU-PLUS	J600： 1. CANL 2. CANH 3. 低压供电 4. 低压搭铁	J601： 1. 温度采样 NTC+ 2. 电流采样端 + 3. G0 4. 电流采样端 − 5. 温度采样 NTC−	J602： A1.G1 A3.G0 A5.U3_G0 B1.U6_G1 B2.U4_G0 B4.U1_G0 B6.U2_G0

非接触式电流传感器：母线铜巴过电流，从电流传感器中心穿过，电生磁，该磁场在电流传感器中感应出电压。该感应电压经过补偿等处理后：直接输出给 BMU，BMU 再计算电流，或者将电压先转化为报文，再通过 CAN 输出给 BMU。在安装时要注意避免装反。

接触式电流传感器：宁德时代研发的接触式电流传感器，其连接器（Shunt）像铜巴一样，与母线串联。当电流流过 Shunt 时，将在 Shunt 两端产生电压降，CSU 采样该电压降，再根据欧姆定律（$I=U/R$）计算出母线电流初值。Shunt 上有一个 NTC，CSU 采样 NTC 反馈的温度，用来补偿电流初值，以减小误差，如图 2-41 所示。

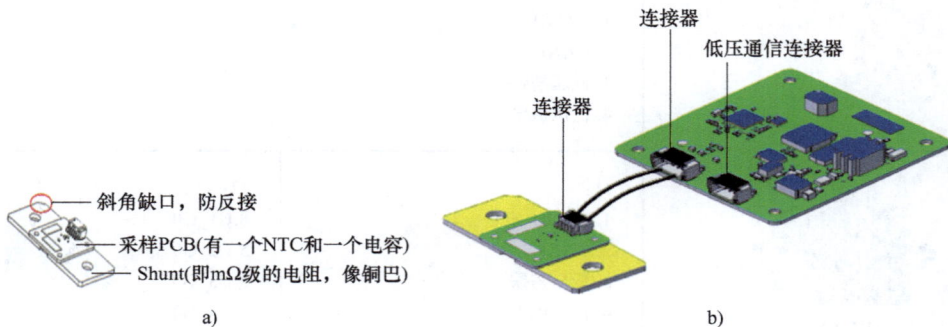

图 2-41　Shunt

2. 电流采样传感器工作原理

下面主要介绍分流器和霍尔电流传感器工作原理。

（1）分流器工作原理

分流器实际上是一个阻值非常小的电阻。该电阻要求精度高，且具有低温度系数特性，精度不易受温度影响。分流器电流检测方法如图 2-42 所示，在动力电池工作回路中串联一个分流器，当电流流过分流器时，会在分流器两端形成电压差 U_R，电流越大电压差越大，通过采集分流器两端电压差即可计算出电流大小。分流器的主要指标是它的额定电流和标准化电压。额定电流是分流器允许通过的最大电流，标准化电压是分流器在通过额定电流时，在其内部产生的电压降。制造分流器是根据额定电流和标准化电压调整分流器的电阻，使它在流过额定电流时产生相应的标准化电压。例如，标准化电压 75mV，额定电流 100A 的分流器，制造时将它的电阻精确调整到 75mA/100A=0.75mΩ，50A 分流器，制造时将它的电阻精确调整 75mV/50A=1.5mΩ。显然 75mV 的电压较小，采集电压时通常先通过放大电路放大，再输入 A/D 转换器。

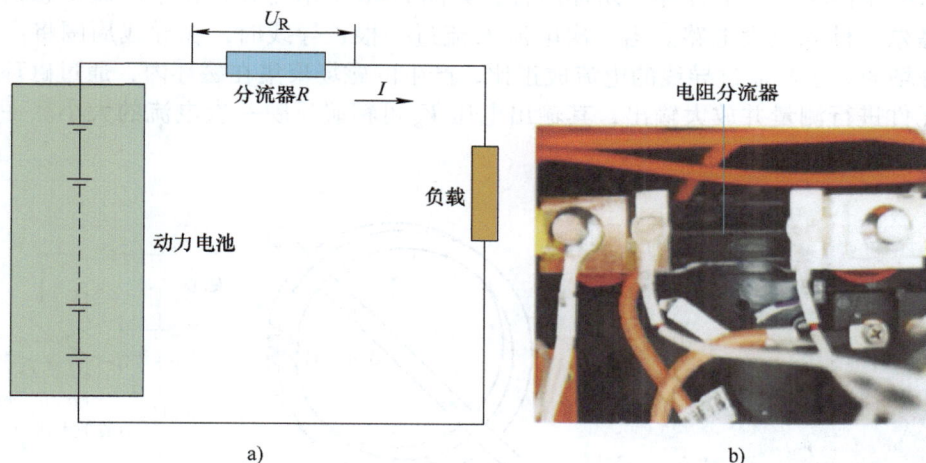

图 2-42　分流器电流检测方法

随着电驱动系统的功率提升，还有大功率充电的需求增加，新能源汽车的系统设计中对电流的测量越来越多的使用电流 Shunt 模块，特别是在母线的电流测量方面。电流和电压的采集器是整合到一起的，电流电压传感器如图 2-43 所示，其框架图如图 2-44 所示。

（2）霍尔电流传感器工作原理

霍尔电流传感器是利用霍尔效应来检测电流的一种电子元件，可以测试各种类型的电流，从直流电流到几十 kHz 的交流电流。图 2-45 所示为某品牌新能源汽车电流检测的霍尔电流传感器。霍尔电流传感器通过电磁场感应得到的电压信号通常较小，只有几 mV，因此在输入 A/D 转换器之前，同样需要放大电路来对信号电压进行放大，目前大部分的霍尔电流传感器已将放大电路集成到传感器内部，传感器输出电压信号可直接被利用。

图 2-43 电流电压传感器

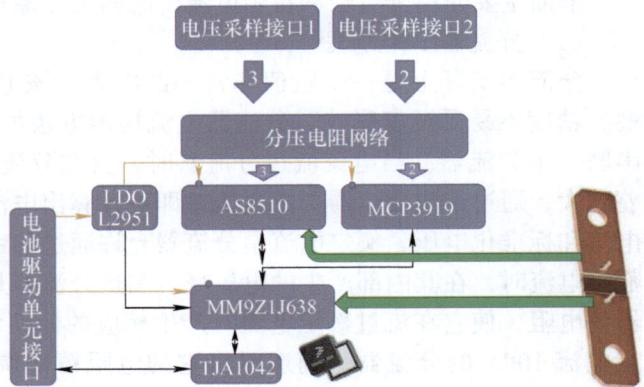

图 2-44 电流电压传感器框架图

霍尔电流传感器包括开环和闭环两种，如图 2-46 所示为开环霍尔电流传感器，包括磁心、霍尔元件和放大电路。当一次电流 I_P 流过一根长导线时，在导线周围将产生一磁场，该磁场的大小与流过导线的电流成正比，产生的磁场聚集在磁环内，通过磁环气隙中的霍尔元件进行测量并放大输出，其输出电压 V_S 可精确反映一次电流的大小。一般霍尔电流传感器的额定输出电压为 4V。

图 2-45 某品牌新能源汽车霍尔电流传感器

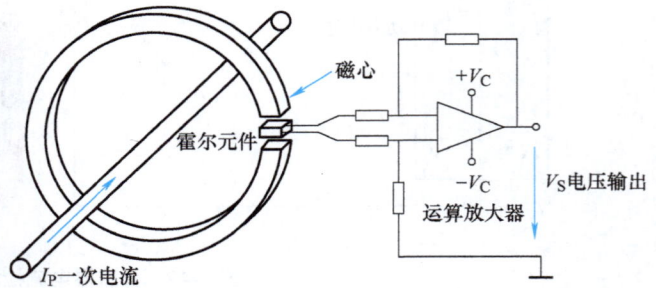

图 2-46 开环霍尔电流传感器

高精度的霍尔电流传感器大多是闭环，闭环霍尔电流传感器基于磁平衡式霍尔原理而设计，如图 2-47 所示。磁心上绕有一二次补偿线圈，当主回路有电流 I_P 通过时，在导线上产生的磁场被磁心聚集并感应到霍尔元件上，所产生的霍尔信号输出经过放大，用于驱动功率管使二次补偿线圈导通，从而获得一个补偿电流 I_S。补偿电流 I_S 通过二次补偿线圈绕组产生磁场，该磁场与被测电流 I_P 产生的磁场方向正好相反，因此霍尔元件的输出信号逐渐减小。当 I_P 与二次补偿线圈所产生的磁场相等时，I_S 不再增加，霍尔元件磁平衡。通过检测 I_S 即可测量出一次电流 I_P。当 I_P 变化时，平衡受到破坏，霍尔元件有信号输出，即重复上述过程重新达到平衡，从磁场失衡到再次平衡，所需的时间理论上不超过 $1\mu s$。

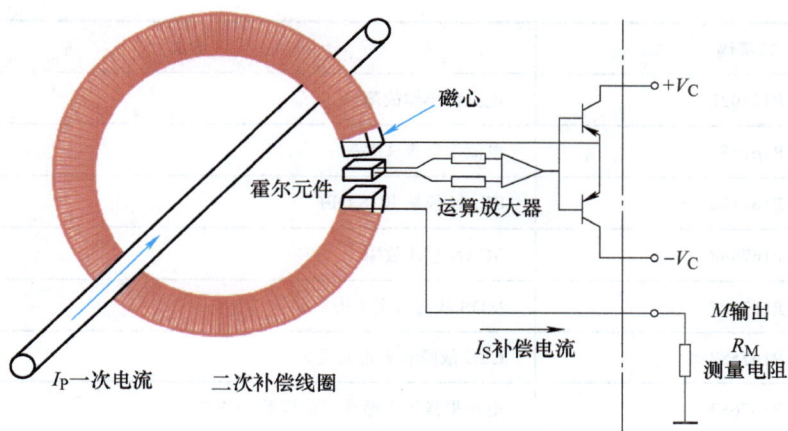

图 2-47　闭环霍尔电流传感器

三、电流采样故障的诊断流程

1. 诊断仪检测

使用诊断仪对电池箱进行检测，对检测出的某项目车型因电流采样异常可能会产生的故障码进行分析，见表 2-19。

表 2-19　某项目车型因电流采样异常可能会产生的故障码

故障码	含义
P16E019	放电过电流 1 级
P16E119	放电过电流 2 级
P16E018	充电过电流 1 级
P16E118	充电过电流 2 级
P16E318	回充过电流 1 级
P16E418	回充过电流 2 级
P161228	电流传感器零漂过大故障
P164419	极限过电流故障
P164502	CSU KB 值异常
P164602	CSU 错误纠正码（ECC）双位错误故障
P164702	CSU 复位故障
P16934B	CSU 温度过高一级故障
P16954B	CSU 温度过高二级故障

（续）

故障码	含义
P161028	电流传感器故障
P161487	电流采样报文丢失
P167188	SCAN 模块 BUS OFF
P167388	SCAN 总线故障
P167487	MOS 状态报文丢失
P167587	CSU 故障状态报文丢失
P167683	电流采样报文循环冗余检验（CRC）
P164020	预充电流反向
P161529	上高压电过程中传感器失效

2. 故障分析方法

根据检测出的故障码进行故障分析，见表 2-20。

表 2-20　根据检测出的故障码进行故障分析

故障位置		故障原因	故障排查
非接触式电流传感器	传感器分身	装反、硬件故障	外观检查、ABA 验证
	供电线束	电压范围异常、损坏、断路、插接件退针	外观检查、万用表检测电压和通断
	采样输出电压线束	电压范围异常、损坏、断路、插接件退针	外观检查、万用表检测电压和通断
	通信线束	电压范围异常、损坏、断路、插接件退针、终端电阻断路、通信丢失	外观检查、万用表检测电压和通断、终端电阻、报文解析
	软件	软件漏洞、软件加载错误	重刷软件、售后标定
接触式电流传感器	Shunt	装反、硬件故障	外观检查、ABA 验证
	Shunt 5 根线束	电压范围异常、损坏、断路、插接件退针	外观检查、万用表检测电压和通断
	CSU	硬件故障	外观检查、ABA 验证
	CSU 供电线束	电压范围异常、损坏、断路、插接件退针	外观检查、万用表检测电压和通断
	CSU 通信线束	电压范围异常、损坏、断路、插接件退针、终端电阻断路、通信丢失	外观检查、万用表检测电压和通断、终端电阻、报文解析
	软件	软件漏洞、软件加载错误	重刷软件、售后标定

任务五　检修均衡功能故障

新能源汽车动力电池管理系统由多个电芯单体串联或并联组成，以满足所需电压和功率要求。在实际使用中，由于电芯单体之间的差异，电芯的放电深度也会不同，容量大的总会欠充欠放，容量小的总会过充过放，电池模组的容量只能达到最弱的电池容量，如图 2-48 所示。

动力电池均衡是指在使用和充电过程中，保持电池箱内各个单体电池的 SOC 相对一致，以延长电池使用寿命，提高充电效率和安全性。动力电池均衡维护的基本目的是"削峰填谷"，使各个电池电芯的电压达到较好的一致性，提高车辆的续驶里程和电池模组的使用寿命。

图 2-48　电芯单体之间的差异

一、动力电池均衡

动力电池箱由大量的电芯单体通过串联形成，由于单体电池生产工艺、自放电、环境温度、放电倍率不同，造成各个电芯单体容量不一致，进而影响电池箱整体性能，导致电池充不进电、续驶里程变短、电池寿命缩短、安全性降低等现象，所以需要对电池箱进行均衡。电芯单体容量不一致的主要外在表现，如图 2-49 所示。

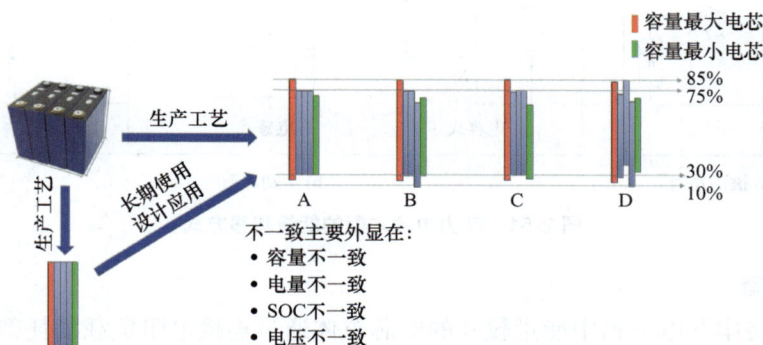

图 2-49　电芯单体容量不一致的主要外在表现

动力电池均衡是通过软硬件手段补偿电芯自放电的差异性，使得在动力电池内各个电芯的 SOC 差异控制在一定的范围内，从而提升动力电池最大可用容量的过程，实现延长动力电池使用寿命、增加动力电池续驶里程的目的，动力电池均衡形式可分为被动均衡和主动均衡两种。

例如，电池箱内会有数百个甚至数千个电池，这些电池会采用"串并"的方式进行组合，在使用过程中不可避免地会出现各个电池电压、容量、温度的差异，这会造成单体电池不均衡的现象。

假设某几个电芯或模组出现容量严重下降，电压随之也会降低。充电的时候这些电芯就会先被充满电，而电池控制单元在检测到这些电池充满电之后就会停止充电，此时其他电芯还没有充满电，但也不得不停止充电，电芯不均衡现象如图 2-50 所示。这就导致电池箱总也充不满电，续驶里程当然也会受到影响。在用车过程中可能会出现"跳电"情况，如以 40%SOC 行驶时，SOC 瞬间从 40% 降至 20%。

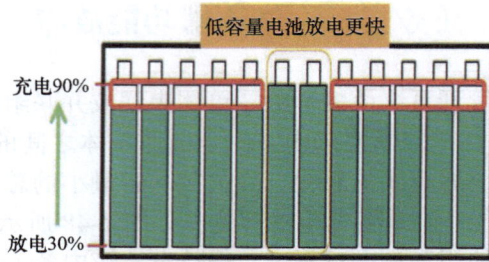

图 2-50　电芯不均衡现象

二、均衡方式

动力电池均衡的能量转移方式可分为被动均衡（能量耗散型）和主动均衡（非能量耗散型），如图 2-51 所示。

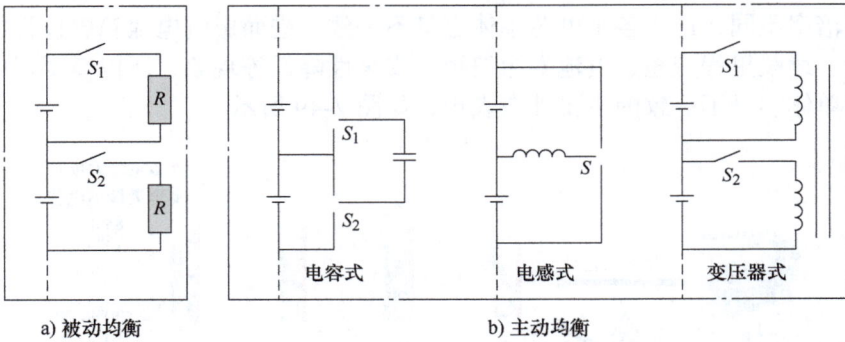

图 2-51　动力电池均衡的能量转移方式

1. 被动均衡

被动均衡将串联电池箱中能量较高的电芯单体通过连接电阻负载消耗部分能量，从而达到各电芯单体能量均衡的方法。该方法通过损失电池能量实现均衡，损失的电池能量转变为热量，直到各单体电池电压接近一致，如图 2-52 所示。被动均衡的方式，目前已较少使用。

图 2-52　被动均衡

2. 主动均衡

主动均衡是通过能量转移的方式"削峰填谷"，运用储能器件等将荷载较多能量电芯的部分能量转移到能量较少的电芯单体上，是能量的转移。均衡充电时，电容通过其控制开关与相邻两个电池交替连接，接收电压高的电池充电，并向电压低的电池放电，直到两个电池的电压趋于一致，如图2-53所示。

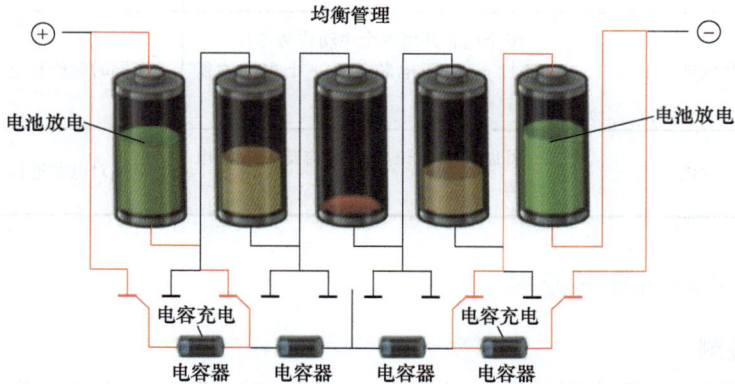

图2-53 主动均衡

3. 被动均衡与主动均衡对比

从木桶效应示意图中（图2-54）可以看出，如果把电池箱比作木桶，串接的电池就是组成木桶的板，电量低的电池是短板，电量高的是长板，被动均衡要做的工作是"截长不补短"。电量高电池中的能量变成热量耗散掉，电能使用效率低。不仅如此，将电能转变成热量耗散掉，带来的两难问题是如果均衡电流越大，产生的热量就越多，最后如何散热成为问题；如果均衡电流越小，那么在大容量电池箱电量差别大的情况下所起到的电量平衡作用效率就越低，要达到平衡则需要很长的时间。权衡利弊，现在被动均衡的电流一般都控制在百毫安（100mA）级别。

图2-54 木桶效应示意图

由于被动均衡的局限性，主动均衡的技术得以提出并发展。主动均衡是把高能量电池中的能量转移到低能量电池中，相当于对木板"截长补短"。不像被动均衡只有"截"，在如何"补"的问题上，行业内充分发挥了各自的优势和想象力。被动均衡与主动均衡对比见表2-21。

表 2-21　被动均衡与主动均衡对比

对比项目	主动均衡	被动均衡
电流大小	均衡电流较大	均衡电流较小
回路特点	一个主动均衡芯片同时只能对一个电芯进行均衡	每个电芯都配置了单独的被动均衡回路
均衡电芯数量	多个电芯共用一个主动均衡芯片（一般 12～16 颗电芯共用一个主动均衡芯片）	可同时对所有电芯开启被动均衡
能量转移方式	可以对电芯进行充电均衡或者放电均衡	只能对电芯进行放电均衡

三、均衡故障的诊断流程

1. 诊断仪检测

使用诊断仪对电池箱进行检测，以某项目为例，对检测出的均衡故障码进行分析，见表 2-22。

表 2-22　以某项目均衡故障码为例

故障码	含义
P16E028	电芯不均衡
P16944B	均衡回路温度过高
P169412	均衡回路短路故障
P169413	均衡回路开路故障
P164A86	均衡回路温度无效故障

2. 故障分析

根据检测出的故障码进行故障分析，见表 2-23。

表 2-23　根据检测出的故障码进行故障分析

故障位置	故障原因	检测方法
电芯	欠电压、过电压、一致性差、容量衰减、不均衡、环境不佳等	万用表测电压
母线（Busbar）	阻抗大	—
键合 / 镍片	断裂 / 虚接、阻抗大	外观检查
FPC	破损、插接件虚接 / 退针	外观检查、万用表检测通断和电压

（续）

故障位置	故障原因	检测方法
采样线束	破损（绝缘破损微短路/串电）、虚焊、被钳压	外观检查、万用表检测通断和电压
采样芯片	供电问题、硬件损坏	万用表检测通断和电压、ABA 验证
CSC	供电问题、编码问题、硬件损坏、通信问题（菊花链/CAN）	万用表检测通断和电压、上位机编码、ABA 验证、排查通信问题
BMU	供电问题、编码问题、硬件损坏、通信问题（菊花链/CAN）	万用表检测通断和电压、上位机编码、ABA 验证、排查通信问题
软件	软件漏洞、软件加载错误	软件升级、重刷软件
……	……	……

任务六　检修高压采样故障

新能源汽车工作电压平台一般在 200～800V 之间，与动力电池箱相关的电气总成包括动力电池管理系统（BMS）、车载充电机（OBC）、整车控制器（VCU）、直流变换器（DC/DC）、电机控制器（MCU）、绝缘监测仪（IMD）等。这些车载电气总成的直流部分共同构成新能源汽车的高压直流母线，而在新能源汽车的运行过程中，高压直流母线的电压需要实时监测，车上的多种控制器会根据检测到的电压进行运算处理和逻辑保护判断。电池系统中，BMS 会根据高压直流母线电压进行预充电动作及总压过电压保护判断，根据高压直流母线电压进行正、负直流母线绝缘电阻计算，根据高压直流母线电压调整充电电流的输出，VCU、DC/DC 及 MCU 会根据高压直流母线电压进行输入电压越限告警判断等，如图 2-55 所示。

高压直流母线

图 2-55　高压直流母线电压

动力电池高压采样电路主要用于对动力电池管理系统中的电压进行高精度的采集和监测，以保障整个动力电池管理系统的正常运行。

一、高压采样的作用及工作原理

1. 高压采样的作用

高压采样即采集高压直流母线上继电器高压连接端子处的电压，即采样继电器内侧电压、外侧电压，对继电器当前状态（闭合/断开）进行检测如图 2-56 所示，某乘用车高压采样电路如图 2-57 所示。

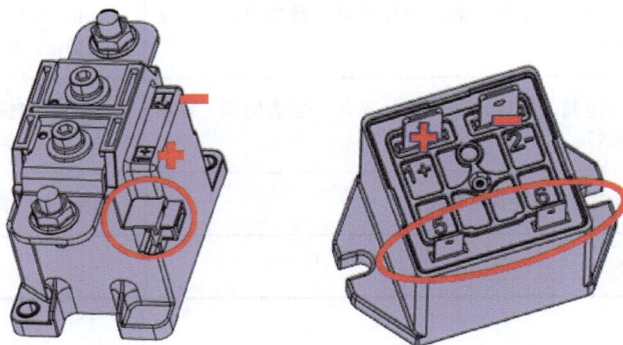

图 2-56　高压直流母线继电器高压端子

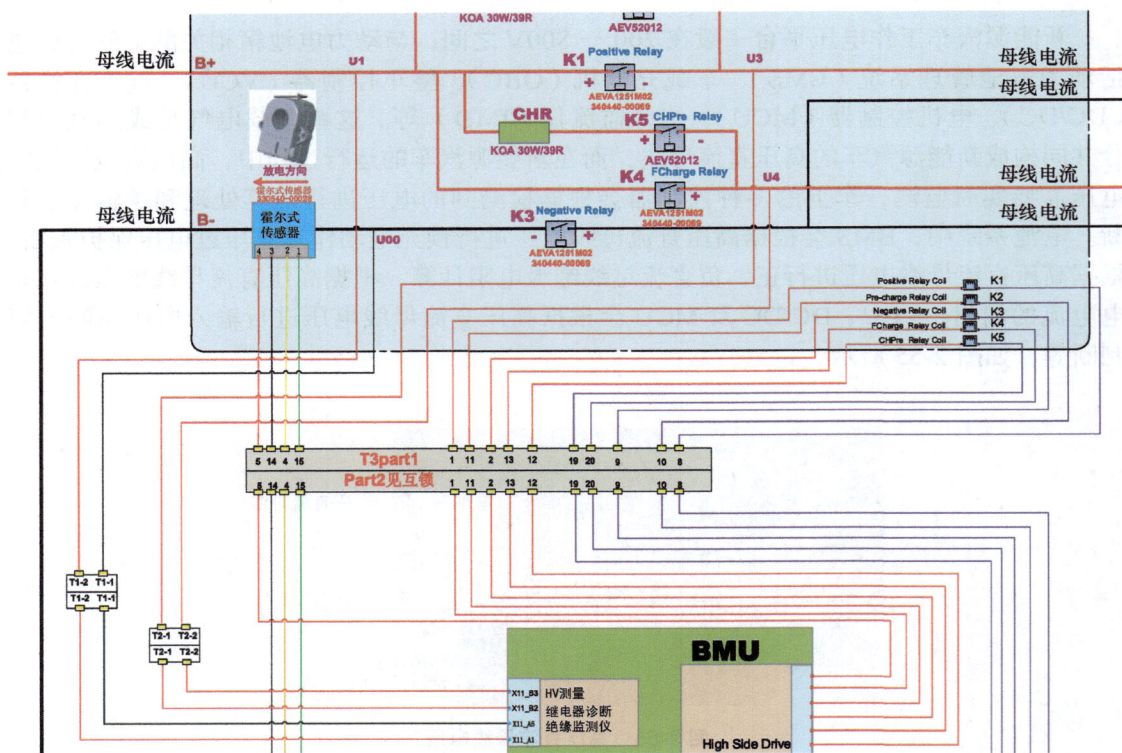

图 2-57　某乘用车高压采样电路

乘用车高压采样线束一端通过螺栓固定在高压盒内继电器的母线连接端子上，另一端连到 BMU 上，如图 2-58 所示。此外，HV-CSU 或 HV-CSU-PLUS 也可以实现高压采样的功能，表 2-24 所列为某乘用车由 BMU/HVB 实现高压采样的方式。

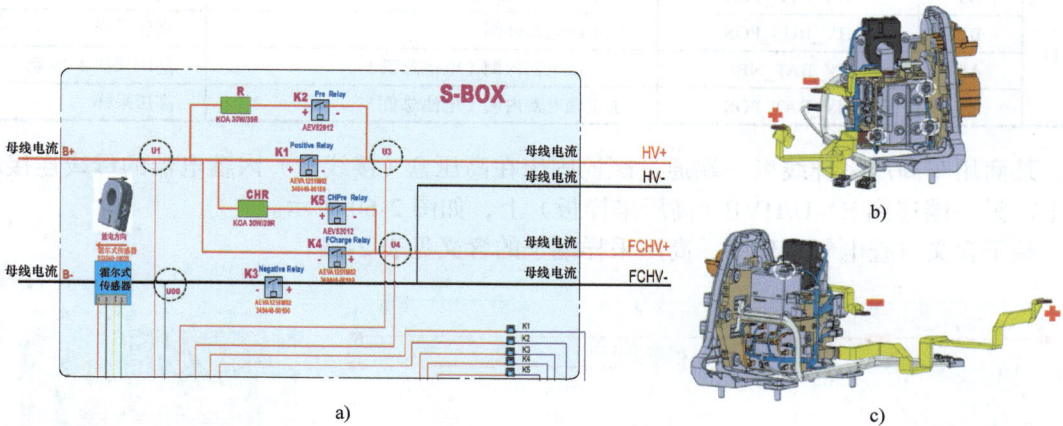

图 2-58　高压采样线束

表 2-24　某乘用车由 BMU/HVB 实现高压采样的方式

高压采样位置	通信方式	继电器诊断
BMU	—	
HV-CSU / HV-CSU-PLUS	SCAN	
BMU	—	
BMU	—	BMU
HV-CSU / HV-CSU-PLUS	SCAN	
BMU	—	
HV-CSU / HV-CSU-PLUS	SCAN	

端子定义可查电气原理图，下面以某乘用车为例，端子电路如图 2-59 所示，端子含义见表 2-25。

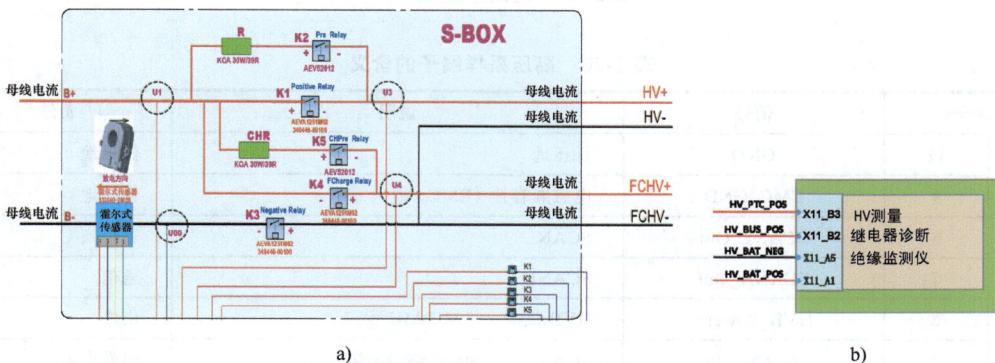

图 2-59　端子电路

表 2-25　端子含义

端子		信号	说明	备注
X11	B3	HV_PTC_POS	充电正继电器外侧	高压采样
	B2	HV_BUS_POS	主正继电器外侧	高压采样
	A5	HV_BAT_NEG	主负继电器内侧（电池总正）	高压采样 + 参考
	A1	HV_BAT_POS	主正继电器内侧（电池总负）	高压采样

　　某商用车高压采样线束一端通过螺栓固定在高压盒（接线盒）内继电器的母线连接端子上，另一端连到 BMU/HVB（高压采样板）上，如图 2-60 所示。

　　端子含义可查电气原理图，高压采样端子的含义见表 2-26。

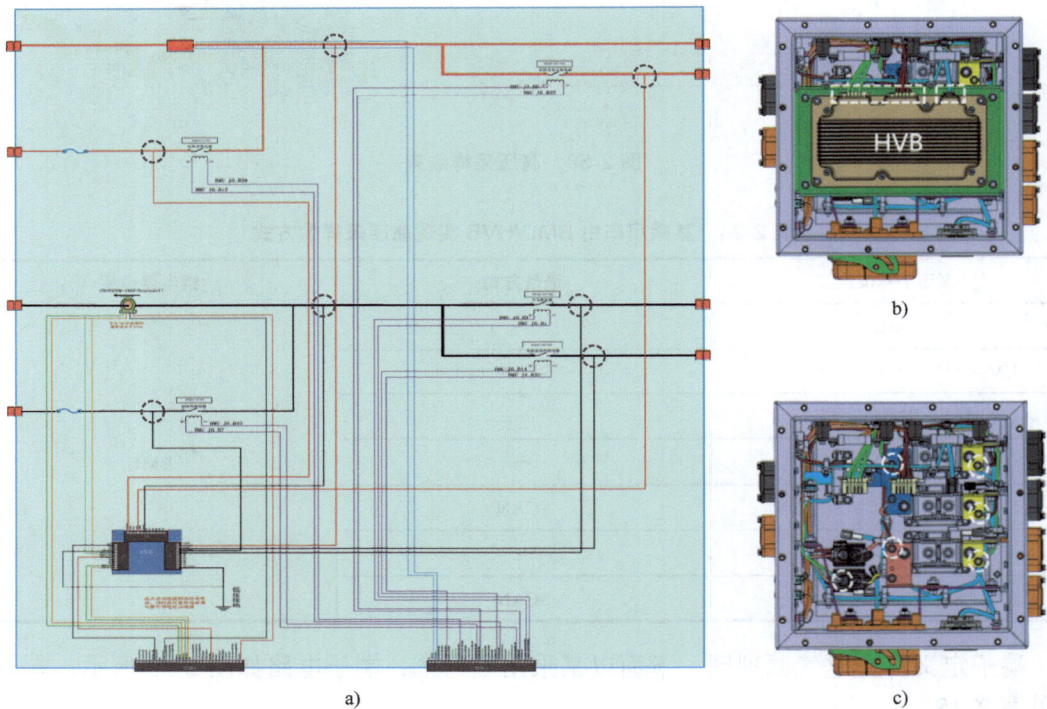

图 2-60　商用车高压采样

表 2-26　高压采样端子的含义

端子	信号	说明	备注
J5	12	GND	低压地	低压地
	9	EMC_GND	电磁兼容性（EMC）地	低压地
	8	SCANL_Out	SCANL	通信
	7	SCANH_Out	SCANH	通信
	6	HVB_Power+	HVB 供电，来自 BMU	供电
	2	SCANL_In	SCANL，与 BMU 终端电阻相连	终端电阻
	1	SCANH_In	SCANH，与 BMU 终端电阻相连	终端电阻

（续）

端子		信号	说明	备注
J4	B6	AI_Thermal+	加热正继电器外侧	高压采样
	B5	AI_CH2+	—	高压采样
	B4	AI_HV+	—	高压采样
	B3	AI_CH1+	充电正继电器外侧	高压采样
	B2	AI_TMS+	—	高压采样
	B1	AI_Battery−	主负继电器内侧（电池总负）	高压采样 + 参考
J2	B6	AI_CH2−	—	高压采样
	B5	AI_Battery+	主正继电器内侧（电池总正）	高压采样
	B4	AI_CH1−	充电负继电器外侧	高压采样 + 参考
	B3	AI_Thermal−	加热负继电器外侧	高压采样 + 参考
	B2	AI_HV−	主负继电器外侧	高压采样 + 参考
	B1	Insulation_GND	绝缘地	低压地

2. 高压采样的工作原理

高压采样判断继电器状态的工作原理是如果继电器内外侧电压差约为0V，一定程度上说明继电器是闭合的。如果继电器内外侧电压差非常大，一定程度上说明继电器是断开的。继电器内外侧电压差 = $(U1-U00) - (U01-U00) = U1-U01$。

高压采样的工作原理常用的采集总电压的方法主要分以下4种。

（1）分压法

分压法对总电压进行电阻分压，降低电压后利用 A/D 采集电路直接采集，由于电阻直接连入电池箱的正负极，需要考虑电气隔离，也由于电阻发热产生精度以及漂移问题，所以这种方法的采样精度较低，并且为保证安全必须实现隔离。采用高压分压原理，通过串联电阻将高压电路分压到合适的范围，再通过运算放大电路将分压后的电压信号进行放大，输出到 A/D 转换器进行数字信号转换，最终得到高精度的电压采样结果。

（2）差分比例电路法

差分比例电路法通过差分比例电路对总电压进行线性缩小并采样，采样信号会由于电路元件的对称性问题引发共模干扰，影响高压采样测量精度。

（3）电压传感器法

高压采样电路需要与电池系统相连，在工作过程中极易发生隔离故障。因此，采用电压传感器法在设计时使用隔离电路，通过隔离放大器使得采样电路与动力电池管理系统完全隔离，确保电路的稳定性和安全性。

该方法采用霍尔电压传感器对总电压进行隔离采集，使用时霍尔电压传感器通过采样电阻将电压信号转换为电流信号，由于采样回路中漏电流的存在对采样结果有影响，同时信号转换的精度也对采样结果有影响。

（4）单体电芯电压累加法

BMS 中必须采集每块单体电池的电压，利用单体累加方法简单易行，但是由于每块单体电压采集都存在误差，在电池电压累加后，难免会累计更大的误差。电芯单体电压数据的干扰可以通过选择更优的采集电路实现降低，但累加误差仍然是一个不能忽视的问题，并且由于电池电芯采样时间的问题，获得总电压的实时性较差。

二、高压采样故障的诊断流程

1. 诊断仪检测

使用诊断仪对电池箱进行故障检测，提取故障码，故障码的含义见表 2-27。

表 2-27 故障码的含义

故障码	含义
P16E417	电池箱总电压过高 1 级
P16E517	电池箱总电压过高 2 级
P16E416	电池箱总电压过低 1 级
P16E516	电池箱总电压过低 2 级
P164062	主继电器外侧高压大于内侧高压
P167013	高压回路断路
P167188	SCAN 模块 BUS OFF
P167388	SCAN 总线故障
P167783	高压 #1 采样报文循环冗余校验（CRC）
P167883	高压 #2 采样报文 CRC

2. 故障分析

根据故障码的提示，对高压采样进行故障分析，见表 2-28。

表 2-28 对高压采样进行故障分析

高压采样位置	故障排查点	故障原因	故障排查
BMU	高压采样线	安装不到位、高压采样输出不正常	检查螺栓是否松动等，万用表测线束通断和高压采样输出
	BMU	软硬件故障、高压采样输入不正常	万用表检测 BMU 供电和高压采样输入，ABA 验证
HV-CSU HV-CSU-PLUS HVB	高压采样线	安装不到位、高压采样输出不正常	检查螺栓是否松动等，万用表测线束通断和高压采样输出
	HV-CSU	软硬件故障、高压采样输入不正常	万用表检测 CSU/HVB 供电和高压采样输入，ABA 验证
	HV-CSU-PLUS	安装不到位、电压不正常	检查插接件是否松动等，万用表检测线束通断和电压

根据故障码的提示，对低压驱动 + 继电器进行故障分析。

拓展学习

2024 年 6 月 24 日，2023 年度国家科学技术奖在北京揭晓，宁德时代牵头并联合深蓝汽车等企业和大学科研机构的科研项目《面向大规模产业化的动力电池研发与制造关键技术》荣获国家科学技术进步二等奖。"发展新能源汽车是我国从汽车大国迈向汽车强国的必由之路。"动力电池是新能源汽车的心脏，已成为我国实施双碳战略和推动交通能源变革的重要引擎。长期以来，宁德时代在电池安全性、电池性能以及极限制造等方面持续创新。

此次获奖项目聚焦于高比能材料、高安全电池、大规模高品质制造三大技术关键，进行了一系列突破创新。在高比能材料方面，电芯的比能量达到 308W·h/kg，取得了国际性的领先；在高安全方面，发明了亚微米金属复合高分子功能集流体、气动自断电保护顶盖、高温烟尘与高电压网络分离新技术等，构建了一整套行之有效的电池安全体系；同时，创新了 PPB（十亿分之一）级大规模制造工艺装备技术，实现单线效率超过 10GW·h/ 年，达到国际领先水平。

任务七　检修继电器类故障

一、高压继电器的作用及工作原理

新能源汽车一般采用高压电池箱作为动力驱动，为保证电气系统正常通断，在新能源汽车的动力电池管理系统和电机控制器之间需配置高压直流继电器。当系统停止运行后起隔离作用，当系统运行时起连接作用，当车辆关闭或发生故障时，能安全地将储能系统从车辆电气系统中分离，起到分断电路的作用。因此，高压直流继电器是新能源汽车关键安全器件，如果没有它，车辆将不能启动、行驶及停车，如图 2-61 所示。

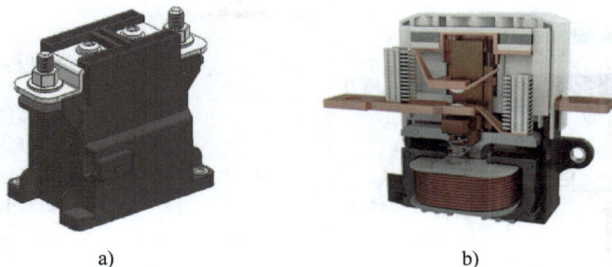

a)　　　　　　　　b)

图 2-61　高压直流继电器

高压继电器简单理解是用较小的电流去控制较大电流的一种自动开关。在电路中起自动调节、安全保护、转换电路等作用，如图 2-62 所示。高压继电器控制的主要目的是保证动力电池管理系统上下电的正常进行，在汽车启动时闭合高压继电器上电，在汽车停车时断开高压继电器下电。

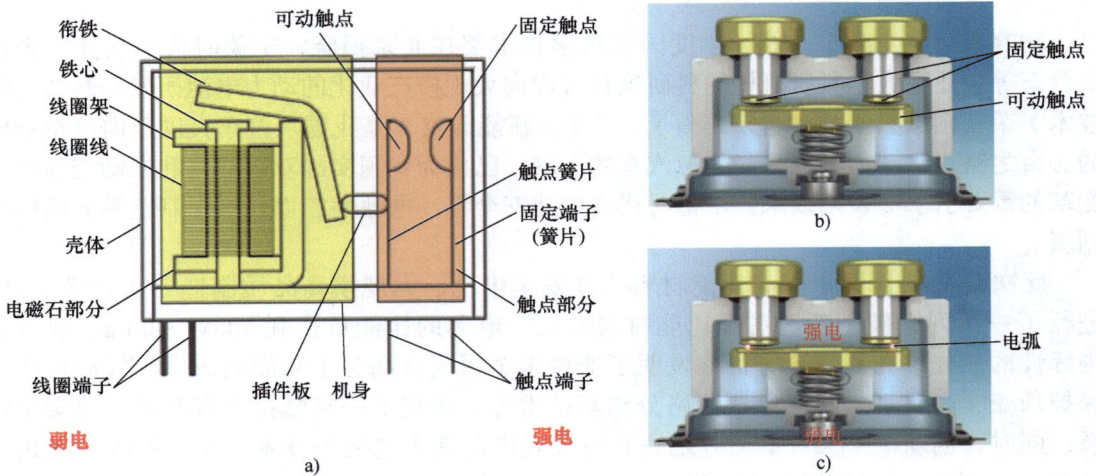

图 2-62　用较小的电流去控制较大电流的一种自动开关

1.继电器的工作原理

　　继电器一般由铁心、衔铁、线圈、触点簧片等组成。只要在线圈两端施加一定电压，线圈中就会流过一定的电流，从而产生电磁效用，衔铁会在电磁力吸引的作用下克服回位弹簧的拉力吸向铁心，从而带动衔铁的动触点和静触点（常开触点）吸合。当线圈断电后，电磁吸力随之消失，衔铁会在回位弹簧的反作用力作用下返回原来的位置，使动触点与原来的静触点（常闭触点）吸合。即当继电器低压线圈上电，继电器吸合；当继电器低压线圈下电，继电器断开。通过继电器的吸合、断开达到导通、切断电路的目的。继电器工作原理如图 2-63 所示。

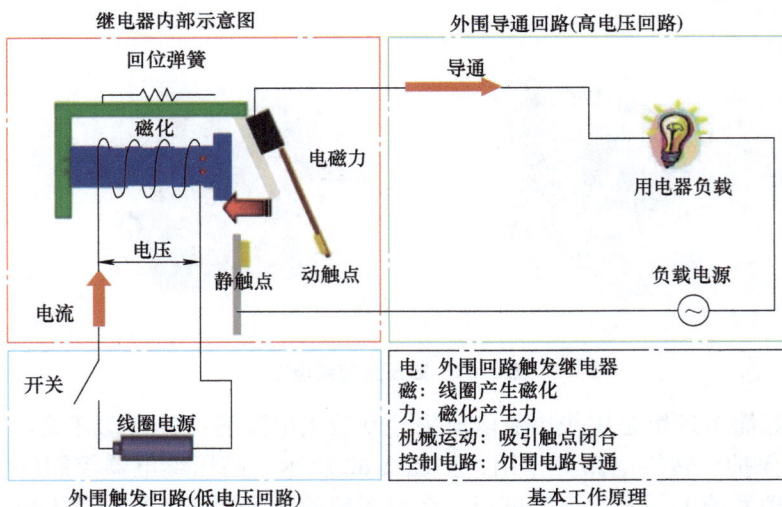

图 2-63　继电器工作原理

对于继电器的常开、常闭触点，可以做这样区分：继电器线圈未通电时处于断开状态的静触点，称为常开触点；继电器线圈未通电时处于接通状态的静触点，称为常闭触点。

2. 动力电池高压继电器的组成与工作原理

新能源汽车在工作时，需要将动力电池与高压电气设备进行可靠的连接与断开，由于高压回路存在高电压、大电流等情况，所以高压回路的通断需要由高压继电器完成，高压继电器如图 2-64 所示。

图 2-64　高压继电器

高压继电器主要由低压线圈、活动铁心、绝缘壳体、回位弹簧、高压触点、高压接线柱、密封气室等组成，其基本结构如图 2-65 所示。当需要接通高压回路时，控制器给低压线圈供电，活动铁心带动高压触点向上运动，高压继电器闭合，接通高压回路；当需要断开高压回路时，控制器给低压线圈断电，活动铁心在回位弹簧的作用下复位，高压触点分离，断开高压回路。

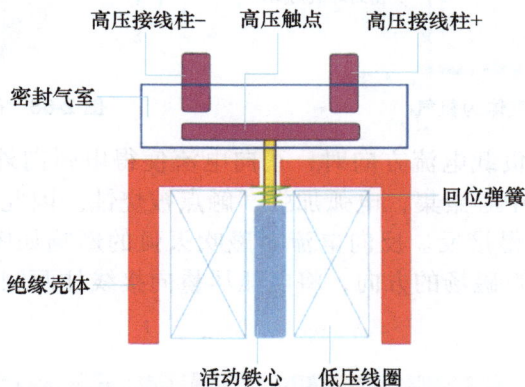

图 2-65　高压继电器基本结构

继电器连接端子分为：两个高压连接端子（内侧＋外侧）、两根低压供电（HSD+LSD），如图 2-66 所示。

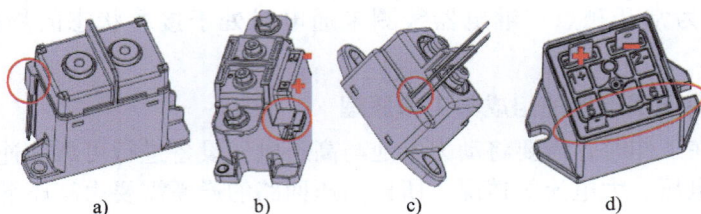

图 2-66　继电器连接端子

　　继电器分布在电池系统高压盒里，有主正继电器、主负继电器、预充继电器、充电正继电器、充电负继电器、加热正继电器、加热负继电器等。

　　新能源汽车工况多变，高压上电或充电时会产生冲击电流，加速行驶时会产生过载电流，短路时会产生短路电流，为了保证高压继电器能够可靠接通、快速分离，要求高压继电器要具备耐高压、耐负载、抗冲击、分断能力强和灭弧能力强等性能。

　　充气型高压继电器是目前应用的主要形式，常用的充注气体为氢气、氮气和氟化硫。充气除了对电弧有收缩作用，还可以起到冷却和有效防止开关材料腐蚀的作用。当充注气体为氮气时，如图 2-67 所示。

　　还有一种灭弧措施是利用磁吹灭弧原理给开关触点设置灭弧磁铁。磁吹灭弧原理是利用电弧在洛伦兹力的作用下向两边的灭弧区移动，从而达到灭弧的效果，如图 2-68 所示。

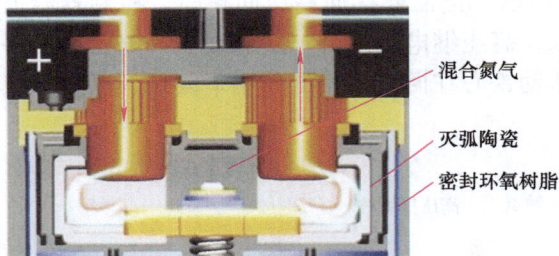

图 2-67　充注气体为氮气

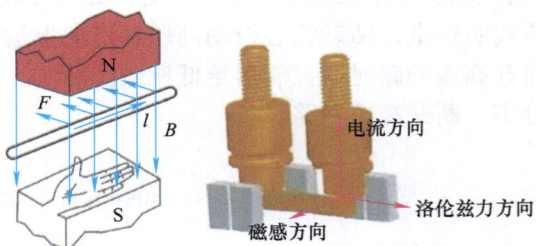

图 2-68　磁吹灭弧原理

　　当灭弧磁场垂直于负载电流方向时，正向电流使得电弧向外偏离，起到灭弧作用，但反向电流会使电弧向中心聚集，电弧加强，触点被烧蚀。因此高压继电器在使用、更换时，正、负接线柱不得接反。反向电流对磁吹灭弧的影响如图 2-69 所示。在有些高压继电器中通过调整灭弧磁场的方向，将电弧尽量向接线柱两侧引，防止反向电流烧毁触点。

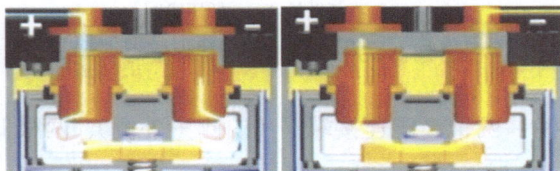

图 2-69　反向电流对磁吹灭弧的影响

高压继电器电路图如图 2-70 所示。

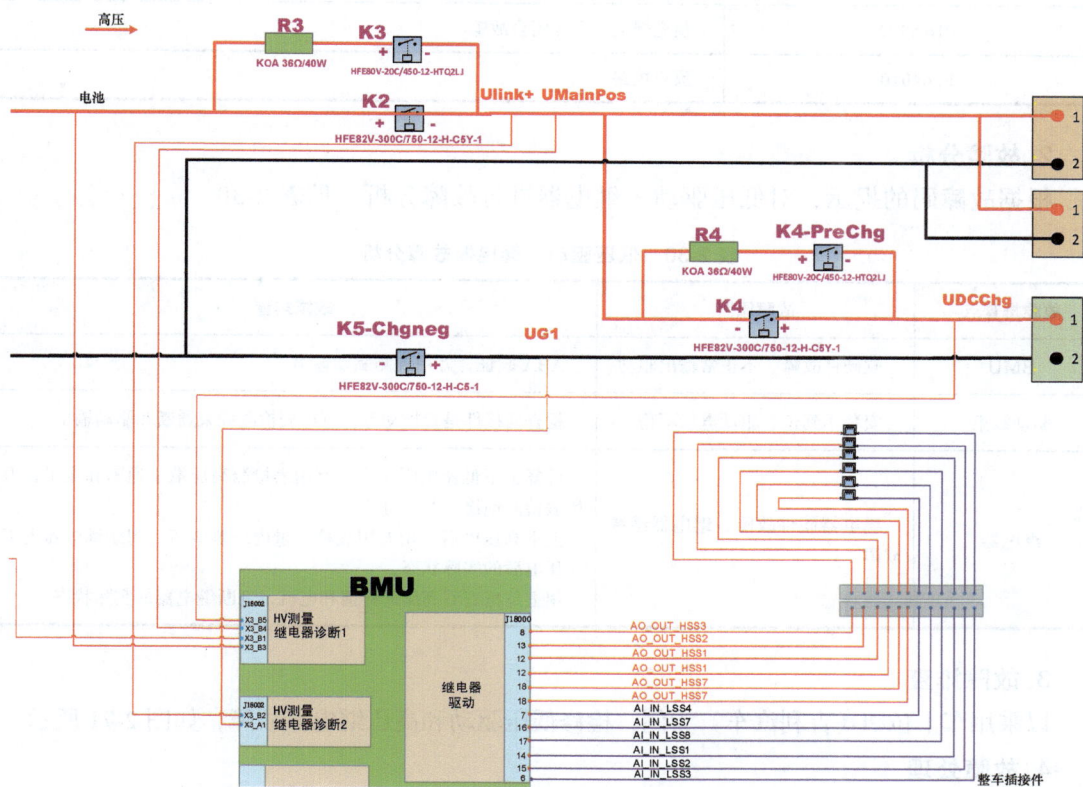

图 2-70　高压继电器电路图

二、高压采样和继电器类故障的诊断流程

1. 诊断仪检测

使用诊断仪对电池箱进行故障检测，提取故障码，故障码的含义见表 2-29。

表 2-29　故障码的含义

故障码	含义
P16A173	主正或预充继电器触点粘连故障
P16A373	主负继电器触点粘连故障
P16A473	直流充电继电器触点粘连故障
P16A573	主正或主负继电器触点粘连故障
P16A072	主正继电器无法闭合故障
P16A372	直流充电继电器无法闭合故障（充电回路断路）

（续）

故障码	含义
P16A472	预充继电器无法闭合故障
P164010	预充短路

2. 故障分析

根据故障码的提示，对低压驱动 + 继电器进行故障分析，见表 2-30。

表 2-30　低压驱动 + 继电器故障分析

故障排查点	故障原因	故障排查
BMU	软硬件故障、不正常输出驱动	ABA 验证，万用表测驱动输出
驱动线束	安装不到位、驱动电压不稳	检查插接件是否松动等，万用表检测线束通断和驱动输出
继电器	继电器硬件故障、继电器绝缘故障	反复上下低电听声音，万用表检测高压端子通断和电阻，万用表检测绝缘，ABA 验证 上下高压电后，用万用表测量内外侧电压，判断继电器上下高压电后的实际状态 用上位机查看高压采样值和电流，判断继电器的实际状态

3. 故障排查

以乘用车上位机（吉利汽车）为例，检修低压驱动和高压继电器故障，如图 2-71 所示。

4. 故障处理

1）若上报主继电器粘连，需要确认是否为预充继电器粘连。如果是，需要先确认整车负载是否短路 / 整车继电器是否粘连，处理完整车故障后再更换新件。

2）若上报加热继电器粘连，需要检查加热回路的绝缘电阻是否正常。如果异常，在确保加热回路正常后再更换新件。

3）若上报充电继电器触点粘连，需要确认充电桩负载是否短路 / 充电机继电器是否粘连。如果是，处理完充电桩故障后再更换新件。

a）电池信息

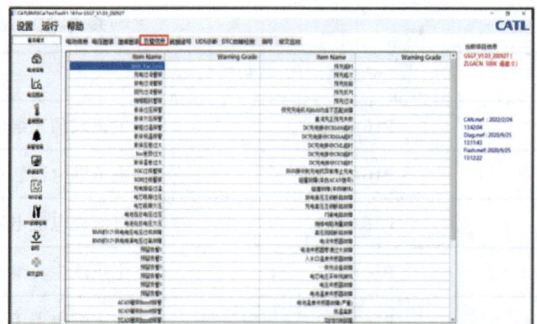

b）告警信息

图 2-71　检修低压驱动和高压继电器故障

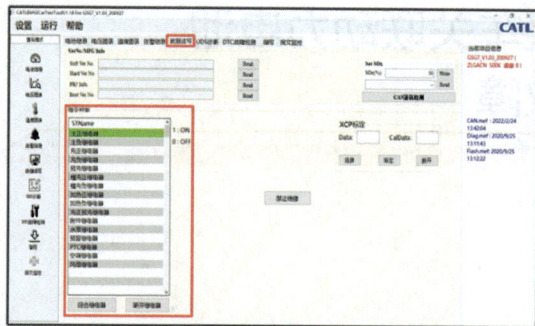

c) 数据读写

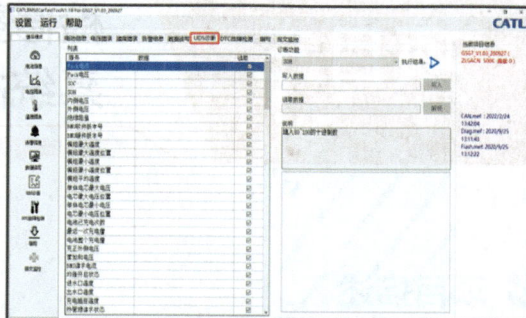

d) UDS诊断

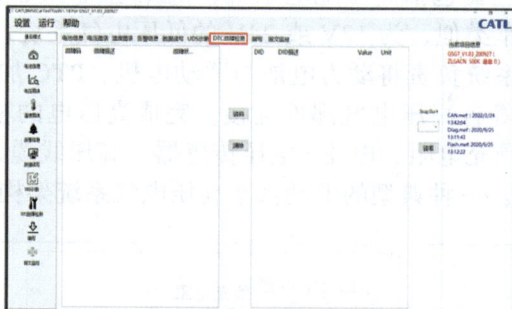

e) DTC故障诊断

图 2-71　检修低压驱动和高压继电器故障（续）

能量密度

拓展学习

2022 年 3 月，全球知名认证机构 SGS 为宁德时代全资子公司四川时代颁发 PAS 2060 碳中和认证证书，宁德时代宜宾工厂成为全球首家电池零碳工厂。宁德时代宜宾工厂坐落于四川省宜宾市，宜宾地处云贵川三省结合部，金沙江、岷江、长江横贯市境北部，自然环境优越，水资源丰富，得天独厚的地理位置使宁德时代宜宾工厂 80% 以上能源来自于可再生能源水电，每年可减少 40 万 t 碳排放。

宜宾工厂成为全球首家电池零碳工厂，是宁德时代向碳中和目标迈进的重要里程碑，为电池生产制造环节碳中和提供了可借鉴样本，并为市场带来了"电动＋零碳"的全新解决方案。未来，宁德时代还将复制和推广灯塔工厂经验，陆续实现全球十大基地碳中和，助力构建更加可持续发展的产业链生态系统，为我国碳达峰碳中和及全球应对气候变化目标的达成作出贡献。

长续航＆
快充

项目三

检修整车关联动力电池系统故障

项目描述

电动汽车电气系统主要包括高压配电系统、低压电气系统和 CAN 总线通信系统等。低压电气系统与传统汽车类似，为 12V 或 24V 的低压电气系统，传统汽车通常是 12V 低压电气系统。高压配电系统负责将动力电池与驱动电机、PTC 加热器、电动空调压缩机、车载充电机、充电接口等各高压电气部件连接，完成高压电的输入输出。高压配电系统主要包括高压继电器、预充电阻、电流/电压传感器、高压线缆、熔断器、手动维修开关（MSD）、高压插接件等。一种典型的电动汽车高压电气系统架构，如图 3-1 所示。

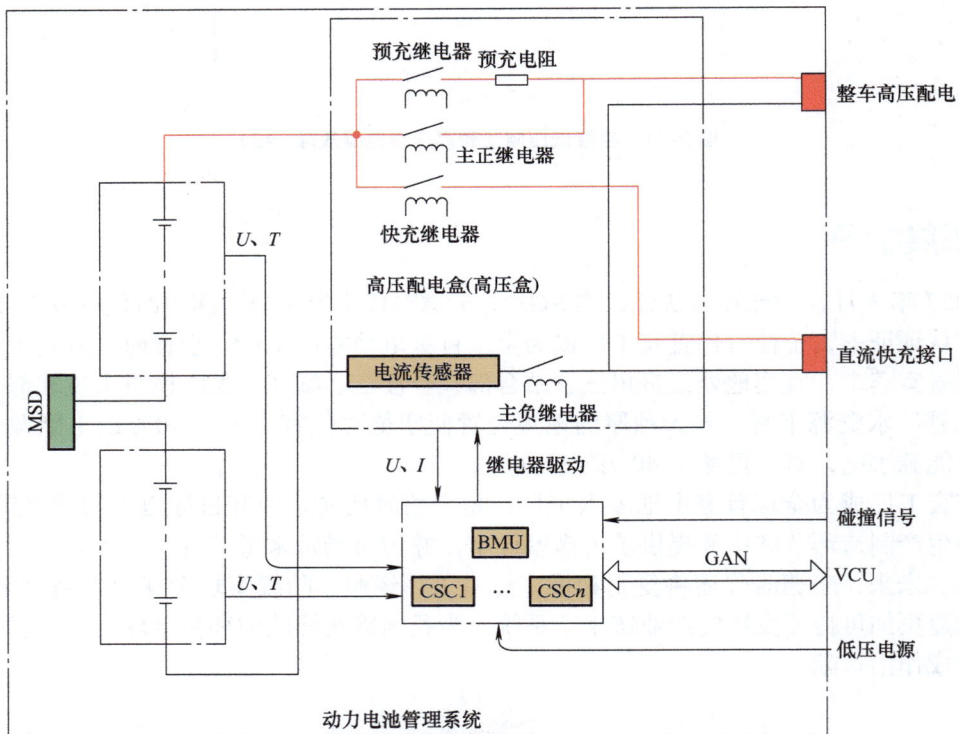

图 3-1　电动汽车高压电气系统架构

电动汽车动力电池额定电压通常较高，按 GB/T 31466—2015《电动汽车高压系统电压等级》的规定，可选择 144V、288V、317V、346V、400V、576V 等，因此要求高压配电系统除了满足电动汽车动力系统电能分配需求，还需确保高压系统能够安全、可靠、稳定的运行。电动汽车高压配电系统必须符合相关的技术标准要求，这些技术要求主要包括高压电气部件标识、高压电气绝缘与防护要求、高压电气耐压要求、接触防护要求、预充保护、安全泄压保护、过载与短路保护、高压电磁保护等。

高压互锁（HVIL）是利用低压信号管理高压回路的一种安全设计方法。在高压系统设计中，为避免由于高压连接器在实际操作过程中带电断开、闭合所造成的拉弧，高压连接器一般都应具备高压互锁功能，如图 3-2 所示。

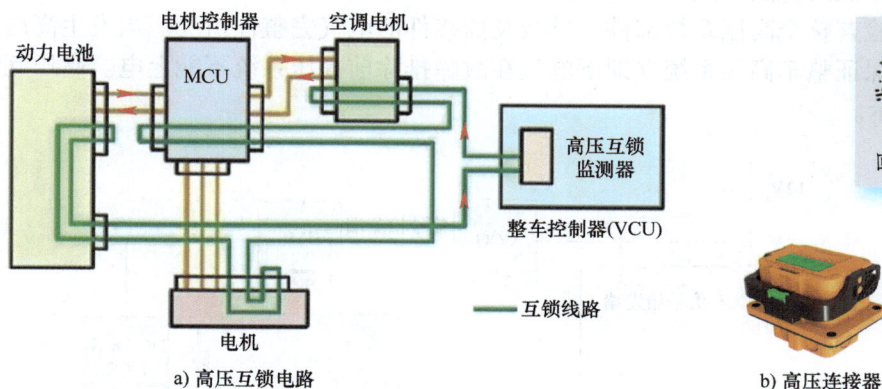

a) 高压互锁电路

b) 高压连接器

图 3-2　高压互锁

随着电动汽车的不断发展，越来越多的技术人员和用户开始关注和重视电动汽车的高压安全问题，尤其是现在更高的平台电压（800V 及以上）不断地被应用。作为电动汽车高压安全措施之一的高压互锁功能也越来越被重视，并且在不断提高高压互锁功能的稳定性和响应速度。

学习目标

知识目标
1. 掌握高压互锁的结构及工作原理。
2. 掌握绝缘检测的工作原理。
3. 了解新能源汽车交直流充电系统。
4. 掌握常见通信信号的传输。

技能目标
1. 掌握高压互锁故障的诊断流程。
2. 掌握绝缘故障的诊断流程。
3. 掌握新能源汽车充电故障的诊断流程。
4. 掌握动力电池通信类故障的诊断流程。

素养目标
1. 养成能够"最大化"利用有限时间学习的习惯。
2. 能够通过阅读资料划出关键技术点，具备归纳整理故障诊断方法的能力。
3. 养成主动思考、自主学习的良好习惯。

4. 提升发现问题、分析问题、解决问题的能力。

5. 设立目标，并能够制定实现目标的计划。

任务一 检修高压互锁故障

高压互锁是新能源汽车广泛采用的一种高压系统安全保护方法，该方法通过使用低压电信号来检查整个高压系统部件、导线及插接件的电气完整性情况。当发生高压互锁故障后，必须保证整车高压系统立即下电且在故障排除前高压系统不能上电。高压互锁电路如图 3-3 所示。

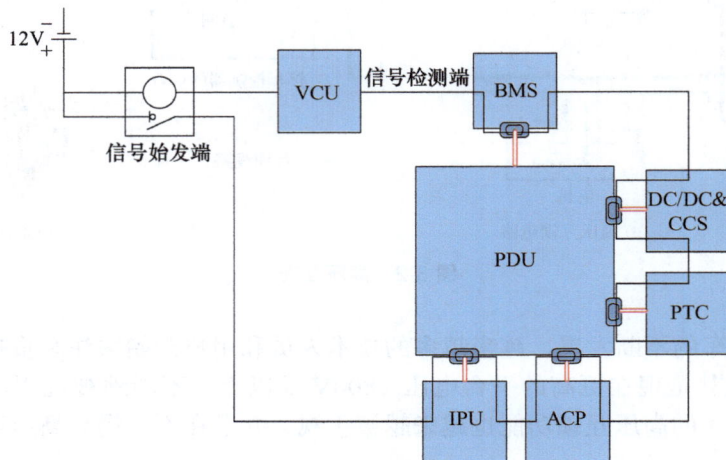

图 3-3 高压互锁电路

高压互锁检测方式主要分为两种：一种是将各个检测单元串联，只要其中一个高压件互锁断开就上报互锁故障，但这种方式不能具体确认哪个高压件出现了互锁故障；另一种是基于每一个高压件单独进行互锁检测，从而能够具体确定故障位置，但是这种检测方式不容易布置，并且设计策略复杂，同时设计成本较高。

一、认识高压互锁

高压互锁是指危险电压互锁回路（High Voltage Interlock，HVIL），通过使用电气小信号，来检查整个高压产品、导线、插接件及护盖的电气完整性（连续性），识别当高压回路异常断开时，及时断开高压电。在 ISO 6469-3：2001《电动汽车安全技术规范　第 3 部分：人员电气伤害防护》中，规定电动汽车高压部件应具有高压互锁装置。

高压互锁的目的是通过低压信号来检查整个高压系统回路的完整性及连续性，当识别到高压回路异常断开时，能够及时断开高压输入端的控制元器件。

1. 高压互锁回路

高压互锁回路主要通过低压信号来检查整个高压系统回路的完整性及连续性。某乘用车电池系统高压互锁原理图及插接件实物，如图 3-4 所示。

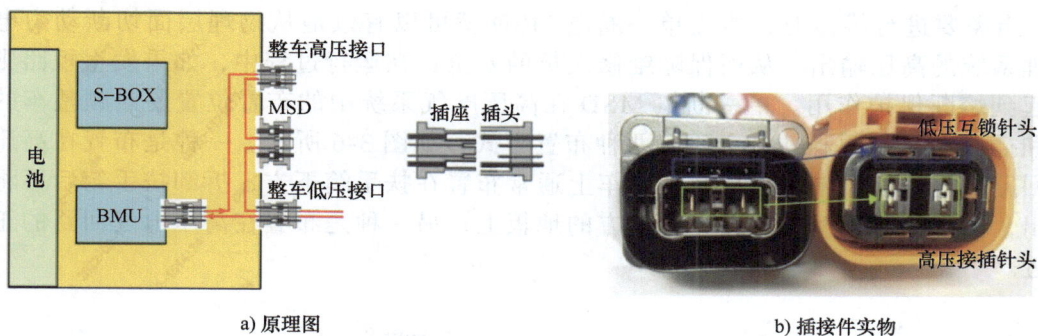

a) 原理图　　　　　　　　　　　　　　　　　b) 插接件实物

图 3-4　某乘用车电池系统高压互锁原理图及插接件实物

2. 安全措施

1）及时断开高压输入端的控制元器件。

2）BMS 检测到 HVIL 回路断开，当判断车辆系统存在风险时，会根据当时的车辆情况，采取不同的安全措施，安全措施描述见表 3-1。

表 3-1　安全措施描述

安全措施	描述
故障报警	常通过仪表警告灯亮起、发出警告鸣声等形式提醒驾驶人注意车辆情况，尽早将车辆送至专业维修点检测，避免发生安全事故
断高压电	当车辆处于停止状态，BMS 检测到 HVIL 断开，除了进行必要的警告，还会直接切断高压电输出，使车辆无法启动，最大限度地保障驾乘安全
限功率	当车辆处于行驶状态，BMS 检测到 HVIL 断开，直接切断高压电输出会产生严重、不可控的后果 此时，除了进行必要的警告，高压控制系统将强制降低电机的输出功率，强制降低车速，使车辆始终处于一个低速的运行状态，给驾驶人预留足够的时间去寻找合适的地点停车。如果驾驶人在停车后未能及时将车辆送检维修，那么在下次启动车辆时，BMS 将会直接切断高压电，保障用户及车辆安全

3. 手动维修开关（MSD）

（1）单一断电手动维修开关

单一断电手动维修开关是保证高压电气安全的关键部件之一，是实现高压系统电气隔离的执行部件，在关键时刻用于切断高压动力回路，以保障维修和驾乘人员的安全。单一断电手动维修开关，通常会将主回路的高压熔丝内置于 MSD 中，如图 3-5 所示。

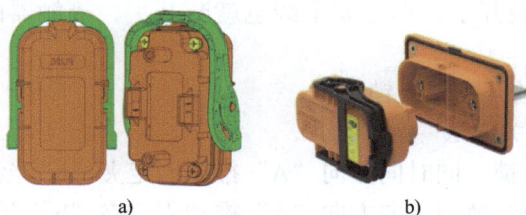

a)　　　　　　　　　　　　　　　　b)

图 3-5　单一断电手动维修开关

当需要进行维修时，拔出单一断电 MSD 就可以有效地从物理层面切断动力电池管理系统的高压输出，从而保障维修人员的安全；在运行过程中，如果发生短路则可以起到熔断保护作用。单一断电 MSD 在高压电气系统中的布置位置要兼顾整车的安装和插拔操作的便利性，主要有两种布置方式，如图 3-6 所示。一种是布置在高压电气回路的电池模组中心附近，在整车上通常布置在扶手箱下方，拆卸扶手箱后可将其拔出，也有部分车型布置在座椅下方的地板上；另一种是布置在高压电气回路的正极附近。

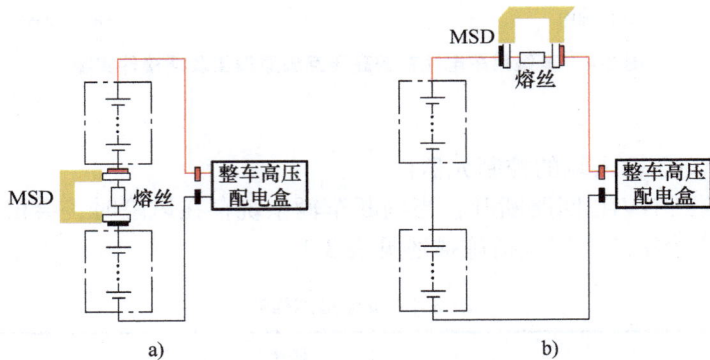

图 3-6　单一断电 MSD 在高压电气系统中的布置位置

（2）带安全线的手动维修开关

带安全线的手动维修开关用于高压电路系统维修与短路保护，也是高压电池接触器 12V 控制电路的电气连接，安全线的构件也是高压电池两个部分之间的电桥，如图 3-7 所示。带安全线的手动维修开关为电动汽车电力系统的维修提供安全和可靠保证，既可以作为维修保护开关，又可以起到短路保护作用。

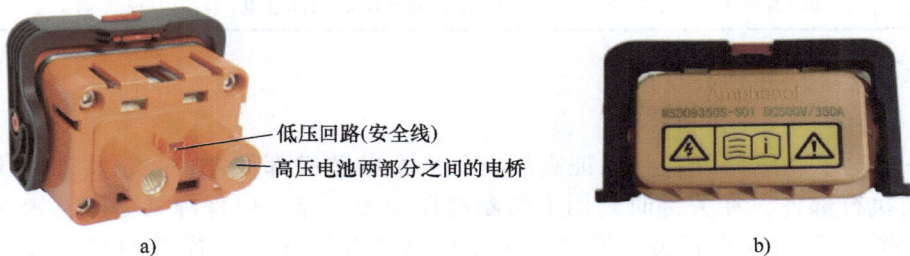

图 3-7　带安全线的手动维修开关

如果手动维修开关脱开了，那么安全线也就断开了，接触器的 12V 控制电路和高压电池也随之被断开。

（3）手动维修开关的开锁和上锁

1）打开手动维修开关方法一。

① 按压卡槽"a"解锁，同时向方向"A"推动固定夹"b"至限位。

② 再次按压卡槽"a"解锁，向方向"A"推动固定夹"b"至顶点。

③ 向方向"A"拔出手动维修开关，如图 3-8 所示。

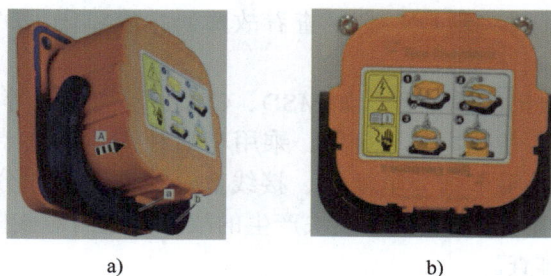

a)　　　　　　　　　b)

图 3-8　打开手动维修开关方法一

2）打开手动维修开关方法二。

①向方向"A"推动卡扣"a"至顶点。

②保持按压卡槽"b"同时向方向"A"推动固定夹"c"至解锁。

③向方向"A"拔出手动维修开关。

注意：请关闭点火开关。如果在行李箱内必须打开其高压系统保养盖板，手动维修开关根据车型的不同安装位置也是不一样的，如图3-9所示。

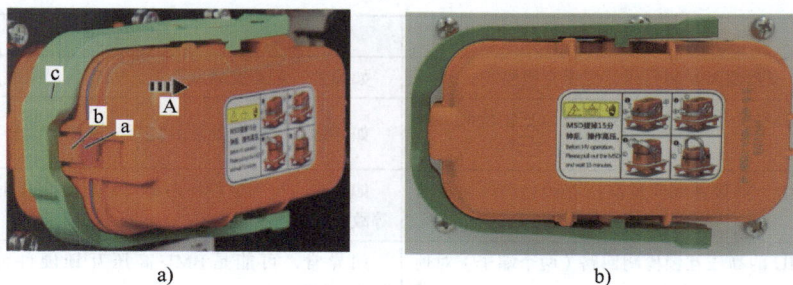

a)　　　　　　　　　b)

图 3-9　打开手动维修开关方法二

二、高压互锁故障的诊断流程

1. 故障现象

（1）客户现象

1）仪表报警高压互锁故障。

2）行车时限功率，停车后可能无法上高压电。

3）车辆停止状态下无法上高压电。

4）高压互锁故障引发其他故障，导致仪表报其他故障类型。

（2）上位机检测

1）MSD高压互锁端电源/短地/开路故障（电动汽车产品大多没有MSD，但是高压互锁回路端子同样存在于高压插接件底座上）。

2）动力电池高压互锁端电源/短地/开路故障。

3）CSC高压互锁故障。

2.排查思路

1）车辆上低压电（钥匙到 ON 档），查看故障码，故障码（DTC）报高压互锁相关故障。

2）上位机如果能报出故障位置，如 MSD、CSC、动力电池等，则直接排查该模块。如果不能报出故障位置，依据电气原理图，乘用车则对整个 BMS 带有高压互锁线的插接件和 MSD 逐一排查，商用车则分电池箱、接线盒、控制盒，先分别对其高压互锁线输入、输出进行排查，定位是 BMS 哪个模块产生的故障，进而对该模块所有带高压互锁线的 MSD 和插接件逐一排查。

3）如定位为模块内部问题，则需将该模块从车上拆下，拆开电池箱排查。

4）如该模块含 BMU，可用万用表测量其两个高压互锁检测端子对地电压、对电线或电源线的导通情况。

5）如判定为电池箱 /CSC 故障，可通过采集 CAN 报文，解析后定位为几号电池箱 /CSC 故障，进行进一步排查。

3.排查方法

高压互锁故障排查方法见表 3-2。

表 3-2　高压互锁故障排查方法

排查内容	维修内容
外观是否完整、卡扣是否安装到位、拉手是否松动	如异常，重新安装或更换，处理后仍报故障则继续排查
万用表测量 MSD 拉手、插接件插头的高压互锁检测回路是否导通	如异常，更换，处理后仍报故障则继续排查
万用表测量 MSD、插接件底座的高压互锁检测回路是否导通	如异常，可判定模块内部线束插接件退针松动、线束开路等故障
万用表测量 BMU 的高压互锁检测回路（两个端子）对地电压	如异常，可能是 BMU 高压互锁硬件电路损坏，更换 BMU 验证
万用表测量 BMU 的高压互锁检测回路（两个端子）对地或对低压电源线是否导通	如异常，可判定为短地或短电源故障，更换 BMU 验证或其他

任务二　检修绝缘故障

随着高压 BMS 在汽车和高压储能系统中的广泛应用，一系列问题随之而来，尤其是 BMS 安全问题。在高压电池供电系统中，负载启动、运行及停止的过程中都有可能发生安全问题。当绝缘失效时会造成高压对人体的直接伤害，并关系到人员的生命安全，因此绝缘电阻的检测是至关重要的设计环节。为保证高压 BMS 安全运行，需要对 BMS 进行全面的安全管理。

一、认识绝缘检测

1.绝缘检测的作用

什么是绝缘？工程上的绝缘是指为了隔离人、其他带电或者不带电结构，在带电器件表面包裹一层不导电物质的做法。不导电的物质叫作绝缘材料。电动汽车绝缘性能的检测原理本质上是通过检测高压回路主正、主负直流母线对于底盘地的绝缘电阻来判断绝缘性能是否优良。但当整车自检时，其绝缘电阻无法直接利用相关检测工具来直接测量，可通过建立绝缘检测电路，间接检测出绝缘电阻，从而判断电动汽车的绝缘状况。高压系统与壳体绝缘，壳体与整车底盘公共接地点，如图 3-10 所示。

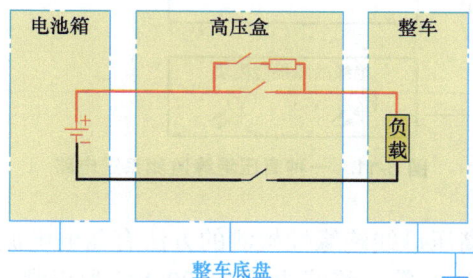

图 3-10　高压系统与壳体绝缘，壳体与整车底盘公共接地点

绝缘检测的目的是检测电池箱的正极对壳体和负极对壳体的绝缘电阻，防止电池箱漏电导致安全事故发生。

电动汽车与传统汽车相比，大大增加了电子电气系统的比例。并且，电动汽车动力系统采用 200 ～ 800V 的高压电，因此电气绝缘检测是电动汽车高压安全的重要项目。根据相关标准中对人体安全电流的要求（直流 10mA，交流 2mA），GB 18384—2020《电动汽车安全要求》中规定，绝缘电阻最低要求：直流 100Ω/V，交流 500Ω/V。

电气系统如果出现绝缘失效，因程度不同，会造成累加的后果。系统中只有一个点绝缘出现故障，暂时对系统不会产生明显影响；出现多点绝缘失效，则漏电流会在两点之间流转，在附近材料上积累热量，遇到极端情形可能会引发火灾，同时影响电气的正常工作。最严重的情形，可能发生人员触电。当然，汽车电气系统都在底盘等驾乘人员一般情况下难以触及的地方，最可能遇到触电危险的是车辆的生产和维修人员。

电气系统绝缘失效的常见原因，除了设计和制造问题，一般包括热老化、光老化、低温环境下的材料脆裂和固定不当引起的摩擦损伤等。

2. 高压绝缘监测工作原理

根据 GB 18384—2020《电动汽车安全要求》，动力电池管理系统（BMS）必须配备安全监测模块，对高压回路绝缘性进行在线监测。

一种高压绝缘监测系统电路如图 3-11 所示，包括绝缘电阻测量模块、电机控制器（MCU）、绝缘故障报警模块和 CAN 通信模块等。绝缘电阻测量模块测量高压母线绝缘性；电机控制器处理绝缘测量模块的信息，并根据测量结果发出相应的控制信息；绝缘故障报警模块在系统出现绝缘故障时，通过显示与报警模块警告驾驶人系统检测出该电动汽车存在的绝缘故障，应采取相应的保护措施；CAN 通信模块向整车控制器输出系统监测出的绝缘故障信息，用以优化整车控制策略。也有一些动力电池管理系统（BMS）将电机控制器、绝缘电阻测量模块、CAN 通信模块集成于 BMS 主控模块（BMU）中。

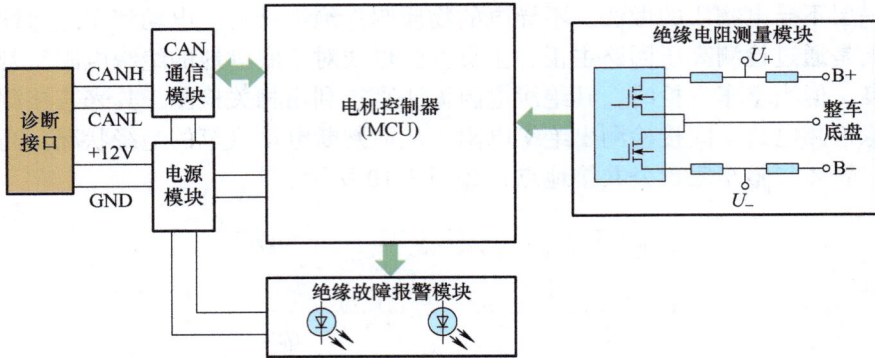

图 3-11　一种高压绝缘监测系统电路

绝缘电阻测量模块对高压母线绝缘性检测的方法有漏电电流检测法、低频信号注入法和桥式电阻法（接地检测法）等。绝缘电阻≥500Ω/V 为正常，绝缘电阻 100～500Ω/V 为轻微漏电，绝缘电阻≤100Ω/V 为严重漏电。高压回路存在绝缘故障时，BMS 会上报故障并进行故障警报，严重漏电时，BMS 还会切断高压回路，确保电动汽车使用人员的安全。

（1）漏电电流检测法

漏电电流检测法是通过检测直流母线对地漏电电流来检测绝缘性的方法，通常将电流检测元件、控制单元、CAN 通信模块集成为直流漏电传感器总成。图 3-12 所示为电动汽车直流漏电传感器。直流漏电传感器检测动力电池直流母线负极对地的漏电电流，判断是否存在漏电故障，通过 CAN 总线与高压电控总成交互，并向动力电池管理系统控制器发送一般漏电、严重漏电控制信号。直流漏电传感器常用的电流检测元件为霍尔电流传感器。

图 3-12　电动汽车直流漏电传感器

（2）脉冲信号注入法

采用脉冲信号注入法，可单独检测高压母线正极与接地或负极与接地的绝缘电阻。图 3-13 所示为采用脉冲信号注入法检测高压母线正极对地绝缘电阻，将绝缘电阻测量模块连接于高压母线正极与接地之间，绝缘电阻测量模块内部的分压电阻 R_1、R_2 与高压正

极对地电阻 R_F 形成回路，绝缘电阻测量模块内部设有低频脉冲信号发生器，产生一个对称的方波信号，采样电路通过测量方波信号在分压电阻 R_1、R_2 上的电压，计算高压正极对地绝缘电阻 R_F。高压母线负极对地绝缘电阻检测与高压母线正极检测方法一致。

（3）桥式电阻法

桥式电阻法是直流母线无源接地检测法之一，可检测高压母线正、负极对地绝缘电阻，检测原理如图 3-14 所示。高压母线正、负极对车身绝缘电阻分别为 R_+ 和 R_-，R_1、R_2、R_3、R_4 为检测电路的已知电阻，其中 $R_1=R_2$、$R_3=R_4$，$R_1+R_3=R_2+R_4=R$。

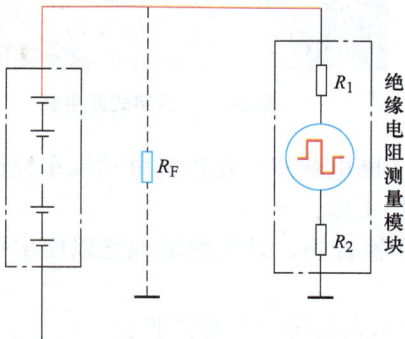

图 3-13　脉冲信号注入法

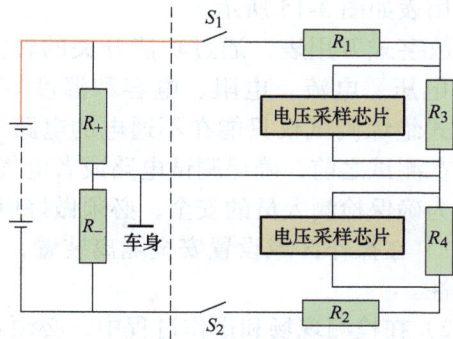

图 3-14　桥式电阻法

闭合开关 S_1 和 S_2，通过电压采样芯片检测出高压母线正、负极对地电压 U_+ 和 U_-，得

$$\frac{R_+}{R_-} = \frac{U_+}{U_-} = N_1$$

若 $N_1>1$，闭合开关 S_1，断开开关 S_2，通过电压采样芯片计算出高压母线正、负极对地电压 U'_+、U'_-，得

$$\frac{\dfrac{(R_+)R}{(R_+)+R}}{R_-} = \frac{U'_+}{U'_-} = N_2$$

则

$$R_+ = R\frac{N_1-N_2}{N_2}, \ R_- = R\frac{N_1-N_2}{N_1N_2}$$

若 $N_1<1$，断开开关 S_1，闭合开关 S_2，通过电压采样芯片计算出高压母线正、负极对地电压 U'_+、U'_-，得

$$\frac{R_-}{\dfrac{(R_-)R}{(R_-)+R}} = \frac{U'_+}{U'_-} = N_3$$

则

$$R_+ = R(N_3-N_1), \ R_- = R\frac{N_3-N_1}{N_1}$$

二、绝缘故障的诊断流程

1. 绝缘检测工具和检测安全注意事项

在电动汽车检测与维修中，对高压电气系统的绝缘性能检测时需要使用专用的绝缘测试仪器，测量高压电缆及高压部件对车身绝缘电阻是否位于规定值的范围内。常用的测试仪器有数字式万用表、绝缘电阻表、数字式绝缘测试仪等。数字式万用表如图 3-15 所示。

数字式万用表，通过功能开关的转换，可以测量电压、电流、电阻、电容和温度等物理量。数字式绝缘测试仪只能在不通电的电路上进行测

图 3-15 数字式万用表

试。在测试之前，确保测试电路或者电气设备已处于断电状态。在进行电动汽车绝缘检测时，为确保检测人员的安全，必须做好以下安全防护工作：

1）在操作区域设置安全隔离装置，并放置操作警告牌，设立绝缘地垫以便增强操作安全性。

2）在检测现场和操作过程中，必须安排安全技术人员进行全程监督。

3）务必检查高压防护手套、护目镜以及其他仪器仪表是否符合相应的安全等级要求。

4）做好一切准备工作后，关闭车辆电源，同时拔下车钥匙，将钥匙交由操作人员单独保管，如图 3-16 所示。

后续断开低压电池负极以切断低压线路，涉及高压操作时需拔下手动维修开关并进行安全保管，无手动维修开关的车辆可断开高压线路连接点，如图 3-17 所示。

图 3-16 关闭车辆电源，同时拔下车钥匙

图 3-17 拔下手动维修开关

2. 绝缘检测位置

高压采样绝缘采样和计算位置（表 3-3）。高压采样绝缘检测位置如图 3-18 所示。

3. 诊断仪检测

使用诊断仪提取故障码，故障码含义见表 3-4。

表 3-3　高压采样绝缘采样和计算位置

车型	高压采样位置	计算位置	备注
某商用车	BMU	BMU	整车、充电桩也有绝缘采样和计算设备
	HVB	HVB	
某乘用车	BMU	BMU	

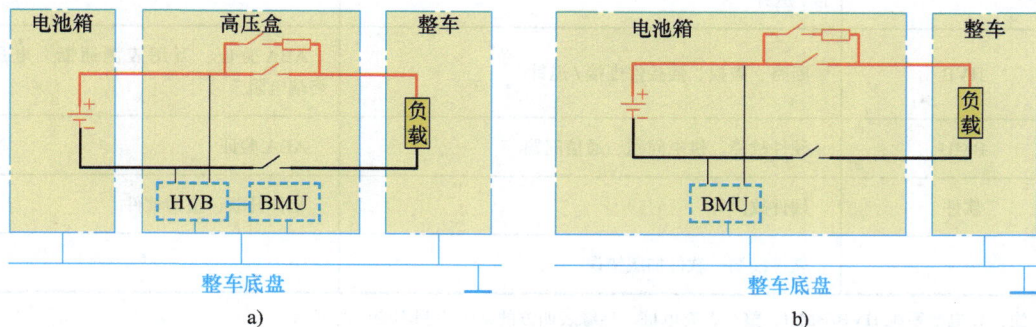

a)　　　　　　　　　　　　　　　　b)

图 3-18　高压采样绝缘检测位置

表 3-4　故障码含义

故障码	含义
P16E21A	高压继电器闭合，绝缘 2 级故障
P16E31A	高压继电器断开，绝缘 2 级故障
P164921	绝缘双边电阻过低故障
P164901	绝缘检测电路故障

4. 故障分析

对故障主要原因进行分析，见表 3-5。

表 3-5　故障原因分析

故障类型	检测模块	主要故障原因
真实的绝缘低故障	HVB/BMU/ 整车	动力电池系统 / 整车
绝缘采样检测故障	HVB/BMU/ 整车	高压采样 + 绝缘采样和计算模块
充电过程绝缘故障	充电桩	动力电池系统 / 整车 / 充电桩

5. 故障排查

故障原因和故障排查方法见表 3-6。

表 3-6 故障原因和故障排查方法

故障位置	故障原因	故障排查方法
真实的绝缘故障	可能出现在任何位置	查看上位机、绝缘表测试
电池正负极高压采样线	电池箱、高压盒、高压电缆、MSD、电机、变频器、DC/DC 等	外观检查、万用表测通断、电压
绝缘地线（低压地）	螺栓松动、接触不良、断路、破损、插接件虚接/退针	外观检查、万用表测通断、电压
HVB	断路、破损、插接件虚接/退针	ABA 验证、万用表测通断、电压、终端电阻
BMU	硬件故障、供电问题、通信问题	ABA 验证
软件	硬件故障等	软件升级、重刷软件
……	软件漏洞、软件加载错误	……

注：1. 电池系统 HVB/BMU、整车、充电桩、绝缘表四方的绝缘检测不能同时开启。

2. 测试前，必须通过上位机"禁止绝缘"。

3. 测试结果需等待几秒，数据稳定之后再读取。

6. 排查思路

1）整车绝缘故障分析流程图如图 3-19 所示。

2）某商用车电池系统绝缘低故障排查思路示例。

① 连接上位机，确认上位机所报的绝缘故障。

② 整车上高压电，采集数据，观察上位机绝缘值的大小。

③ 根据原理图及资料确认，该车是否为整车采集绝缘，如果整车采集绝缘跳转至⑨，否则继续排查。

④ 断开高压盒与整车高压连接，闭合放电回路继电器，测量高压盒输出端正、负极分别对地绝缘。

⑤ 如有异常，则判定为动力电池管理系统故障，否则跳转至⑥。

⑥ 断开高压盒与电池高压连接，测量电池总正总负、加热膜正负、DC/DC 正负分别对地绝缘，如⑦异常，则判定为电池 DC/DC 故障，否则继续排查。

⑦ 测量高压盒正、负极分别对地绝缘（包括加热输入输出、热管理系统高压正负、高压输出正负），如异常，则判定为高压盒故障，否则跳转到⑧。

⑧ 排查整车部件，重点排查整车 DC/DC、多合一、整车电机及整车空调等；如异常，则判定为整车故障，否则继续排查。

⑨ 如整车和 BMS 均排查无问题，则可能为整车 Y 电容偏大导致绝缘偏低，需采集 SCAN 报文及上位机数据进行数据分析。

⑩ 采集 ACAN 报文，根据 ACAN 协议分析整车是否将绝缘值发出，如果是继续排查，否则请求整车排查。

整车绝缘故障

↓

上电开关打到
LOCK档

↓

检查高压系统插接件是否连接完好？
- 是 → 拔下主电缆与高压盒连接的插接件
- 否 → 连接所有高压系统插接件

拔下主电缆与高压盒连接的插接件

↓

用兆欧表测量主电缆插接件正、负极对车身的绝缘电阻

↓

绝缘电阻≥0.2MΩ？
- 是 → 拔下动力电池端插接件
- 否 → 拔下空调系统插接件

拔下空调系统插接件

↓

用兆欧表测量主电缆插接件正、负极对车身的绝缘电阻

↓

绝缘电阻≥0.2MΩ？
- 是 → 拔下空调压缩机插接件
- 否 → 拔下电机控制器插接件

拔下动力电池端插接件

↓

使用兆欧表测量高压主电缆绝缘电阻

↓

绝缘电阻≥1MΩ？
- 是 → 动力电池绝缘故障
- 否 → 高压主电缆绝缘故障

拔下空调压缩机插接件

↓

测量高压配电电缆空调系统插接件绝缘电阻

↓

绝缘电阻≥1MΩ？
- 是 → 空调压缩机绝缘故障
- 否 → 拔下电加热器插接件

拔下电机控制器插接件

↓

用兆欧表测量主电缆插接件正、负极对车身的绝缘电阻

↓

绝缘电阻≥0.2MΩ？
- 是 → 电机控制器或电机绝缘故障
- 否 → 拔下快充插接件

拔下电加热器插接件

↓

测量高压配电电缆空调系统插接件绝缘电阻

↓

绝缘电阻≥1MΩ？
- 是 → 电加热器绝缘故障
- 否 → 高压配电电缆绝缘故障

拔下快充插接件

↓

用兆欧表测量主电缆插接件正、负极对车身的绝缘电阻

↓

绝缘电阻≥0.2MΩ？
- 是 → 车载充电机绝缘故障
- 否 → 高压盒绝缘故障

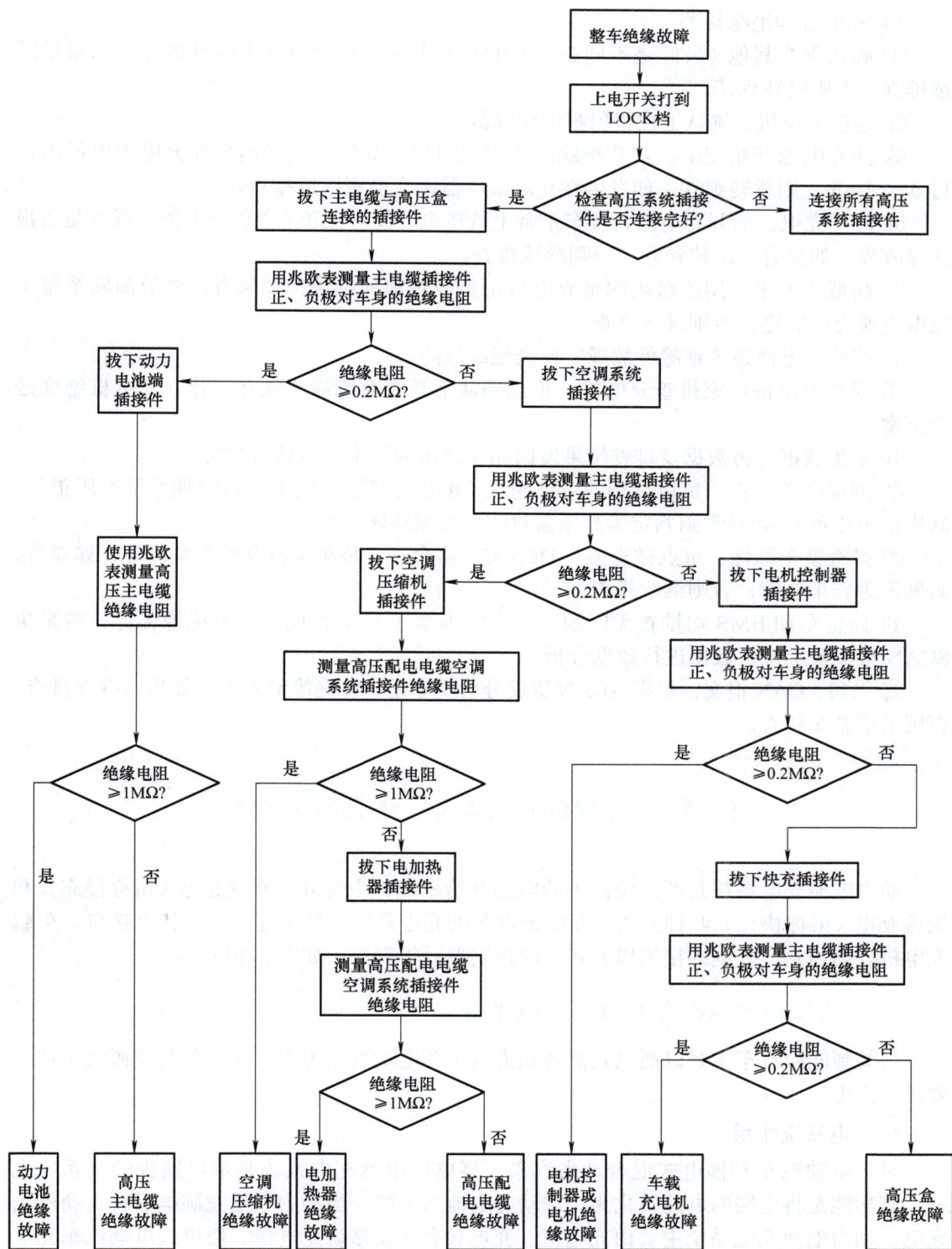

图 3-19　整车绝缘故障分析流程图

3）充电过程绝缘检测。

① 确认更换其他（最好是不同制造商的）充电桩后是否继续报绝缘故障，如果是继续排查，否则跳转到⑦。

② 连接上位机，确认上位机所报的绝缘故障。

③ 插充电枪开始充电，观察绝缘故障报出时机，如绝缘故障出现在充电继电器闭合后 0 ~ 1min，则跳转到⑥，如发生在充电继电器闭合前则继续排查。

④ 停止充电，断开充电枪，整车正常上低压电，闭合主正 / 主负继电器，观察是否报绝缘故障，如果有则跳转到⑥，否则继续排查。

⑤ 高低压下电，用绝缘表测量充电口正负极对地的绝缘，如果有绝缘故障联系整车充电更换充电底座，否则继续排查。

⑥ 按照"电池系统绝缘低故障"排查绝缘故障。

⑦ 联系充电桩厂家排查充电桩，重点确认下是否有绝缘模块在工作，充电桩绝缘是否正常。

⑧ 采集数据，将数据及排查结果发回相应公司的技术人员请求支持。

⑨ 测量高压盒正、负极分别的对地绝缘（包括加热输入输出、热管理系统高压正负、高压输出正负），如异常则判定为高压盒故障，否则跳转到⑧。

⑩ 排查整车部件，重点排查整车 DC/DC、多合一、整车电机及整车空调等；如异常，则判定为整车故障，否则继续排查。

⑪ 如整车和 BMS 均排查无问题，则可能为整车 Y 电容偏大导致绝缘偏低，需采集 SCAN 报文及上位机数据进行数据分析。

⑫ 采集 ACAN 报文，根据 ACAN 协议分析整车是否将绝缘值发出，如果是继续排查，否则请求整车排查。

任务三　检修新能源汽车充电系统故障

动力电池充电系统是新能源汽车的电能补给系统，主要分为常规充电（俗称慢充）和快速充电（俗称快充）两种方式。新能源汽车的充电系统包括慢充接口、快充接口、车载充电机、高压盒、充电连接线以及相关的控制单元等部件，如图 3-20 所示。

一、认知新能源汽车交直流充电系统

当前新能源汽车主要以插电式混合动力汽车和电动汽车为主，这两种新能源汽车都需要进行充电。

1. 充电系统作用

对于电动汽车和插电式混合动力汽车，高电压电池充电系统是不可缺少的子系统之一，其功能是将电网的电能转化为车载动力电池的电能，当动力电池充满电后将自动停止充电。动力电池充电系统主要由充电机、充电设备（如移动充电包、便携式电动汽车充电器或充电桩）和车载充电接口三部分组成。

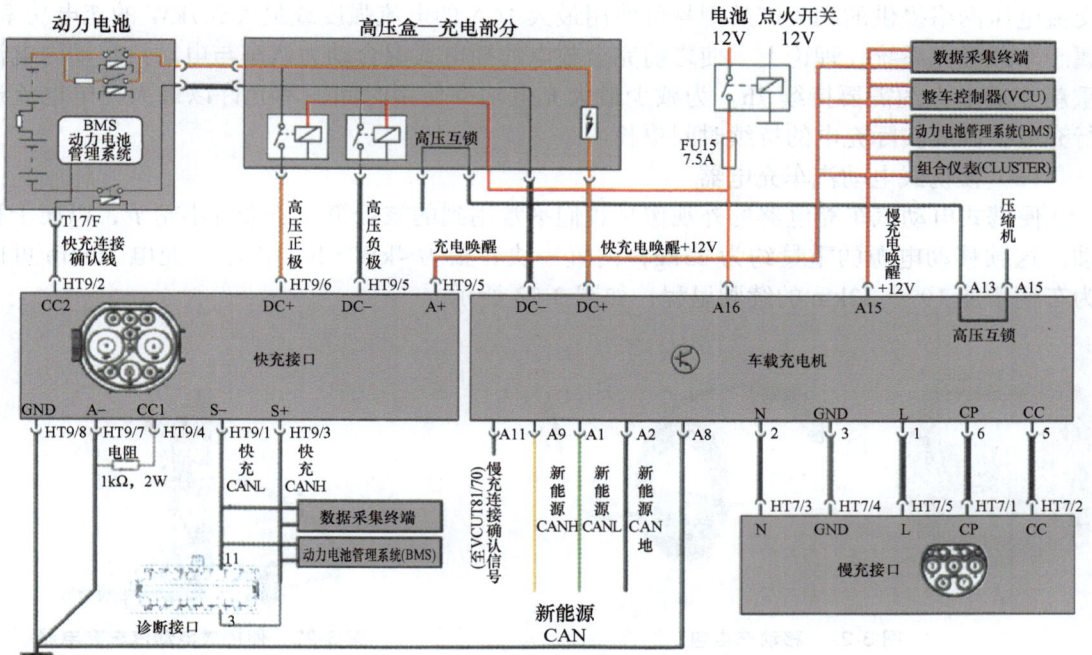

图 3-20　新能源汽车的充电系统

（1）充电机

充电机是指将电网提供的交直流电能转化为车载动力电池所需的直流电能装置（即 AC/DC 转换器、DC/DC 变换器）。电动汽车和插电式混合动力汽车充电机分为车载充电机（安装在车内）和非车载充电机（安装在充电桩内）两种。

车载充电机是指将 AC/DC 转换器安装在插电式混合动力汽车或电动汽车上，采用地面交流电网或车载电源对动力电池进行充电的装置，如图 3-21 所示。车载充电机负责与交流电网建立连接并满足车辆充电的电气安全要求。此外还通过控制导线与车辆建立通信。这样可以安全启动充电过程并在车辆与车载充电机之间交换充电参数（例如最大电流强度）。

图 3-21　车载充电机

（2）移动充电包

移动充电包是一条充电线，任何有普通电源接口的地方都可以充电，体积和重量均较小，所以使用非常方便，如图 3-22 所示，也可将移动充电包放在行李舱内。由于使用普通家用插座将移动充电包连接到交流电压网络上，限制了最大充电电流强度。我国针对该交流电压网络提供的相关产品型号可使用最大 16A 的电流强度或最大 3.7kW 的充电功率，属于车载慢充系统，理论上，使之前完全放电的插电式混合动力汽车与电动汽车动力电池重新充满电大约需要持续 7h。为减少最大充电功率使用时间，不允许以最大充电电流进行充电，因此实际充电的持续时间更长。

（3）便携式电动汽车充电器

便携式电动汽车充电器的外观像是我们平常用到的旅行箱，还带着小轮子，以便于移动。这款移动电源的重量约为 23kg，内置一块容量为 4kW·h 的电池，充电 30min 可以为车辆增加 19 ～ 32km 的续驶里程，如图 3-23 所示。

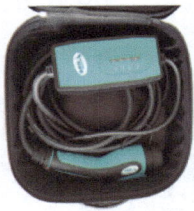 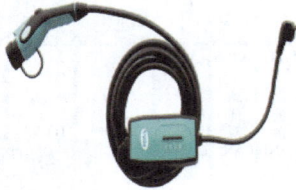 

图 3-22　移动充电包　　　　　　　　　　图 3-23　便携式电动汽车充电器

（4）充电桩

插电式混合动力汽车与电动汽车供电设备型号，根据其尺寸和电气要求必须以固定方式安装，如安装于客户屋内或车库内；在公共场所如停车场也可以设立充电桩。固定安装式充电桩设备（又称为"充电桩"）分为交流充电桩和直流充电桩。

交流充电桩可通过二相或三相方式将交流充电桩连接至交流电压网络，但始终通过单相方式与新能源汽车充电接口进行连接。在我国，固定安装式交流充电桩分为落地式和挂壁式两种形式，如图 3-24 所示。交流充电桩的最大电流强度可为 32A，最大充电功率可为 7.4 kW。这些最大值由电气安装所用导线横截面的大小决定。进行安装时，电气专业人员根据导线横截面配置充电桩，确保可通过控制信号将相应的最大电流强度传输至车辆。

原则上，可通过交流电（交流电充电）或直流电（直流电充电）对动力电池进行充电。在新能源汽车上，动力电池的充电方式主要取决于车辆充电配置以及不同国家的充电基础设施，如图 3-25 所示。

充电桩是一种专为车载动力电池充电的设备，是具有特定功能的电力转换装置。常用的充电桩可分为直流充电桩、交流充电桩和交直流充电桩三种。

1）直流充电桩。直流充电桩是指采用直流充电模式为电动汽车动力电池进行充电的装置，直流充电模式是以充电桩输出的可控直流电源直接对动力电池进行充电，如图 3-26 所示。

2）交流充电桩。交流充电桩是指采用交流充电模式为电动汽车动力电池进行充电的装置。交流充电模式是以三相或单相交流电源向电动汽车提供充电电源。交流充电模式的特征是充电机为车载系统，交流充电桩如图 3-27 所示。

a) 落地式　　　　　　　b) 挂壁式

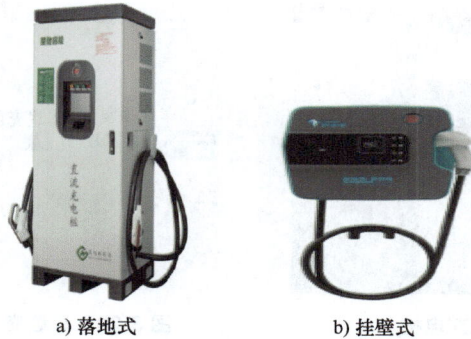

图 3-24　固定安装式交流充电桩

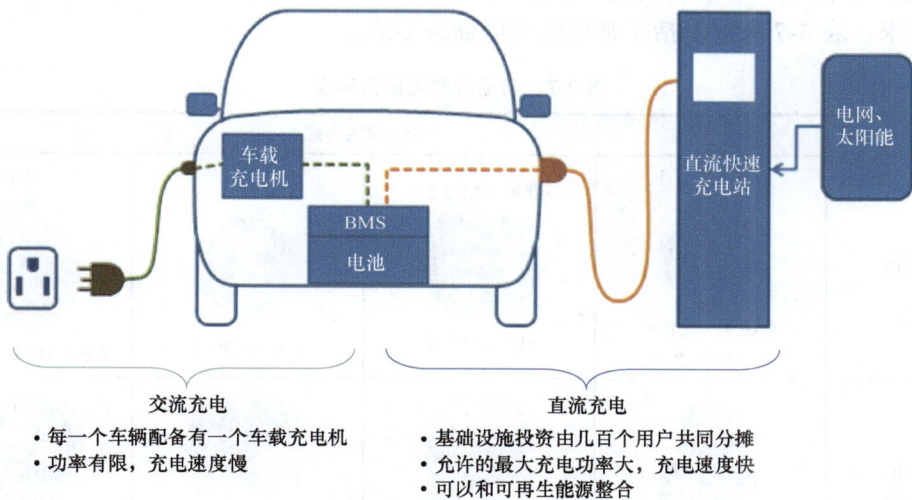

图 3-25　高电压电池的充电方式

图 3-26　直流充电桩

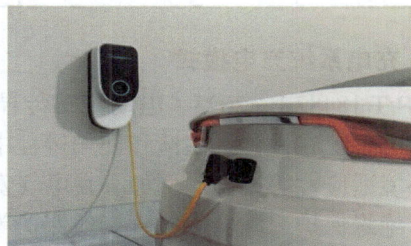

图 3-27　交流充电桩

3）交直流充电桩。交直流充电桩是指将直流充电功能和交流充电功能集成在一体的，可移动、可固定、可挂壁的车用充电装置。交直流充电桩不仅具有为动力电池系统提供安全、自动充满电的能力，同时也具有为车载充电机提供交流电的能力，如图 3-28 所示。

（5）车载充电接口

车载充电接口和充电桩供电接口如图 3-29 所示。

图 3-28　交直流充电桩

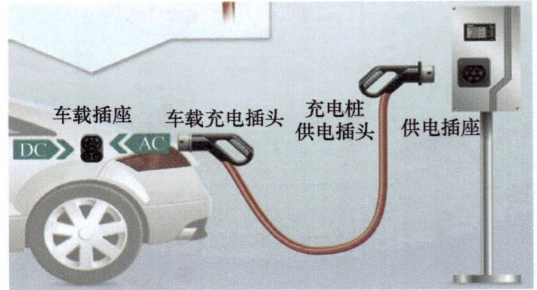

车载插座　车载充电插头　充电桩供电插头　供电插座

DC　AC

图 3-29　车载充电接口和充电桩供电接口

所用充电插头也为标准化部件（IEC 62193-2）。根据不同的车辆配置和对应的国家充电插头规格的不同，使用不同的充电接口，具体采用哪种充电插头取决于特定的国家／地区标准要求。表 3-7 所列概括了常见的充电插头形式。

表 3-7　常见的充电插头形式

类别	充电插头形式			
交流充电	美国（型号 1） SAE J1772/IEC 62196-2	欧洲（型号 2） IEC62196-2	日本 IEC 62196-2	中国 GB/T 18487.2—2017
Combo 充电插头（直流充电）	SAE J1772/IEC 62196-3Combo 1	IEC 62193-3Combo2	CHAdeMO/IEC 62196-3	GB/T 18487.3—2001/IEC 62196-3

2. 充电系统充电模式

GB/T 18487.1—2023《电动汽车传导充电系统　第 1 部分：通用要求》规定了电动汽车传导充电系统在设计、制造和使用过程中需要遵循的基本要求，包括电气安全性、机械安全性、环境适应性等方面。例如，在电气安全性方面，该标准规定了电动汽车传导充电系统必须具备绝缘保护、漏电保护、接地保护等基本的电气安全功能；在机械安全性方面，该标准要求电动汽车传导充电系统应该具有防水、防尘、防撞击等基本的机械安全功能。

（1）充电模式

充电模式要按照国家标准执行，充电模式见表 3-8。

表 3-8　充电模式

充电模式	定义
模式 1	将电动汽车连接到交流电网（电源）时，在电源侧使用了符合 GB/T 2099.1—2021 和 GB/T 1002—2021 要求的插头插座，在电源侧使用了相线、中性线和接地保护的导体

（续）

充电模式	定义
模式2	将电动汽车连接到交流电网（电源）时，在电源侧使用了符合 GB/T 2099.1—2021 和 GB/T 1002—2021 要求的插头插座。在电源侧使用了相线、中性线和接地保护的导体，并且在充电连接时使用了缆上控制与保护装置（IC-CPD）
模式3	将电动汽车连接到交流电网（电源）时，使用了专用供电设备，将电动汽车与交流电网直接连接，并且在专用供电设备上安装了控制导引装置
模式4	将电动汽车连接到交流电网或直流电网（电源）时，使用了专用供电设备，将电动汽车与交流电网直接连接，并且在专用供电设备上安装了控制导引装置（快充使用的唯一模式）

（2）慢充

在慢充系统中，慢充桩通过慢充枪与车辆的慢充口连接，慢充桩的交流电通过慢充线束及车载充电机，将交流电转变为高压直流电，经过高压盒、直流母线为动力电池充电。同时，高压直流电还通过 DC/DC 变换器给低压电池充电，如图 3-30 所示。

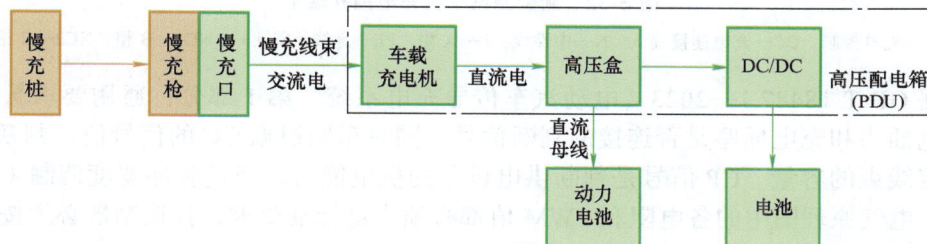

图 3-30　慢充

（3）快充

在快充系统中，快充桩通过快充枪与车辆的快充口连接，快充桩的高压直流电通过快充线束，经过高压盒中的快充正、负极继电器，最后通过直流母线为动力电池充电。同时，高压直流电还通过 DC/DC 变换器给低压电池充电，如图 3-31 所示。

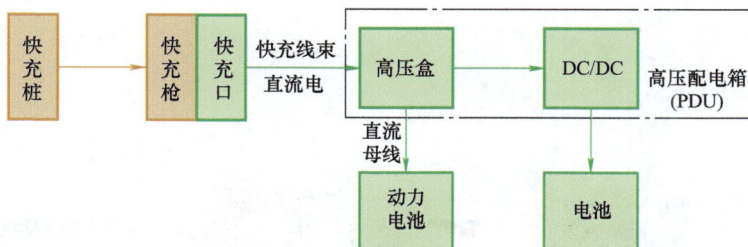

图 3-31　快充

二、车载充电系统工作原理

1. 慢充系统

慢充系统是使用普通的交流 220V 单相民用电，通过车载充电机将交流电变换为高压直流电，从而给动力电池充电。车载充电机采用高频开关电源技术，由 BMS 控制智能充电，无须人工看守，保护功能齐全，具有过电压、欠电压、过电流、过热、输出短路、反接等多种保护功能，当充电系统出现异常会及时切断供电。新能源汽车慢充电插孔端子如图 3-32 所示。充电功率取决于车载充电机功率，目前主流有 2kW、3.3kW、6.6kW。

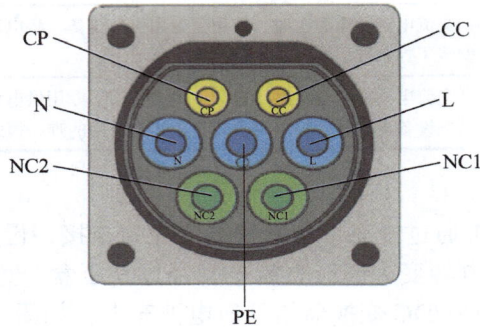

图 3-32　新能源汽车慢充电插孔端子

CP—充电控制　CC—充电连接确认　N—中性线　L—A 相　PE—地线（搭铁）　NC1—B 相　NC2—C 相

根据 GB/T 18487.1—2023《电动汽车传导充电系统　第 1 部分：通用要求》，CC 信号是充电插头和充电插座是否连接的判断信号，同时车辆根据 CC 的信号值，判断 RC 电阻，确定线束的容量。CP 信号是判断供电设备的供电能力，通过脉冲宽度调制（PWM）值确定。电气原理图中的各电阻和 PWM 值都必须满足标准要求，且控制器必须按照标准进行判断，以满足车辆在市场上的充电需求。

（1）车载充电机构造

车载充电机内部可分为主电路、控制电路、线束及标准件三部分。主电路前端将交流电转换为恒定电压的直流电，主电路后端为 DC/DC 变换器，将前端转出的直流高压电变换为合适的电压及电流供给动力电池。

车载充电机安装在发动机舱内，动力电池的充电机具有以下接口，如图 3-33 所示。

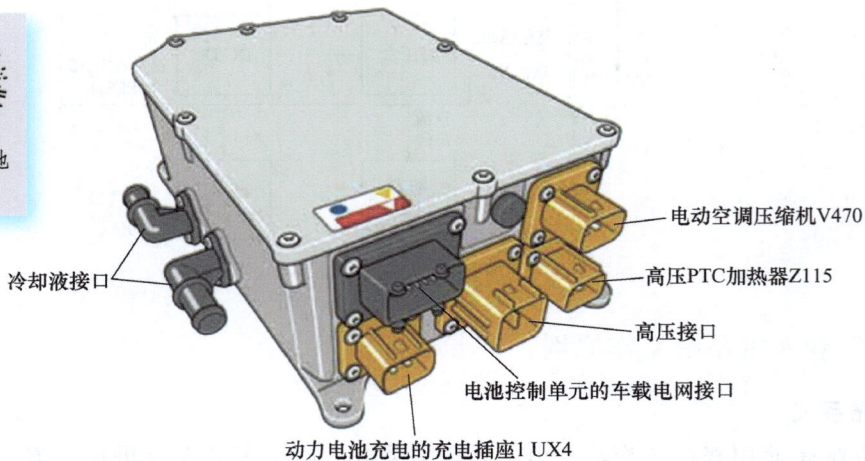

图 3-33　车载充电机

为了给动力电池充电，动力电池的充电机将交流电转换为直流电，并转换为约 400V 的充电电压，如图 3-34 所示。

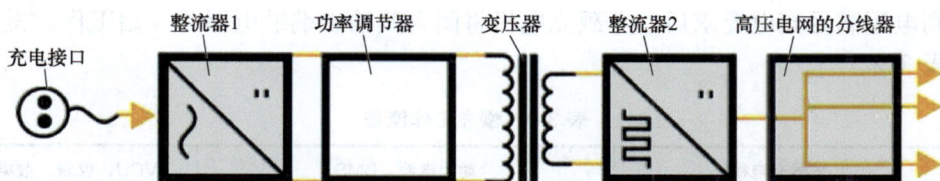

图 3-34 动力电池充电

整流器 1：输入的交流电在整流器中转换为直流电。

功率调节器：根据电池控制单元的规定，借助 100kHz 的脉冲频率将直流电调整为所需的电流强度。

变压器：根据电池控制单元规定的充电要求调整所需的电压。

整流器 2：现在将脉冲充电电流重新转换为直流电并提供给动力电池使用。

输出端：①通往电机的电子功率和控制装置的输出端；②通往高压 PTC 加热器的输出端；③通往电动空调压缩机的输出端。

（2）车载充电机工作原理

车载充电机控制电路具有控制场效应管开关，它与 BMS 之间进行通信，监测车载充电机的工作状态以及与充电桩握手等。线束及标准件用于主电路与控制电路的连接，固定元器件及 PCB。车载充电机工作原理如图 3-35 所示。

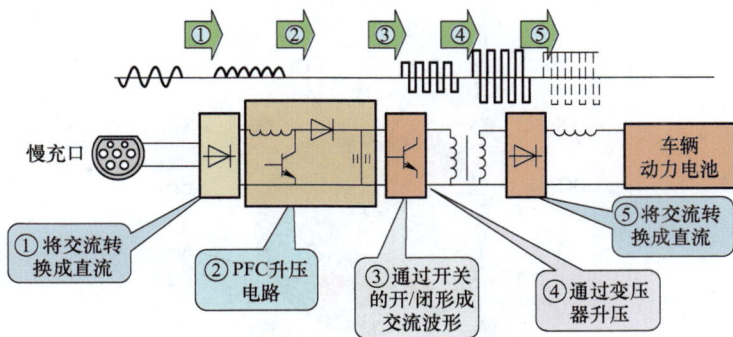

图 3-35 车载充电机工作原理

车载充电机的工作均由 BMS 发出指令进行控制，包括工作模式指令、动力电池允许最大电压、充电允许最大电流、加热状态电流等。车载充电机通过 CAN 总线与车辆进行通信，通信内容包括单体电池、模块和总成的相关技术参数，充电过程中动力电池的状态参数，车载充电机工作状态参数以及车辆基本信息等。

充电前，BMS 会自动监测动力电池箱内部的动力电池温度，若监测温度过高或过低，BMS 将自动切断充电回路，此时车载充电机无法充电。

加热状态时，车载充电机停止充电，此时 BMS 闭合负极继电器和加热继电器，通过电热元件给动力电池内的电芯进行加热，加热电流由车载充电机向加热元件直接供电。

慢充状态时，动力电池高压正负继电器闭合，车载充电机首先判断其输出端的电压，当监测到电压满足充电要求后，车载充电机将闭合其输出端继电器并开始工作。慢充工作流程见表3-9。

表 3-9　慢充工作流程

序号	车载充电机	动力电池、BMS	VCU、仪表、数据终端
1	220V 上电	待机	待机
2	12V 低压供电并等待指令	唤醒	
3	接收指令并执行加热流程	BMS 监测动力电池状态并发送加热指令	
4	接收指令并停止工作	BMS 监测动力电池温度并发送停止指令	唤醒
5	接收指令并执行充电流程	BMS 待充电机反馈后发送充电指令	
6	接收指令并停止工作	BMS 监测动力电池状态并发送完成指令	
7	完成充电后1min内控制充电桩结算	待机	待机

2. 快充系统

快充系统使用工业用380V三相电通过功率变换后，将直流高压大电流通过高压动力电缆直接向动力电池进行充电。快充系统主要部件包括快充桩、快充电插孔、车内高压线束、高压盒以及动力电池等。新能源汽车快充插孔端子如图3-36所示。

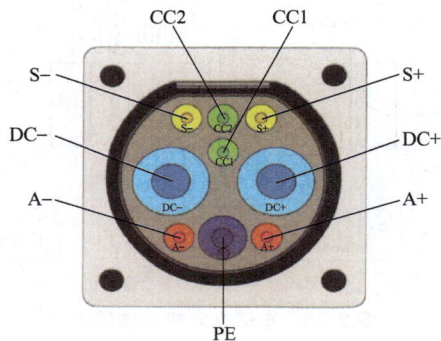

800V 高压超充

图 3-36　新能源汽车快充插孔端子

DC–：高压直流充电电源负极。

DC+：高压直流充电电源正极。

PE：地线（搭铁）。

A–：低压辅助电源负极。

A+：低压辅助电源正极。

CC1：车身接地（1kΩ±30Ω）。

CC2：直流充电感应信号。

S+：充电通信 CANH。

S−：充电通信 CANL。

　　快充桩安装在固定的充电场所，与 380V 交流电源连接。电流经过功率因数校正（PFC）模块、DC/AC 转换器、高频变压器、AC/DC 转换器后，与新能源汽车快充插孔相连接。快充桩工作原理，如图 3-37 所示。

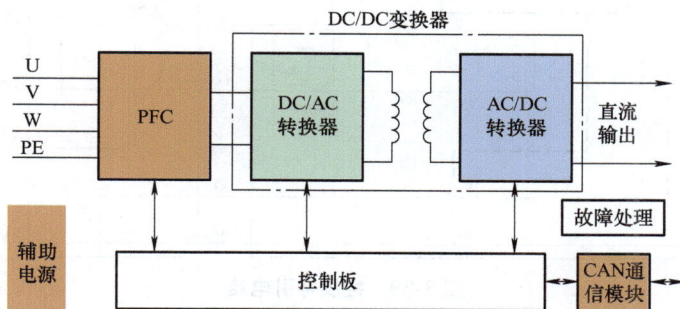

图 3-37　快充桩工作原理

　　当车辆充电时，起动车钥匙位于 OFF 档位，充电枪连接正常后，首先充电桩发出 12V 低压电信号唤醒整车控制器（VCU），此时仪表充电插头指示灯点亮，表示充电枪连接正常。VCU 输出 12V 低压电信号，唤醒动力电池管理系统和 DC/DC 变换器，动力电池内部自检合格后通过 CAN 总线向充电桩发出充电请求信号并开始充电。

　　充电过程中，主控模块与从控模块采集的动力电池电压和温度等信息通过 CAN 总线与 VCU 和车载充电机通信，车载充电机可随时调节充电电流和电压，保证充电数据的安全合理。当充电结束拔出充电枪后，VCU 控制车辆高压系统下电。

三、新能源汽车充电故障的诊断流程

1. 故障类型

1）快充唤醒 A+ 故障。

2）连接确认 CC2 故障。

3）充电插座温度故障。

4）充电插座温度断路故障。

5）充电插座温度短路故障。

6）充电插座温度检测上拉电源故障。

7）整车不允许充电。

8）充电口充电前存在电压。

9）充电桩与 BMS 发送的充电参数不匹配。

2. 控制导引电路

控制导引电路如图 3-38 所示。

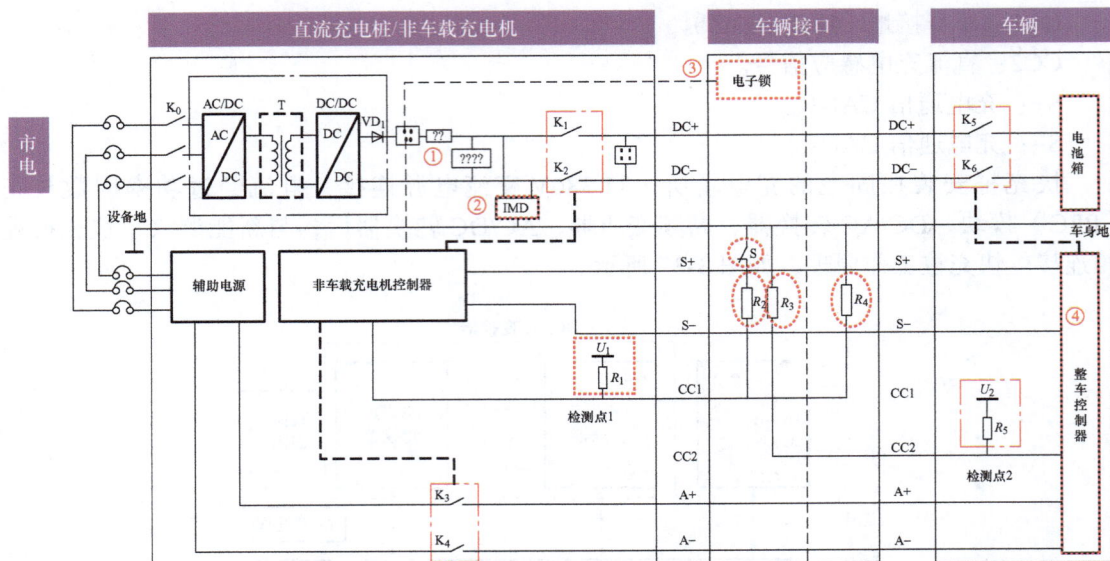

图 3-38　控制导引电路

3. 电路参数状态

电路参数状态见表 3-10。

表 3-10　电路参数状态

对象	典例值	备注
K_1、K_2	—	闭合后，充电桩的直流电才能输出
K_3、K_4	—	闭合后，充电桩的辅助电源 A+ 才能输出
K_5、K_6	—	闭合后，充电桩的直流电才能输出到电池箱，相当于高压盒内的直流充电继电器
R_1	1kΩ	—
R_2	1kΩ	在车辆插头内
R_4	1kΩ	在车辆插座内
U_1	12V	—
检测点 1	12V/6V/4V	共 3 种状态
S	常闭	与车辆插头上机械锁联动：按下机械锁，S 断开
R_3	1kΩ	在车辆插头内
R_5	1kΩ	在 BMS 内
U_2	12V	在 BMS 内。可自定义，如 CATL 为 5V
检测点 2	12V/6V	共 2 种状态。可自定义，如 CATL 为 5V/2.5V
① 泄放电路	—	—
② IMD	—	—
③ 电子锁	—	在车辆插头内
④ 整车控制器	—	—

4. 快充唤醒 A+ 故障

（1）故障分析

1）充电时 BMU 必须被唤醒后才能充电，唤醒信号一般为 A+ 信号，其典例值为 12V 或 24V，正常范围为 4 ～ 36V。

2）快充唤醒 A+ 故障的可能原因：①整车或车载充电机供电问题；②供电线路问题；③ DC/DC 问题；④ BMU 问题。

（2）排查步骤

1）如有条件更换充电桩，排除由充电桩导致的 BMU 唤醒失败的问题。

2）插充电枪，万用表测高压盒处 A+ 对地电压，若正常（4 ～ 36V），继续排查；若异常，协调整车和充电桩制造商排查。

3）查看电气原理图，有 DC/DC 项目进入第 4）步，无 DC/DC 项目进入第 5）步。

4）万用表测 DC/DC 接口处 A+ 对地电压，若正常（4 ～ 36V），参考"BMS 供电唤醒与电池系统 DC/DC"，继续排查；若异常，排查高压盒到 DC/DC 的线束。

5）BMU 插接件处测量 A+，若正常（4 ～ 36V），继续排查；若异常，更换 BMU 到高压盒底座线束。

6）BMU 插接件处整车铅酸电池供电电源若正常（18 ～ 32V），进入下一步；若异常，协调整车排查。

7）排查整车插接件铅酸电池电压是否正常，若正常继续排查，否则更换 BMU 到高压盒底座线束。

8）更换 BMU 进行验证。

5. 连接确认 CC2 故障

（1）故障分析

1）CC2 为整车端对物理连接的检测信号，如果检测到信号正常，才能进行下一步充电流程。

2）CC2 的 CATL 典例值为 5V 或 2.5V，正常范围是 4.6 ～ 5.2V 或 1.9 ～ 3.3V（检测回路有两个 $1k\Omega$ 串联电阻，引起 CC2 检测点电压状态变化）。

报警举例：① CC2 检测信号上拉电源电压故障；② CC2 连接丢失；③ CC2 信号检测上拉电源故障。

连接确认 CC2 故障的可能原因：①供电线路问题；② BMU 问题。

（2）排查步骤

1）上低压电，连接上位机，查看 CC2 电压是否为 4.6 ～ 5.2V，如果是则继续排查，否则转至第 7）步。

2）上低压电，测量高压盒 CC2 线束对地电压是否约为 4.8V，如果是则转至第 4）步（至此，基本电池端线路没问题，要考虑充电机问题），否则继续排查。

3）下低压电，排查高压盒 CC2 线束是否存在虚接、短电源、短地情况，如果是则更换线束，否则继续排查。

4）测量充电枪 CC2 对地电阻是否为 $1000\Omega \pm 30\Omega$，如果是则继续排查，否则协调充电桩排查充电桩问题。

5）测量 PE 与 GND 之间的电阻是否小于 1Ω，如果是则继续排查，否则排查 PE 线束接地是否良好。

6）插充电枪进行充电，查看上位机 CC2 电压是否为 2.2 ~ 2.6V，如果是，则继续排查，否则转至第 7）步。

7）更换 BMU 进行验证，如果问题解决，则说明为 BMU 问题，否则继续排查。

6. 充电插座温度故障

（1）故障分析

1）国家标准规定，额定充电电流大于 16A 的应用场合，供电插座、车辆插座均应设置温度监控装置。

2）报警举例：①直流充电 A 插座过温 1 级；②直流充电枪 1 插座温度过高报警。

3）触发机制：充电插座温度高于警告阈值。平台阈值为大于 100℃限制充电功率到 50%，大于 120℃停止充电。

4）充电插座温度故障可能原因：①温度检测点问题；② BMU 问题。

（2）排查步骤

1）连接上位机及调试线束，报的是充电插座过温故障。

2）上位机观察充电过程中，充电插座温度是否存在过温情况，如果是，则继续排查，否则跳转到第 4）步。

3）停止充电，根据电气原理图，从高压盒低压插接件处测量各 NTC 100℃电阻是否小于 120℃对应电阻，见表 3-11，如果是，则告知整车 BMU 处理，否则继续排查。

表 3-11　测量各 NTC 电阻　　　　　　　　　　　　　　　（单位：kΩ）

温度传感器类型	100℃对应电阻	120℃对应电阻
TR29	16.5	6.8
NTSE1103FV040	0.99	0.6
CWF2103F950	0.67	0.386

4）更换 BMU 进行验证，如果问题解决，则定位为 BMU 问题，否则继续排查。

7. 充电插座温度检测 NTC 断路故障

（1）故障分析

1）国家标准规定，额定充电电流大于 16A 的应用场合，供电插座、车辆插座均应设置温度监控装置。

2）报警举例：直流充电枪 1 充电插座 NTC 断路故障。

3）触发机制：充电插座 NTC 检测回路断路。

4）充电插座温度检测 NTC 断路故障可能原因：①温度检测点问题；② BMU 问题。

（2）排查步骤

1）连接上位机及调试线束，上位机报充电插座 NTC 断路故障。

2）参考电气原理图，用万用表测量整车低压连接器 NTC 正、负极端子线束是否导通。如果线束断路，则要求整车排查，否则继续排查。

3）参考电气原理图，排查高压盒内 NTC 正、负极端子线束是否导通，如果线束断路，则更换线束，重新上电确认故障是否修复，否则继续排查。

4）更换 BMU 进行验证。

任务四　检修动力电池通信类故障

动力电池管理系统是二端子系统，其一端与整车电子系统相连，另一端与动力电池相连，并通过总线与能量控制系统、电机控制器、车载控制器、车载显示系统等进行实时通信。新能源汽车 BMS 主要基于微型计算机技术，并结合电池监测及自动控制技术对电池箱的状态进行实时监控、准确测量、安全保护，管理电池使其始终处于安全的状态下工作，进而提高动力电池管理系统的耐久性和鲁棒性。

一、认识新能源汽车通信的类型

1. CAN 总线

控制器局域网（Controller Area Network，CAN）总线，由德国博世公司于 1987 年，为解决现代汽车众多的控制器与测试仪器之间的数据交换问题而开发的一种串行数据通信协议，其通信速率最高可达 1Mbit/s，如图 3-39 所示。

CAN 总线协议包括三个部分：高速 CAN 网物理层、中速 CAN 网物理层和协议层。

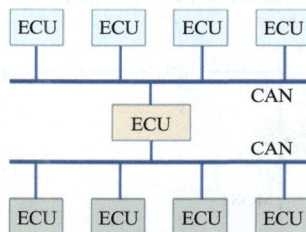

图 3-39　CAN 总线

2. ISO 9141 协议

ISO 9141 协议主要为车辆与诊断设备之间通信的国际标准，于 1994 年开始在车辆上使用，其速率 <10.4kbit/s。

ISO 9141 协议中包含有一系列模块，只有与诊断仪连接后，模块才通过协议的单根数据总线发送信息。连接在总线上的控制模块之间没有通信，如图 3-40 所示。

3. LIN 总线

局域互联协议（Local Interconnect Network，LIN）是由摩托罗拉、宝马、戴姆勒-克莱斯勒、大众等乘用车公司组成的 LIN 协会，于 1999 年推出的开放式串行通信标准。2000 年和 2003 年，分别发布了 LIN1.2 和 LIN2.0 规范。

LIN 主要用作 CAN 等高速总线的辅助网络或子网络，在带宽要求不高、功能简单、实时性要求低的场合，如车身电器的控制（空调、后视镜、车门模块、座椅等），使用 LIN 总线可有效地简化网络线束，减低成本，提高网络通信效率和可靠性。CAN-LIN 总线如图 3-41 所示。

4. MOST 总线

多媒体定向传输系统（Media Oriented Systems Transport，MOST），由德国 Oasis Silicon System 公司开发，2002 年应用到车辆上。MOST 总线利用光纤进行数据传输，传输速率可达 25Mbit/s，采用环形拓扑结构，可以传输同步数据、非同步数据和控制数据，如图 3-42 所示。

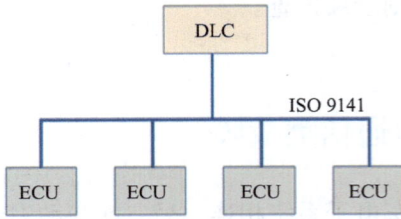

图 3-40　ISO 9141 协议

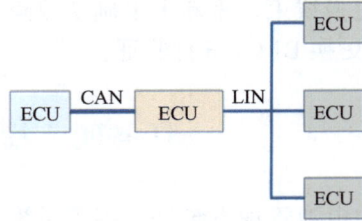

图 3-41　CAN-LIN 总线

5. 菊花链通信

菊花链通信也叫环形通信，是指将多个设备按照环形连接起来，每个设备只与相邻的设备进行通信。当一个设备需要发送数据时，必须等到其相邻的设备空闲，然后才能发送数据，如图 3-43 所示。这种通信方式的优点是实现简单、成本低，但是受限于环形连接的物理结构，传输速率较慢，传输距离较短，只适用于少数设备之间的通信。

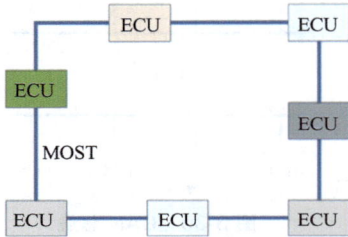

图 3-42　MOST 总线

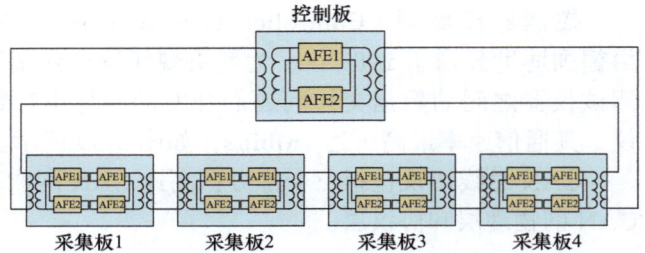

图 3-43　菊花链通信

二、常见通信信号的传输

1. CAN

CAN 是 ISO 国际标准化的串行通信协议。在当前的汽车产业中，出于对安全性、舒适性、方便性、低公害、低成本的要求，各种各样的电子控制系统被开发了出来。

CAN 是一套应用在车辆上的计算机局域网络。图 3-44 所示为 CAN 总线示意图，它由 3 组 CAN 总线组成，它们之间使用网关模块进行连通。

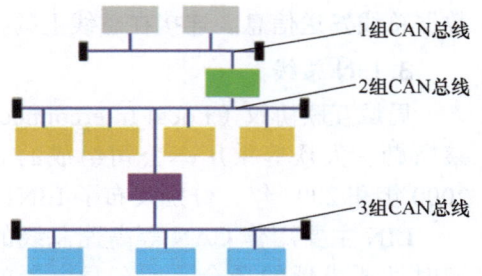

图 3-44　CAN 总线示意图

CAN 总线采用双绞线作为数据总线，以增加总线的抗干扰能力。两根双绞线分别命名为 CANH 和 CANL，它们每相隔 25mm 绞接一次；此双绞线允许的总长度为 30m（25m 接节点，5m 接诊断仪）；最多允许接 16 个节点（15 个模块和 1 个诊断仪），如图 3-45 所示。

CAN 总线采用电压差的方式识别数字信号，从而判断所传输信息的含义。CAN 总线电压差驱动如图 3-46 所示。

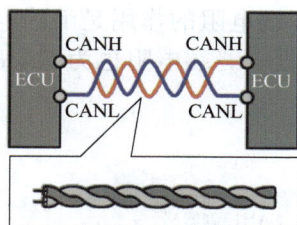

图 3-45　CAN 总线采用双绞线作为数据总线

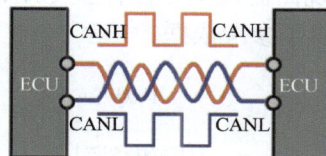

图 3-46　CAN 总线电压差驱动

CAN 标准有两个，即 ISO 11898 和 ISO 11519，两者差分电压特性不同。

图 3-47 所示为 ISO 11898——CAN 总线的电压波形，CANH 与 CANL 形成了对称的阵列布置方式。CANH 的电压在高位时为 3.5V，在低位时为 2.5V；CANL 的电压在高位时为 2.5V，在低位时为 1.5V。CAN 总线信号特点如图 3-48 所示。

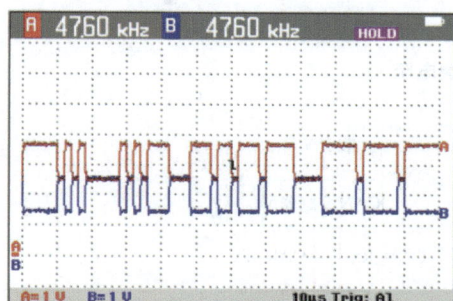

图 3-47　ISO 11898——CAN 总线的电压波形

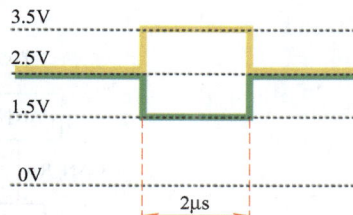

图 3-48　CAN 总线信号特点

图 3-49 所示为 ISO 11519——低速 CAN 总线的电压波形。

终端电阻的作用是吸收信号反射及回波，而产生信号反射的最大来源便是阻抗不连续以及不匹配。高频信号传输时，信号波长相对传输线较短，信号在传输线终端会形成反射波，干扰原信号，所以需要在传输线末端加终端电阻，使信号到达传输线末端后不反射。对于低频信号则不用。CAN 总线两端必须连接终端电阻才可以正常工作，终端电阻应该与通信电缆的阻抗相同，典型电阻为 120Ω，如图 3-50 所示。

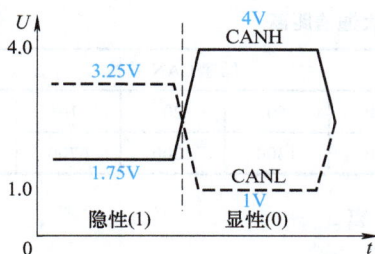

图 3-49　ISO 11519——低速 CAN 总线的电压波形

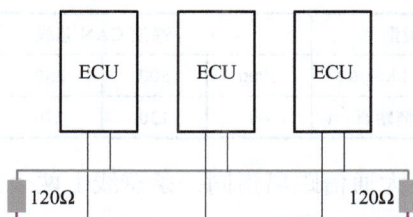

图 3-50　终端电阻

其作用是匹配总线阻抗，提高数据通信的抗干扰性及可靠性。在高速 CAN 数据总线的 CANH 和 CANL 线路端（或节点内）均以终端电阻连接，高速终端电阻为 120Ω，如图 3-51 所示。而在低速 CAN 数据总线的 CANH 和 CANL 线路端（或节点内）均与终端电阻连接，低速终端电阻为 2.2kΩ，如图 3-52 所示。终端电阻的作用是消除电压信号在线路上出现回流现象，以保证 CAN 总线上的数据准确性。终端电阻也为 CAN 总线的故障诊断提供了参考依据。

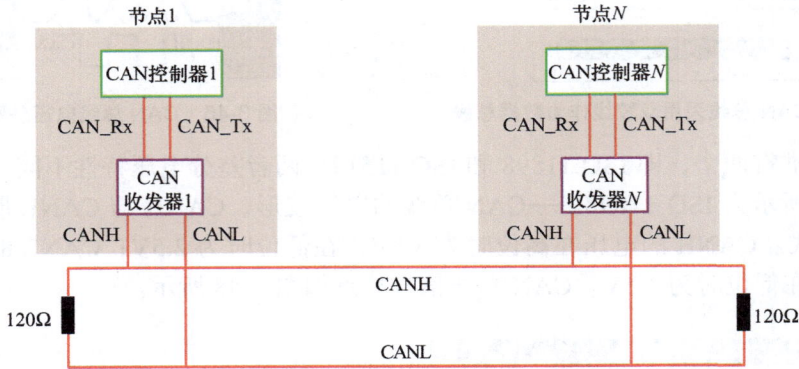

图 3-51　高速终端电阻

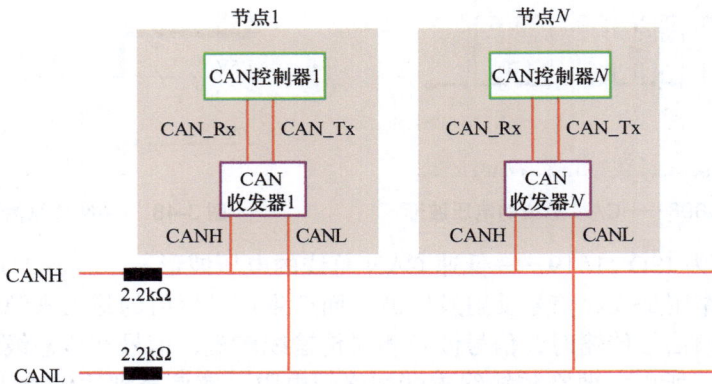

图 3-52　低速终端电阻

CAN 总线速率和最大通信距离见表 3-12。

表 3-12　CAN 总线速率和最大通信距离

类型	高速 CAN 总线				低速 CAN 总线				
速率 /（kbit/s）	1000	500	250	125	100	50	20	10	5
最大通信距离 /m	40	130	270	530	620	1300	3000	6700	10000

最大通信距离指同一条总线上两个节点之间的距离。

2. 菊花链通信

在电子电气工程中，菊花链通信代表一种配线方案，如设备 A 和设备 B 用电缆相连，设备 B 和设备 C 相连，设备 C 和设备 D 相连，这种连接不会形成网状的拓扑结构，只有相邻的设备之间才能直接通信，如设备 A 是不能和设备 C 直接通信的，必须通过设备 B 中转，因为最后一个设备不会连向第一个设备，所以这种方法同样不会形成环路。这种连线方法能够用来传输电力、数字信号和模拟信号。

　　BMS 的硬件架构如图 3-53 所示，包含一块主控模块和两块从控模块，主控模块和从控模块之间通过菊花链方式通信，包含多个不可或缺的功能模块，共同实现 BMS 的功能。BMS 的技术要点有很多，本文主要介绍 BMS 主控模块与从控模块之间的信息交互部分（红色虚线框）——菊花链通信。

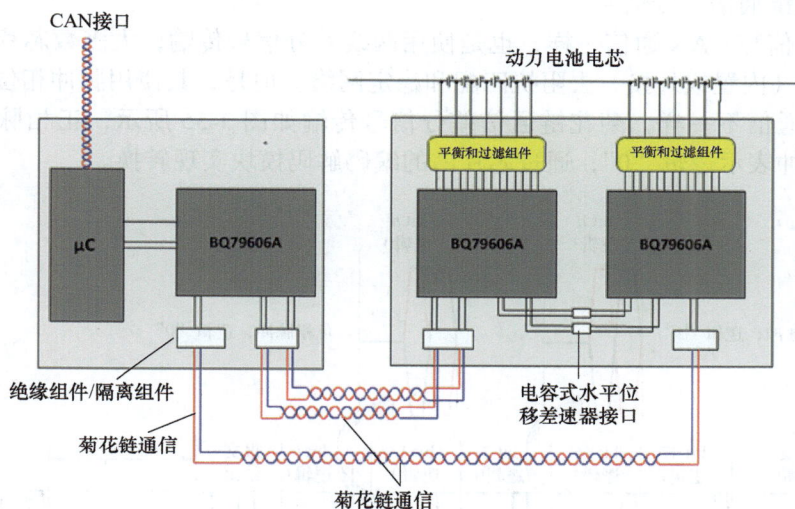

图 3-53　BMS 的硬件架构

　　BMS 的主控模块与从控模块之间的通信方式主要有两种：CAN 通信和菊花链通信。因为 CAN 通信在汽车电子上的应用时间长且通信稳定性好，所以早期主控模块与从控模块之间采用 CAN 通信方式（当前一些量产车型上仍然使用 CAN 通信），出于对汽车电子成本的考虑，行业内逐渐发展了一种新的通信方式——菊花链通信，由于其使用的元器件更少（减少了芯片的使用），更具成本优势。虽然菊花链通信的稳定性没有 CAN 通信好，但是考虑到 BMS 多数场景下放置在一个相对封闭的应用场景（电池箱内部），并且主控模块与从控模块之间的线束较短，符合应用要求，所以目前市场上使用更多的是菊花链通信方式。菊花链通信与 CAN 通信如图 3-54 所示。

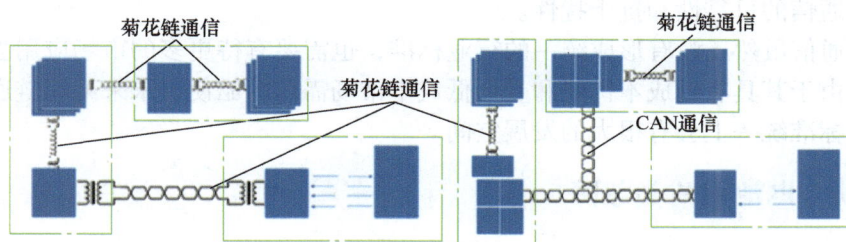

图 3-54　菊花链通信与 CAN 通信

　　（1）菊花链通信协议

　　目前，BMS 菊花链通信技术还没有形成行业标准，主要是由各模拟前端（AFE）芯片厂家制定私有协议，各家的 AFE 只能与其自家的桥接芯片配套使用，各家对自己的菊花链通信技术命名也不同。

菊花链通信协议的物理层和数据链路层定义比 CAN 总线要简单得多，桥接芯片将信号转换为差分信号后，依次串接到各 AFE 芯片。MCU 需要先为每一个 AFE 配置专属的 ID，通信中 MCU 的每帧信息都有其目的 AFE 的 ID 信息，正确接收到信息的 AFE 会给 MCU 回应。

（2）菊花链通信差分信号

菊花链通信与 CAN 通信一样，也是使用两线差分信号传输，大多数芯片方案也需要终端端接电阻（内置或外接）去阻抗匹配和稳定网络。但是，其使用脉冲相位调制方式编码，与 CAN 通信不一样，菊花链通信差分信号传输如图 3-55 所示，正相脉冲表示逻辑"1"，负相脉冲表示逻辑"0"，通过芯片内的编码解码模块实现转换。

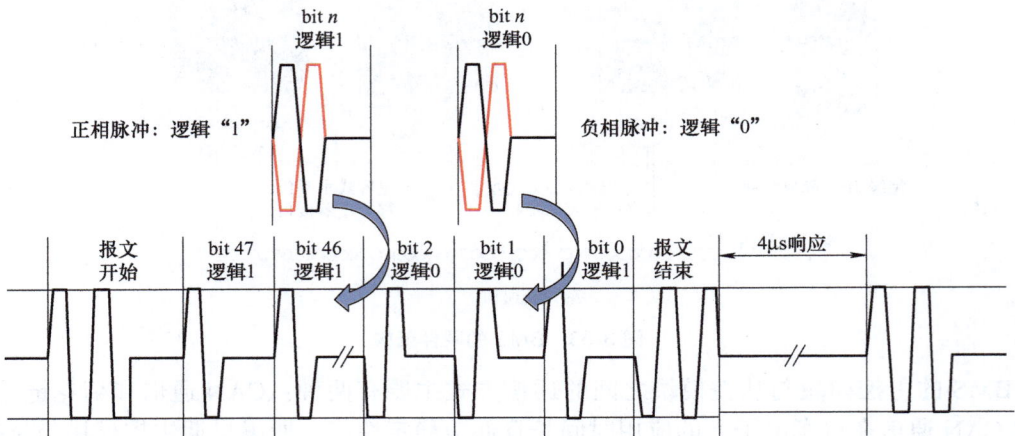

图 3-55 菊花链通信差分信号传输

脉冲上下沿具有高频谐波分量（往往是对外辐射源）。菊花链通信的使用率没有 CAN 总线高，稳定性也没有 CAN 总线高，但是随着时间的推移会有越来越多车厂使用优化后的菊花链通信。优化的主要原理是在菊花链通信链路上采用多信道的通信方式，这种结构可以叠加两个不同频率的信号，在接收端通过分频和滤波后由两个独立信道进行接收。这两个信道是冗余的，当某一个信道发生故障时，另一个完全可以继续工作。这样的设计极大地提高了通信的可靠性和抗干扰性。

菊花链通信虽然还没有形成统一的行业标准，也需要有待更多的市场应用去验证其稳定性，但是由于其具有低成本优势和受更低成本市场需求的驱使，未来菊花链通信在稳定可靠、行业标准统一上会有很大的发展空间。

三、动力电池通信类故障

1. CAN 通信故障

（1）故障分析

1）电池系统有多个 CAN 总线，分别承载不同的功能，最终都汇集到 BMU。

2）报警举例：① ACAN/SCAN/HVB 通信故障；② ACAN 通信丢失标志 0：正常

（normal），1：丢失（lost）；③ SCAN 通信丢失标志 0：normal，1：lost。

3）CAN 通信故障可能原因：①传输线路问题；② CAN 总线节点问题。

（2）排查步骤

1）连接上位机，低压上电，读取（故障码）DTC，确认报故障的 CAN 总线位置，继续排查。

2）检查上位机设置，调试线和 CAN 设备是否正确连接，正常则下一步，异常则修复。

3）查看 BMU 的常电供应和唤醒电源电压（点火开关/直流充电唤醒/交流充电唤醒/VCU 唤醒等）是否正常，正常则下一步，异常则修复。

4）用万用表测量高压盒低压线束输出插头上 CANH 和 CANL 之间的电阻，正常为 60Ω（或 120Ω），正常则下一步，异常则跳转第 6）步。

5）用万用表测量高压盒低压线束输出插头上 CANH 对地电压是否在 2.5 ~ 3.5V，CANL 对地电压是否在 1.5 ~ 2.5V，正常则跳转第 7）步，异常则下一步。

6）用万用表测量 CAN 总线是否断路、短电源、短地或者插接件虚接退针。若线束异常，更换线束；若线束正常，则继续排查。

7）用上位机采集报文，查看各路 CAN 通信是否有报文发出，若无 BMU 或电池的其他部件报文发出，则更换对应的硬件总成。

2. 菊花链通信故障

（1）误码率

1）当误码率为 0 时：此时通信正常。

2）当误码率大于 3% 时：此时通信存在异常，应重点关注通信质量。

3）当误码率大于 7% 时：此时通信情况恶劣，上位机会弹窗报警，建议先排查线束。

4）当误码率为 100% 时：菊花链通信中断，菊花链通信检测如图 3-56 所示。

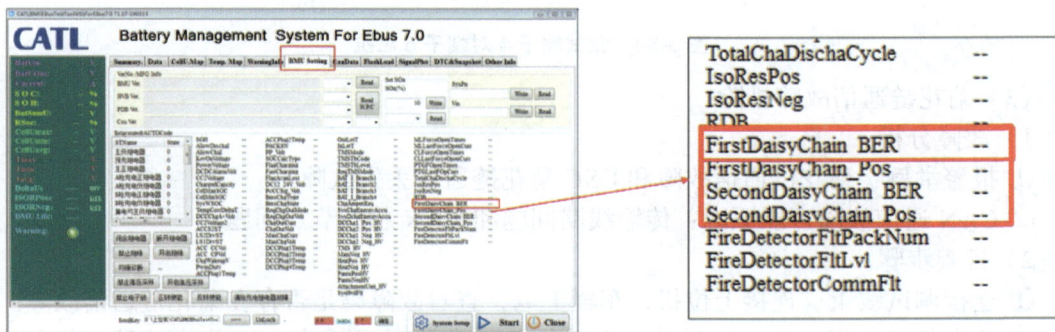

图 3-56　菊花链通信检测

（2）故障排查

1）测线束通断。

① 测试电池箱外线束：端子 1 对端子 1，端子 2 对端子 2，端子 4 对端子 4，端子 5 对端子 5。

② 测试电池箱内线束：BMU 端高压盒低压输出插接件：端子 4 对端子 5，端子 1 对

端子 2，阻抗小于 1Ω（图 3-57）。

③ 测试电池箱内线束：电池箱低压输入输出插接件：端子 1 和端子 2 悬空不测试，仅测试端子 4 对端子 5，阻抗小于 1Ω（图 3-58）。

2）检查双绞线。

① 这一步应仔细检查、确认。

② 双绞线绞错，信号衰减约 400mV，会直接造成无法通信。

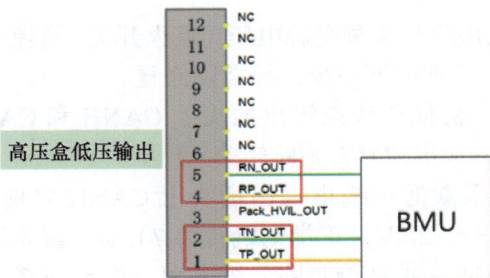

图 3-57　测试阻抗

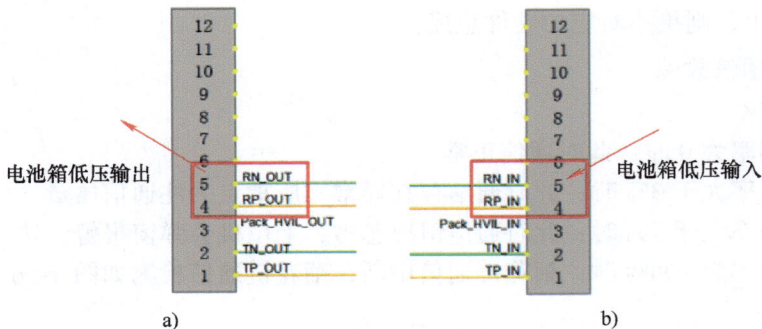

图 3-58　测试端子 4 对端子 5 阻抗

（3）菊花链通信故障排除

1）故障分析。

① 报警举例：菊花链通信故障和 CSC 菊花链通信丢失故障。

② CAN 通信故障可能原因：传输线路问题和 CAN 总线节点问题。

2）排查步骤。

① 连接调试线束，连接上位机，车辆上电，查看故障码是否存在菊花链通信故障。

② 在上位机数据（Data）界面，查看各 CSC 数据是否丢失，如果是则下一步，否则跳转第④步。

③ 查看菊花链误码率（First Daisy Chain BER 和 Second Daisy Chain BER）和故障节点位置（First Daisy Chain_Pos 和 Second Daisy Chain_Pos），根据故障位置和电气原理图定位故障电池箱排查连接线束，拆电池箱重新拔插 CSC 插接件。装车后若故障仍未排除，则继续下一步。

④ 更换 BMU 验证，若故障仍未恢复，则继续排查。

任务五 热管理系统认知

电动汽车动力电池热管理系统基于单体电池温度控制目标来对动力电池温度进行热管理，主要包括电池冷却、电池加热、电池保温和控制温度均衡。不同的动力电池热管理系统采取的冷却方式、加热方式、保温措施等不同。常见的动力电池冷却方式有风冷、液冷和直冷；加热方式有电加热膜加热、PTC 加热和液热。动力电池热管理系统通常是将多种冷却方式和加热方式进行组合。现在人们正在研究利用相变材料（Phase Change Material，PCM）来进一步提高动力电池热管理系统的性能。PCM 是一种能够利用自身的相变潜热吸收或释放热能的材料。采用 PCM 的热管理系统通过 PCM 在相变过程的潜热，在电池升温时来吸收电池的热量，低温时对电池起到保温作用。PCM 可以防止动力电池在大电流充放电状态下温度过快升高，减少动力电池的温度突变，如图 3-59 所示。

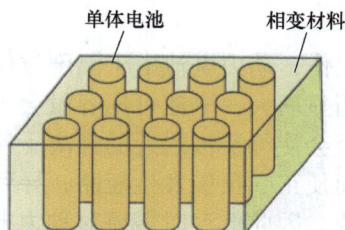

图 3-59 利用 PCM 减小动力电池温度突变

此外，动力电池热管理系统通常不是独立的，是电动汽车整车热管理系统的一部分，为了更高效地对整车进行热管理，需将动力电池热管理、动力系统的冷却、空调制冷系统、空调暖风系统等进行高效融合，协调工作，这使得电动汽车的整车热管理系统相对于传统车型要复杂很多，如图 3-60 所示。

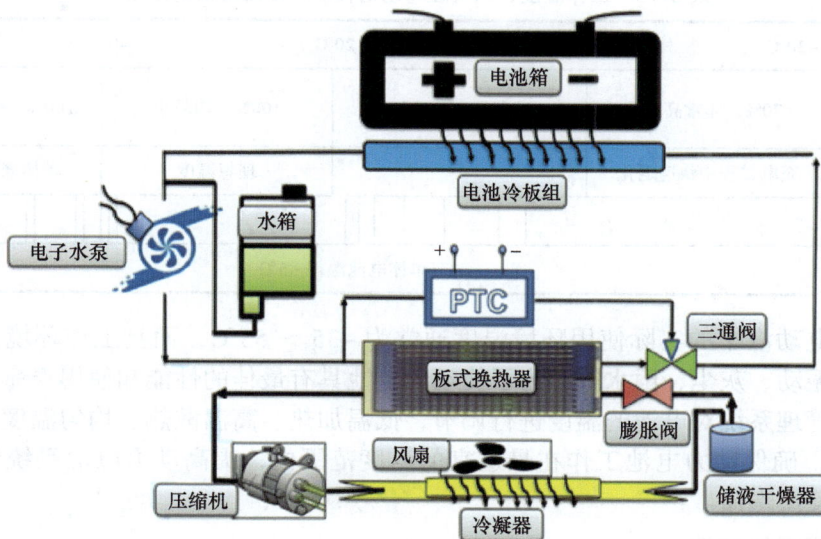

图 3-60 电动汽车的整车热管理系统

一、应用动力电池热管理的原因

1. 温度对电池的影响

首先要了解动力电池自身的生热特性。以目前电动汽车常用的锂离子动力电池为例，在充放电过程中，电池内部会发生复杂的化学反应，化学反应的过程大多伴随着大量热量的产生。此外，由于锂离子动力电池具有一定的内阻，电流通过时也会产生部分的热量，并且这部分热量与工作电流呈二次曲线关系，热量随工作电流的增大而急剧增大，尤其是高倍率充放电时温升更加明显。

在环境温度较高的情况下或大倍率充放电时，电池会产生大量热量导致极高的温度，此时需要对动力电池进行散热降温，否则高温会引起电池内部各种分解副反应，如 SEI 膜分解、负极与电解液反应、电解液分解等，从而使动力电池容量和功率等性能下降、寿命缩短，严重时甚至会热失控，短时间内发生爆炸、起火燃烧，危害人员安全。

相反，如果在低温环境下工作，动力电池由于温度过低，内部化学反应活性降低，而且随温度的降低，电池内阻会明显增大，电池可用容量会迅速衰减。低温大电流充电会使电池容量发生不可逆衰退，甚至会使得负极附近的锂离子俘获电子生成金属锂，聚集的金属锂会形成锂枝晶，刺破隔膜而使正、负极发生短路，导致动力电池损坏，甚至发生爆炸或过温着火燃烧等严重安全事故。因此低温时需要对动力电池进行加热，以提高电池的工作温度。

此外，电动汽车动力电池通常由单体电池组成的电池模组组成，动力电池箱内部工作温度场分布不均匀会使得各电池模组、单体电池由于温度不均匀而产生不均衡，长时间处于高温的电池性能会快速衰退，从而降低了动力电池箱的整体性能和使用寿命（表 3-13）。

表 3-13　工作温度、热管理与电池性能、使用寿命的关系

工作温度	−20℃	0℃	20℃	40℃	60℃
性能（功率、容量）	<70%，非常高内阻	90%，高内阻	100%，内阻小	100% → 0，加快老化	
使用寿命	充电过程中快速老化	—	理想温度	单体老化→热分解	
热管理	加热			冷却	
	单体电池温差 <5℃				

然而，电动汽车的实际使用环境温度通常为 −35 ～ 55℃，而且工作环境复杂多变和苛刻，伴随振动、灰尘、雨水等，为了使动力电池具有最佳的性能和使用寿命，需要通过动力电池热管理系统对电池的温度进行调节，低温加热、高温散热、均匀温度场、减少单体电池温差，确保动力电池工作在最适宜的温度范围内，提高动力电池系统的性能和效率，延长其使用寿命。

2. 热管理系统功能

为了确保动力电池处于最佳工作温度状态，要求动力电池热管理系统要有以下基本

功能。

1）要能准确地测量和监测动力电池的温度。

2）当动力电池温度高于限值时，要能及时有效地进行散热降温，保持理想工作温度。

3）低温条件下要能快速加热，使得电池处于能正常运行的温度范围内。

二、动力电池热管理系统的分类

1. 热管理系统

热管理系统是 BMU 通过负温度系数的热敏电阻了解各电芯的当前温度。使用不同的设计策略，使得动力电池热管理系统始终处于合适的环境。

2. 热管理方式

热管理方式包括自然冷却、风冷、液冷、直冷、加热膜等。

液冷系统具备冷却功能，根据整车需求选择加热膜加热或者整车 PTC 加热器对冷却液加热，实现电芯温度管控功能。

3. 液冷系统

液冷系统包括水冷板、连接管及软管卡箍等部件，液冷板与模组底部紧贴，把电芯产生的多余的热传导出去。

水冷系统具备冷却功能，根据整车需求选择加热膜加热或者整车 PTC 加热器对冷却液加热，实现对电芯温度管控功能。

图 3-61 所示为分散式的液冷板，通过水冷连接管完成各个水冷板连接。

图 3-62 所示为集成式的液冷板，不可拆卸。

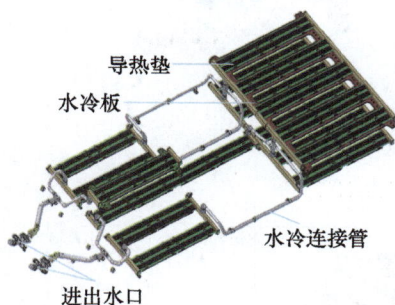

图 3-61　分散式的液冷板

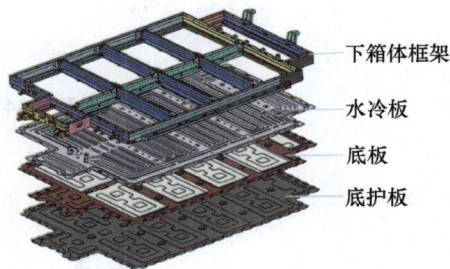

图 3-62　集成式的液冷板

PTC 加热器是使用 PTC 热敏电阻元件为发热源的一种加热器，如图 3-63 所示。PTC 热敏电阻一般情况下是用半导体材料制成的，它的电阻随温度变化而急剧变化，当外界温度下降，PTC 电阻相应减小，发热量反而会相应增加。按材质分包括陶瓷 PTC 热敏电阻和有机高分子 PTC 热敏电阻。用于空调辅助电加热器的是陶瓷 PTC 热敏电阻。PTC 热敏电阻元件因具有随环境温度变化，其电阻也相应添加或减小的变化特性，PTC 加热器具有节能、恒温、安全和使用周期长等特点。

当环境温度降低，PTC 的电阻也随之降低，通电后在恒定电压下，电流增大，通电的发热量随之增大。热源零部件 PTC 如图 3-64 所示。

热管理系统主要负责当在低温情况下对动力电池箱加热以及在高温情况下开启冷却系统，热管理系统组成方式为加热膜＋水冷方式，如图 3-65 所示。不同于之前项目的外置水冷板，动力电池热管理系统采用的是集成水冷下箱体。

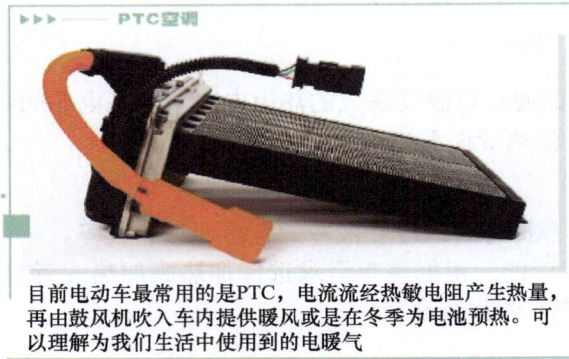

目前电动车最常用的是PTC，电流流经热敏电阻产生热量，再由鼓风机吹入车内提供暖风或是在冬季为电池预热。可以理解为我们生活中使用到的电暖气

图 3-63　PTC 加热器

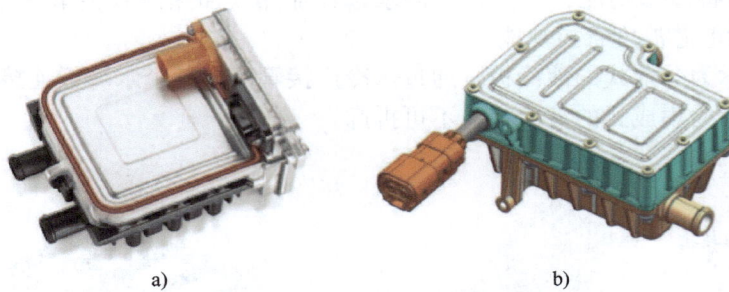

a)　　　　　　　　　　　　　　b)

图 3-64　热源零部件 PTC

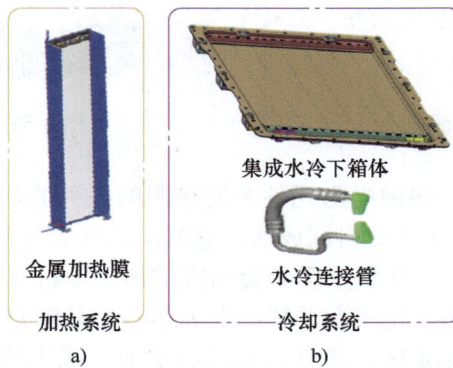

集成水冷下箱体

水冷连接管

金属加热膜

加热系统

冷却系统

a)　　　　　　　　　b)

图 3-65　加热膜＋水冷方式

当 BMS 向水冷机组发送冷却 / 停止 / 自循环三个指令，由水冷机组执行以下三个指令。

（1）冷却状态

当电池箱温度较高时，BMS 判断水冷系统需要进行冷却并向水冷机组发送冷却指令，该状态下水冷机组水泵和压缩机被开启。

（2）停止状态

当电池箱在理想的工作区间内，BMS 判断水冷系统不需要工作并向水冷机组发送停机指令，该状态下水冷机组处于水泵、压缩机和加热器关闭状态。

（3）自循环状态

当 BMS 判断水冷系统需要进行循环，但是不需要开启加热器和压缩机时，BMS 向水冷机组发送自循环指令，该状态下水冷机组水泵被开启。

三、动力电池热管理系统的结构与工作原理

1. 风冷系统

（1）自然风冷

如图 3-66 所示，自然风冷方式是以车外空气作为传热介质的被动散热，即汽车行驶过程中，直接让车外空气流过电池箱体内部，通过空气与电池、电池箱体等导热部件之间通过对流换热实现对电池的冷却。这种方式的对流传热系数较小，为 5 ~ 25W/m² · K，虽然结构简单，不消耗额外的能量，成本低，但散热效果有限，仅适用于早期容量小、能量密度低的动力电池中，或作为现代动力电池的辅助冷却手段。

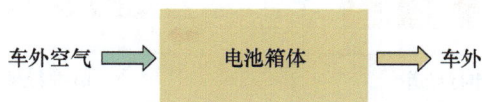

图 3-66　自然风冷方式

（2）强制风冷

强制风冷属于主动冷却，是通过鼓风机将空气引入动力电池箱体内部，空气以一定的流速流过动力电池模组的表面，将电池产生的热量散至环境空气中的冷却方式。强制风冷的空气有两种方式，一种是没有经过车内空调制冷系统降温的自然空气，如图 3-67 所示；另一种是经过车内空调制冷系统降温的空气，如图 3-68 所示。

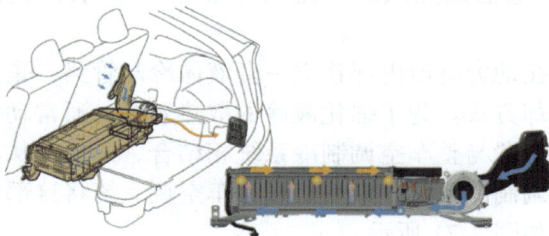

图 3-67　强制风冷的自然空气

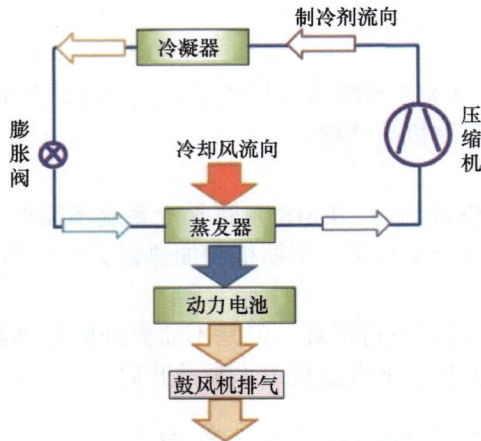

图 3-68　制冷系统降温的空气

强制风冷系统风道的布置对冷却效果起着至关重要的作用。风道的布置形式主要分为串行风道和并行风道，如图 3-69 所示。串行风道结构简单，但阻力大；并行风道结构散热均匀性好，但结构较复杂，占用空间较多。

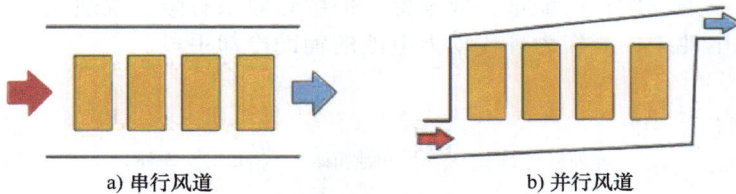

　　　a) 串行风道　　　　　　　　　　　　　　b) 并行风道

图 3-69　强制风冷系统风道的布置形式

2. 液冷系统

随着电动汽车对动力电池系统的功率要求越来越高，快充充电电流越来越大，伴随而来的就是对动力电池冷却系统的要求也越来越高提高。动力电池在大倍率充放电工况下，强制风冷已不能满足散热要求，散热效果更佳、结构、成本各方面性能较好的液冷方式成为首选。一种是在动力电池内部建立一套制冷蒸发器、管路和散热风通道，利用散热风扇使冷气在动力电池散热风道中流动并带走热量的冷却方式，冷却空气散热如图 3-70 所示。

另一种液冷系统是在动力电池内部建立一套液体冷却管路，是一种利用冷却液在管路中的流动带走热量的冷却方式。为了强化液冷的散热效果，通常动力电池液冷系统通过一个叫热交换器的热交换装置与整车空调制冷系统相结合，冷却液从动力电池带走的热量通过热交换器传给整车空调制冷系统，最后通过整车空调系统将这部分热量传递到环境空气中。动力电池液冷系统如图 3-71 所示。

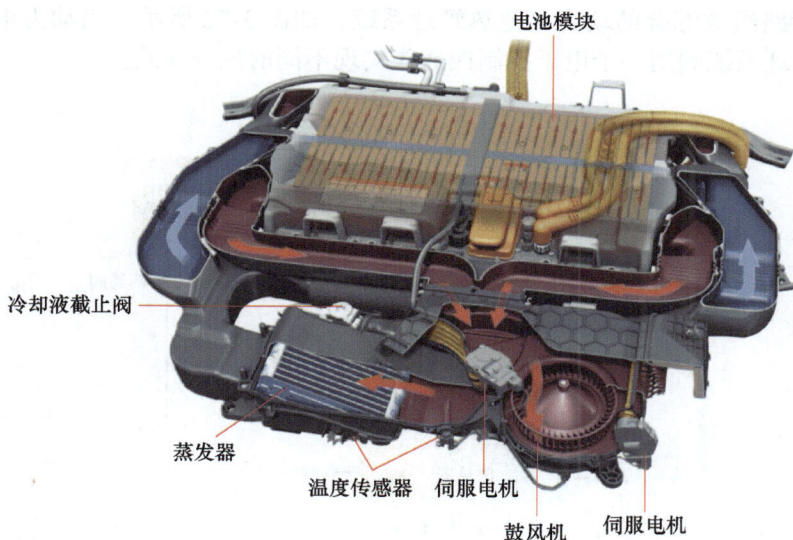

图 3-70　冷却空气散热

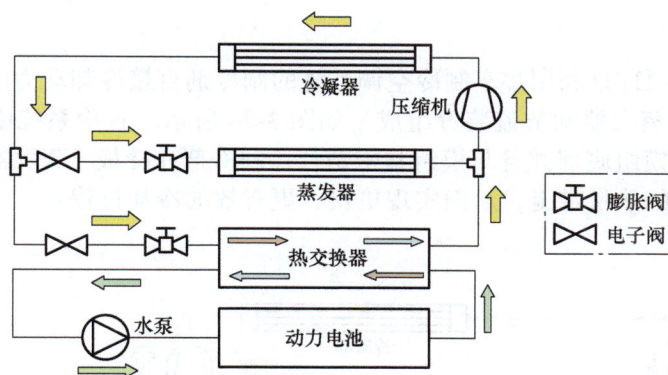

图 3-71　动力电池液冷系统

　　动力电池液冷系统的核心部件是压缩机、热交换器和水泵。压缩机作为制冷的动力发起点，决定着整个系统的散热能力。热交换器是液冷系统的一个关键部件，它的作用在于引入空调系统中的制冷剂，在膨胀阀节流后蒸发，吸收动力电池冷却回路中冷却液的热量。此过程制冷剂通过热交换将冷却液中的热量带走，热交换器交换热量的大小直接决定着动力电池冷却液的温度。水泵转速则决定了管路内冷却液的流速，流速越快换热性能就会越好，反之亦然。液冷系统的冷却液分为可直接接触单体电池（硅油、蓖麻油等）和非接触单体电池（水和乙二醇混合液）两种，目前采用水和乙二醇混合溶液的比较多。

　　液冷系统中，动力电池模组不仅仅要冷却，当动力电池温度过低时还需要对其进行加热。由于动力电池温度的不同，热管理需求也不同。为此通常将上述的动力电池液冷系统与一个液体散热器、一个液体加热器以及逆变器、电机控制器、充电机、DC/DC 变换器的液体冷却管路组成综合的动力电池热管理系统，如图 3-72 所示。当动力电池处于不同温度时，热管理系统利用一个电子控制四通阀实现不同的控制模式。

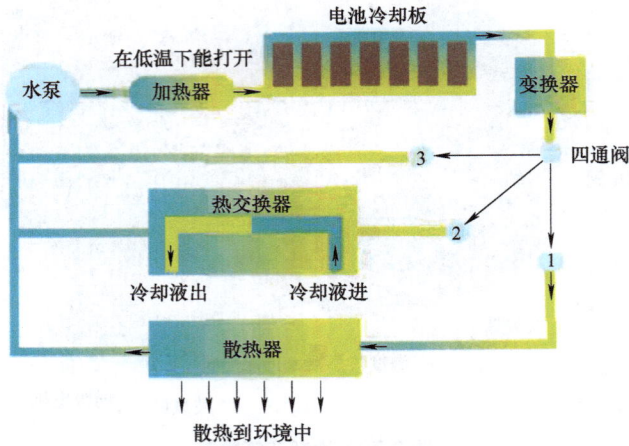

图 3-72　综合的动力电池热管理系统

3. 直冷系统

直冷系统工作原理是利用整车制冷空调系统的制冷剂直接冷却动力电池的，它主要由压缩机、冷凝器、蒸发器和节流装置组成，如图 3-73 所示。直冷系统中的蒸发器即动力电池冷板，安装在模组底部并且与模组紧密贴合，制冷剂在冷板（蒸发器）中蒸发直接将动力电池系统产生的热量带走，从而实现更快、更有效的冷却过程。

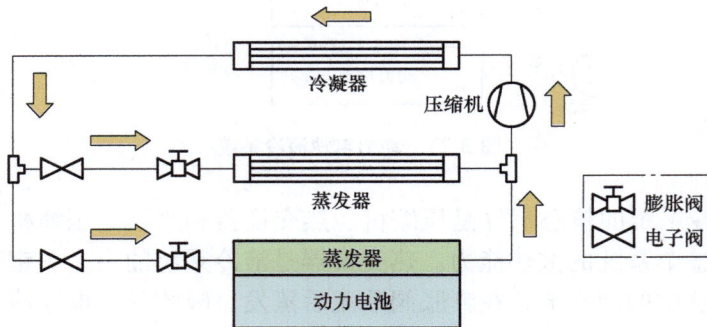

图 3-73　直冷系统工作原理与组成

4. 动力电池加热方式

电动汽车的使用地域非常辽阔，北方地区冬季的环境温度可低至 –35℃ 左右，在如此低温环境下工作，要保证动力电池能正常工作，需要对动力电池进行加热升温。目前常用的动力电池加热方式有三种：电加热膜加热（图 3-74）、PTC 加热（图 3-75）和液热（图 3-76）。

a)　　　　　　　　　　　　　　　　b)

图 3-74　电加热膜加热

图 3-75　PTC 加热

图 3-76　液热

拓展学习

神行电池

2023 年 8 月 16 日，宁德时代发布全球首款采用磷酸铁锂材料并可实现大规模量产的 4C 超充电池——神行超充电池，实现了"充电 10min，续驶里程 400km"的超快充速度，并达到 700km 以上的续驶里程，极大缓解了用户补能焦虑，全面开启了新能源汽车的超充时代。

随着电池技术的不断进步，电池的综合性能得到了显著提升，在逐步实现新能源汽车超长续驶里程之后，快速补能焦虑已成为阻碍消费者选购新能源汽车的主要原因。宁德时代始终聚焦电化学本质，在材料及材料体系、系统结构等方面全方位持续创新，再次突破磷酸铁锂材料体系的性能边界，开创性地实现超快充、长续驶和高安全兼得，持续引领行业技术创新风向。

1. 重新定义磷酸铁锂电池，大幅缓解大众补能焦虑

（1）提升锂离子脱出速度

在正极提速上，神行超充电池采用超电子网正极技术、充分纳米化的磷酸铁锂正极材料，并搭建超电子网，降低了锂离子脱出阻力，使充电信号快速响应。

（2）提升锂离子附着效率

在负极材料创新上，神行超充电池采用了宁德时代最新研发的二代快离子环技术，对石墨表面进行改性，增加了锂离子嵌入通道并缩短嵌入距离，为离子传导搭建"高速公路"。同时，神行超充电池使用多梯度分层极片设计，实现快充与续驶的完美平衡。

135

（3）降低锂离子传导阻力

在电解液传导上，宁德时代研发了全新的超高导电解液配方，有效降低电解液黏度，显著提升电导率。此外，宁德时代还优化超薄 SEI 膜，进一步降低传导阻力。

（4）改善锂离子液相传输速率

宁德时代也改善了隔离膜高孔隙率和低迂曲度孔道，从而提升了锂离子液相传输速率。

2. 从超快充到长续驶、高安全，全面提升综合性能

在率先实现 4C 超充的同时，神行超充电池还通过结构创新、智能算法等方式，兼具长续驶里程、全温域闪电快充和高安全等性能。

（1）续驶里程 700km 以上

宁德时代在 CTP3.0 的基础上，开创性地提出一体成组技术，实现了高集成性、高成组效率，使得神行超充电池突破了磷酸铁锂性能的上限，轻松实现了 700km 以上长续驶里程。

（2）低温快充如常温

常温状态下，神行超充电池 10min 可充至 80%SOC。同时，宁德时代在系统平台上采用电芯温控技术，低温环境下可以快速加热到最佳工作温度区间，即使在 −10℃ 低温环境下也可实现 30min 充至 80%SOC，而且在低温亏电状态下零百公里加速不衰减。

（3）安全保障放首位

神行超充电池使用了改良的电解液，并配备了高安全涂层隔膜，为电池安全上了"双保险"。此外，宁德时代通过智能算法对全局温场进行管控，打造故障实时检测系统，克服快速补能带来的诸多安全挑战，使神行超充电池具备行业领先的安全水平。

项目四 新能源汽车动力电池的维护及储存

项目描述

1. 动力电池的维护

动力电池为汽车提供能量，如果出现故障，汽车将无法行驶，因此需要定期对动力电池进行维护与保养。维护时主要检查动力电池外观是否有磕碰、漏液、出现裂纹等问题，如果动力电池外壳出现破损、渗漏问题，要立即到被授权的服务中心进行检修，如图 4-1 所示。

检查电动汽车高压配电系统须符合相关的技术标准要求，检查动力电池与底盘是否连接可靠，如有松动、异响应及时修复。注意检查接头状态，有污垢、锈蚀要及时清理，防止因接触不良引发事故。检查各连接件是否有变形、松动等问题，如果有要及时更换。动力电池管理系统（BMS）负责监测电池的状态信息，能够进行故障诊断报警并采取相应措施解决电池故障。BMS 检测锂离子电池的电压、电流、温度等参数，如果出现异常，将启动安全保护，防止电池发生事故。图 4-2 所示为锂离子电池的检测。维护 BMS 主要检查供电线路是否正常，与整车控制器（VCU）的通信是否正常。此外，日常使用中要注意防止动力电池暴露在极端温度环境中，外界环境温度过高或过低，都会影响动力电池的使用寿命，严重时甚至能够引发自燃、爆炸等事故。应避免长时间加速行驶导致大电流持续放电，否则会影响动力电池的使用性能。如果汽车长时间不用，需要定期检查动力电池电压，保证动力电池电压处于安全范围。

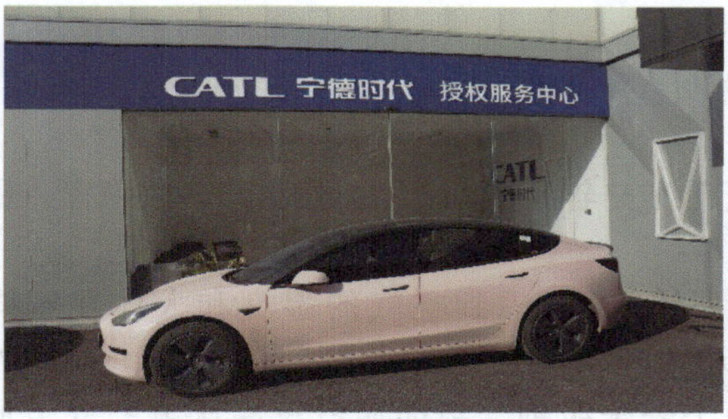

图 4-1　被授权的服务中心

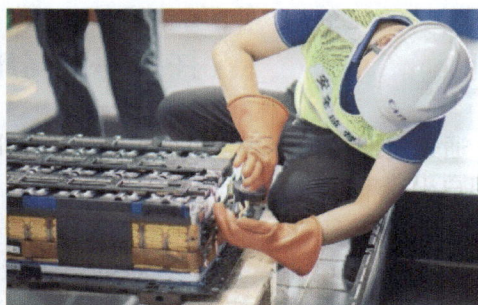

图 4-2　锂离子电池的检测

2. 备件保养

动力电池作为新能源汽车中重要的组成部分，一直以来都备受关注。动力电池在使用过程中，会因为不同的原因出现老化、损坏等问题，需要进行更换或维修。因此，新能源汽车服务中心对保养动力电池的备件需求也随之出现。

学习目标

知识目标

1. 了解触电危害和电动汽车的安全要求。
2. 掌握不同新能源汽车维修的安全操作方法。
3. 掌握高压控制装置的安全措施及人身安全要点。
4. 掌握维护的目的。
5. 掌握维保工具的使用要求。
6. 了解售后备件仓储规范。
7. 能够严格执行仓库 5S 管理。
8. 掌握带电类备件的存放要求。

技能目标

1. 掌握电动汽车安全防护要求。
2. 掌握混合动力汽车安全防护要求。
3. 具备触电防护与救护能力。
4. 能够正确使用高压安全防护用品。
5. 掌握维护的项目。
6. 能够对独立售后的备件进行维护保养（维保）。
7. 掌握故障件的返厂规范。

素养目标

1. 树立安全第一的意识。
2. 严格执行汽车故障诊断规范，具备严谨科学的工作态度。
3. 提升发现问题、分析问题、解决问题的能力。
4. 养成树立目标并制定计划实现的习惯。

任务一　高压电安全防护要求

通过定期维护检测，可确保动力电池管理系统安全可靠，降低新能源汽车故障率，提高用户出行率。

依据 GB 18384—2020《电动汽车安全要求》，考虑到空气的湿度和人体在不同工作环境下的电阻，由于不同电压等级对人体产生的伤害和危险程度不同，在新能源汽车中将车辆电压按照等级和数值分为两个安全级别。新能源汽车高压电的等级见表 4-1。

A 级是较为安全的电压等级，在直流电压中，最大工作电压应≤60V；在交流电压中，最大工作电压应≤30V，该电压下的维护人员不需要采取特殊的防电保护。

B 级对人体会产生伤害，被认为是高压。在该电压下必须采用必要的防护设备对维护人员进行保护。

表 4-1　新能源汽车高压电的等级

电压安全等级	最大工作电压 U/V	
	直流（DC）	交流（AC）
A	$0<U\leqslant60$	$0<U\leqslant30$
B	$60<U\leqslant1500$	$30<U\leqslant1000$

直流高压电主要分布在动力电池到各个驱动部件的位置，如动力电池到驱动逆变器之间、动力电池到高压压缩机之间连接的都是直流高电压。

交流高压电主要分布在逆变器与驱动电机之间，以及充电接口与车载充电机之间。不同的是逆变器与驱动电机之间的交流高电压通常都在 200 ～ 800V，而充电接口与车载充电机之间的交流高电压即为外部电网的 220V 或 380V 的电压。新能源汽车高压电类型的分布如图 4-3 所示。

动力电池、高压导线、高压系统模块等，会存在直流高电压

逆变器、驱动电机及连接导线、高压压缩机内部，会存在交流高电压

图 4-3　新能源汽车高压电类型的分布

新能源汽车高压电警告标识，如图 4-4 所示。

新能源汽车高压电导线警告颜色，如图 4-5 所示。

图 4-4　新能源汽车高压电警告标识

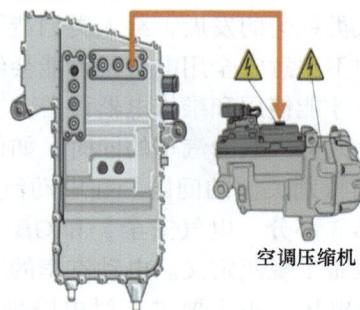

空调压缩机

图 4-5　新能源汽车高压电导线警告颜色

新能源汽车有高压电存在的部件如图 4-6 所示。

（1）持续存在高压电

新能源汽车的动力电池持续存在高压电，即使当车辆停止运行期间，由于动力电池始终存储有电能，当满足动力电池的放电条件后，动力电池也继续对外放电。

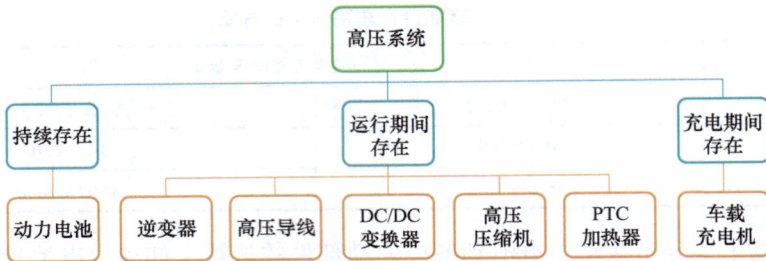

图 4-6　新能源汽车有高压电存在的部件

（2）运行期间存在高压电

运行期间存在高压电的部件，是指当点火开关处于 ON、RUN 档位或其他运行状态时，部件存在高压电。逆变器、高压压缩机、PTC 加热器及 DC/DC 变换器等部件只有在高压系统运行时，来自动力电池的高压电才会加载到这些部件上。

（3）高压触电安全

人体能承受的安全电压的高低取决于人体允许通过的电流和人体的电阻大小。人体电阻主要由体内电阻、体表电阻、体表电容组成。人体电阻随着环境的不同在很大范围内变化，但是一般不低于 1kΩ。我国民用电网中的安全电压多采用 36V，相当于人体允许电流 30mA（此时人体电阻为 1200Ω）的情况，这就要求人体可接触的新能源汽车任意两个带电部位的电压都要小于 36V。

无论是纯电动汽车，还是混合动力汽车，其电压和电流等级都比较高。动力电池的电压一般为 200 ～ 800V。正常工作时，电流可达几百安培，这已经远远超过人体能承受的极限。

一、进行高压电系统作业时存在危险

1. 触电的危害

电能是一种非常方便的能源，其广泛应用形成了人类近代史上第二次技术革命，有力推动了人类社会的发展，给人类创造了巨大的财富，改善了人类的生活。但是如果在生产和生活中不注意安全用电，很可能会给人身安全带来危害，因此只有在采取必要安全措施的情况下才能使用和维修电器设备。

在大力推广电动汽车的同时，如何保证驾乘车人员以及汽车维修人员的人身安全，是值得我们特别关注的问题。在电动汽车安全标准 ISO 6469-3：2021《电动道路车辆安全规范　第 3 部分：电气安全》和 GB 18384—2020《电动汽车安全要求》中，都对电动汽车的电压做了规范定义。电动汽车的工作电压分为 A、B 两个安全等级。

A 级电压，不需要进行触电防护。而任何 B 级电压电路中的带电部件，都应该为电路的接触人员提供安全防护。

根据欧姆定律可知，流经人体电流的大小与外加电压、人体电阻有关。人体电阻除人体自身电阻，还应附加上人体以外的衣服、鞋子等电阻。虽然人体电阻一般可达 5kΩ，但是影响人体电阻的因素很多，如皮肤潮湿出汗、带导电性的粉尘、加大与带电体的接触面积和压力，以及衣服、鞋、袜的潮湿油污等情况，均能使人体电阻降低，所以通常流经人体电流的大小是无法事先计算出来的。为确保安全，往往不采用安全电流，而是采用安全电压来进行估算。

当人体电阻一定时，人体接触的电压越高，通过人体的电流就越大，对人体的损害也越严重。但并不是人一接触电源就会对人体产生伤害，在日常生活中我们用手触摸普通干电池的两极，人体并没有任何感觉，这是因为普通干电池的电压较低（直流 1.5V）。当作用于人体的电压低于一定数值时，在短时间内电压对人体不会造成严重的伤害事故，我们称这种电压为安全电压。

触电对人体的危害程度，主要取决于通过人体电流的大小和通电时间的长短。电流强度越大，致命的危险性越大；持续时间越长，死亡的可能性越大。能够让人感觉到的最小电流称为感知电流，交流为 1mA，直流为 5mA；人体触电后能自己摆脱的最大电流称为摆脱电流，交流为 10mA，直流为 50mA；在较短的时间内危及生命的电流称为致命电流，致命电流为交流 50mA。在有防止触电保护装置的情况下，人体允许通过的电流一般为交流 30mA。人体触电反应见表 4-2。

表 4-2　人体触电反应

序号	电流 /mA	人体触电反应	
		50Hz 交流电	直流电
1	0.6 ～ 1.5	手指开始感觉发麻	无感觉
2	2 ～ 3	手指感觉强烈发麻	无感觉
3	5 ～ 7	手指肌肉感觉痉挛	手指灼热感和刺痛
4	8 ～ 10	手指关节与手掌感觉痛，手已难以脱离电源，但尚能摆脱电源	灼热感增加
5	20 ～ 25	手指感觉剧痛，迅速麻痹，不能摆脱电源，呼吸困难	灼热感增加，手部肌肉开始痉挛
6	50 ～ 80	呼吸麻痹，开始心房颤动	强烈灼痛，手部肌肉痉挛，呼吸困难
7	90 ～ 100	呼吸麻痹，持续 3min 后或更长时间后，心脏停搏或心房停止跳动	呼吸麻痹

人体中的反应都通过电控制机制引发。所有肌肉反应（如心跳）都通过电刺激控制。这种电刺激通过神经系统在身体内传导，这种情况与电流在电路中的流动类似。接触带高电压的组件时可能导致电流流过人体。直流电流约 30mA 以上时，根据通电持续时间可能出现心跳紊乱（可恢复）。当流经身体的电流进一步提高时，还会出现严重的内部烧伤且可能导致心房颤动。高压电系统的两个电极短路时会产生电弧的危险。这种情况可能导致严重的外部烧伤和眼睛被强光刺激。电流流过人体示例如图 4-7 所示。

很多人都有过电流流经身体的经历，如果安然无恙，那真是万幸！触电能使人毙命，然而我们仅能感受到的是刺痛或突然的阵痛感。

影响人体触电的后果或严重性有很多要素，每个要素均有其

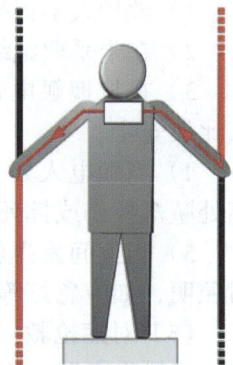

图 4-7　电流流过人体示例

建议的最大临界值。

1）电压：≥50V 交流或直流的电压被视为危险电压。

2）电流（交流或直流）：最大临界值为 1mA 且触电时间 1s。

3）触电时间：最大电流 1mA，接触时间 1s；最大电流 1A，接触时间 0.001s。

4）电流流经身体的通路或路径。

电击敏感度因人而异，有些人会比他人的电击敏感临界值更高。这一问题的区别点是每个人对于流经身体的电流具有不同电阻。

电动汽车的动力电池是用低电压单体电池进行串联，以获得 200～800V 的高压电，然后转换成三相交流电。有些车型的高压电系统甚至可达 600V，因此在维修电动汽车的过程中必须做好对高压电的安全防护措施。

2. 触电急救

当发现了人身触电事故，发现者一定不要惊慌失措，应动作迅速，救护得当。首先要迅速将触电者脱离电源；其次立即就地进行现场救护，同时找医生抢救。

（1）脱离电源

电流对人体作用的时间越长，对生命的威胁越大，因此触电急救首先要使触电者迅速脱离电源。救护人员既要救人，也要注意保护自己，可根据具体情况选用拉、切、挑、拽和垫等方法。

1）"拉"是指就近拉开电源开关，拔出插销或断路器。

2）"切"是指用带有绝缘柄或干燥木柄的工具切断电源。切断时，应注意防止带电导线掉落碰触到周围的人。对于多芯绞合导线，应分相切断，以防短路伤害到人。

3）"挑"是指如果导线搭落在触电人身上或压在身下，可用干燥的木棍或竹竿等绝缘工具挑开导线，使之脱离电源。

4）"拽"是指救护人戴上绝缘手套或在手上包裹干燥的衣服、围巾、帽子等绝缘物体拖拽触电人，使其脱离开电源导线。

5）"垫"是指如果触电人由于痉挛手指紧握导线或导线缠绕在身上，救护人可先用干燥的木板或橡胶绝缘垫塞进触电人身下使其与大地绝缘，隔断电源的通路，然后再采取其他办法把电源线路切断。

（2）注意事项

1）救护人不得采用金属和其他潮湿的物品作为救护工具。

2）在未采取绝缘措施前，救护人不得直接接触触电者的皮肤、潮湿的衣服和鞋子。

3）在拉拽触电人脱离开电源线路的过程中，救护人适合用单手操作，这样做对救护人比较安全。

4）当触电人处于较高的位置时，应采取预防摔伤措施，预防触电人在脱离电源时从高处坠落摔伤或摔死。

5）当夜间发生触电事故时，切断电源会同时使照明断电，应考虑切断电源后采用临时照明，如应急灯等，以利于开展救护工作。

（3）对症抢救

将触电者脱离电源后应立即移到通风处，并将其仰卧，迅速鉴定触电者是否有心跳、呼吸等体征。

1）若触电者神志清醒，但感到全身无力、四肢发麻、心悸、出冷汗、恶心或一度昏迷，但未失去知觉，应将触电者抬到空气新鲜、通风良好的地方舒适地躺下休息，让其慢慢地恢复正常，并要时刻注意保温和观察。若发现呼吸与心跳不规则，应立刻设法抢救。

2）触电者呼吸停止但有心跳，应用口对口人工呼吸法抢救。

3）若触电者心跳停止但有呼吸，应用胸外心脏按压法和口对口人工呼吸法抢救。

4）若触电者呼吸、心跳均已停止，需同时进行胸外心脏按压法与口对口人工呼吸法抢救。

5）千万不要给触电者打强心针或拼命摇动触电者，也不要用木板石夹压以及强行挟持触电者，避免使触电者的情况更加恶化。

抢救过程要持续进行，在送往医院的途中也不能停止抢救。当抢救者出现面色好转、嘴唇逐渐红润、瞳孔缩小、心跳和呼吸逐渐恢复正常时，即为抢救有效的特征。

（4）施救方法

1）口对口人工呼吸法。在做人工呼吸之前，首先要检查触电者口腔内有无异物，呼吸道是否堵塞，特别要注意清理咽喉部分有无痰堵塞；其次要解开触电者身上妨碍呼吸的衣裤，且维持好现场秩序，方法如图 4-8 所示。

① 将触电者仰卧，并使其头部充分后仰。一般应用一手托在其颈后，使其鼻孔朝上，以利于呼吸道畅通，但头下不得垫枕头，同时将其衣扣解开。

② 救护人在触电者头部的侧面，用一只手捏紧其鼻孔，另一只手的拇指和食指掰开其嘴巴。

③ 救护人深吸一口气，紧贴掰开的嘴巴向内吹气，也可铺一层纱布。吹气时，要用力并使其胸部膨胀，一般应每 5s 吹一次，吹 2s 放松 3s。对儿童可小口吹气。

④ 吹气后，应立即离开其口或鼻，并松开触电者的鼻孔或嘴巴，让其自动呼气。

⑤ 在实行口对口（鼻）人工呼吸时，当发现触电者腹部充气膨胀，应用手按住其腹部，并同时进行吹气和换气。

2）胸外心脏按压法。胸外心脏按压法是触电者心脏停止跳动后使心脏恢复跳动的急救方法，是每一个电气工作人员应该掌握的救护方法，如图 4-9 所示。

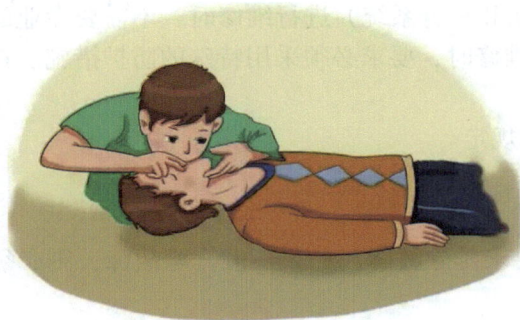

图 4-8　口对口人工呼吸法

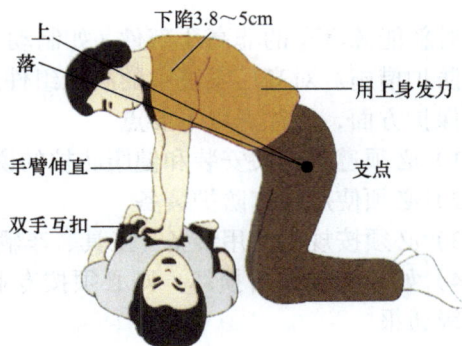

图 4-9　胸外心脏按压法

① 首先使触电者仰卧在坚实的地方，解开领口衣扣并使其头部充分后仰，鼻孔向上。也可由另外一人用手托在触电者颈后或将其头部放在木板端部，在其胸后垫以软物。

② 救护者跪在触电者一侧或骑跪在其腰部两侧，两手相叠，下面手掌根部放在心窝上方，胸骨下 1/3 ～ 1/2 的位置。

③ 手掌根用力垂直向下挤压，力量要适中，不得用力过猛。对成人应压陷 3 ～ 4cm，频率为 60 次 /min。对 16 岁以下的儿童，一般应用一只手挤压，用力要比成人稍轻一点，压陷 1 ～ 2cm，频率 100 次 /min 为宜。

④ 按压后，手掌根应迅速全部放松，让触电者胸部自动复原。放松时，手掌根不要离开压迫点，只是不向下用力而已。

⑤ 为了达到良好的效果，在进行胸外心脏按压法的同时，必须进行人工呼吸。因为正常的心脏跳动和呼吸是相互联系且同时进行的，没有心跳，呼吸也要停止，而呼吸停止后，心脏也不会跳动。

注意： 实施胸外心脏按压法时，切不可草率行事，必须认真坚持，抢救要持续到触电者苏醒或其他救护人员、医生赶到。

（5）触电预防

1）不要带电操作。新能源汽车维修人员应尽量不进行带电作业。若必须带电操作，应采取必要的安全措施，如有专人在现场监护及采取相应的安全绝缘措施等。

2）完善安全措施。新能源汽车的金属外壳可采用保护接零或保护接地等安全措施。

3）建立安全检查制度。安全检查是发现维修设备和工具缺陷、及时消除事故隐患的重要措施。安全检查一般应每季度进行一次，特别要加强雨季前和雨季中的安全检查。

4）加强安全教育。加强新能源汽车电气安全教育和培训是提高车辆维修人员的业务素质、加强安全意识的重要途径。维修保养新能源汽车的操作者还要加强用电安全规程的学习，从事维修工作的人员除了应熟悉新能源汽车电气安全操作规程，还需要掌握新能源汽车电气设备的安装、使用、管理、维护及检修工作的安全要求，具备新能源汽车电气火灾的灭火常识和触电急救的基本操作技能。

5）作业警告。操作电工在全部停电或部分停电的电气设备上工作前，必须先做好停电、验电、装设搭铁线、悬挂安全警告牌和装设防护栏等工作，再进行实际作业。

二、维修人员安全防护要求

对新能源汽车的非高压部件（如制动、悬架和车身系统）进行维修时，不需要专业的安全防护措施。对高压系统中的高压组件进行维修时，要求必须采用特殊的防护措施。在劳动保护方面，要注意以下要点。

1）必须遵守有关安装和健康防护的说明和规定。

2）必须使用现有防护装备。

3）必须按规定使用装备（工具、车辆）。

4）如果发现装备损坏，则必须按专业的要求排除故障。如果不能排除故障，则必须向上级通报。

1. 个人防护用品

（1）绝缘鞋

绝缘鞋（安全鞋）是辅助安全用品，有多种型号，通常适用于交流 50Hz、1000V 以下或直流 1500V 以下的电力设备检修工作，如图 4-10 所示。GB 21148—2020《足部防

护 安全鞋》对产品使用者也提出了新要求：使用时，应避免锐器刺伤鞋底，使用时鞋面保持干燥，避免高温和腐蚀性物质。产品在穿用 6 个月后，应做一次预防性试验，因锐器刺穿的不合格品不得再当作绝缘鞋使用。

（2）绝缘帽

绝缘帽（安全帽）是指具备电绝缘性能要求的安全帽，在帽子上会有安全常识"D"的字母标记。按照国家标准进行电绝缘性能试验，用交流 1200V 耐压试验 1min，泄漏电流不应超过 1.2mA，如图 4-11 所示。

图 4-10 绝缘鞋 　　　　　　　　　　　图 4-11 绝缘帽

1）戴安全帽前，应将帽后调整带按自己头型调整到适合的位置，然后将帽内弹性带系牢。

2）缓冲衬垫的松紧由调整带调节，人的头顶和帽体内顶部的空间垂直距离一般在 25 ～ 50mm，至少不要小于 32mm 为好。

3）不要把安全帽歪戴，也不要把帽檐戴在头后方。

4）安全帽的下颚带必须扣在颌下并系牢，松紧要适度。

5）在现场作业中，不得将安全帽随意脱下搁置一旁或当坐垫使用。

6）平时使用安全帽时应保持整洁，不能接触火源，不要任意涂刷油漆。

（3）护目镜

护目镜也叫安全防护眼镜，其种类很多，有防尘眼镜、防冲击眼镜、防化学眼镜和防光辐射眼镜等，如图 4-12 所示。护目镜是一种能起到特殊防护作用的眼镜，可根据使用场合的不同选择合适的眼镜。

1）选择护目镜应根据脸型选择护目镜的规格大小。

2）护目镜可通过调节头带，调整到与面部的合适程度。

3）护目镜要选用经产品检验机构检验合格的产品。

4）镜片磨损粗糙、镜架损坏会影响操作人员的视力，应及时进行调换。

5）护目镜要专人专用，以防止传染眼疾。

6）焊接护目镜的滤光片和保护片要按规定作业需要进行选用和更换。

7）防止重摔、重压，防止坚硬的物体摩擦镜片和面罩。

（4）绝缘拼接地板

新能源汽车维修工具中的绝缘拼接地板具有稳定的物理化学性质，不溶于水、不溶于油，可以加强对工作人员的对地绝缘保护，避免在发生单相接地或电气设备绝缘损坏时，接触电压与跨步电压对人体造成伤害。绝缘拼接地板如图 4-13 所示。

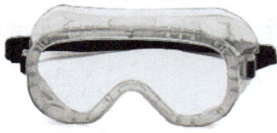

图 4-12　护目镜

图 4-13　绝缘拼接地板

（5）绝缘手套

绝缘手套是起电气绝缘作用的一种带电作业用手套，可以使人的两手与带电体绝缘，防止人手触及同一电位带电体或同时触及不同电位带电体而发生触电。

1）绝缘手套分类。按绝缘手套所用原料的不同，可分为天然橡胶绝缘手套和丁基合成橡胶绝缘手套两大类，如图 4-14 和图 4-15 所示。

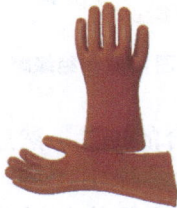

图 4-14　天然橡胶绝缘手套

图 4-15　丁基合成橡胶绝缘手套

2）绝缘手套标记。根据国家标准规定，绝缘手套的每只手套上必须有明显且持久的标记，内容包括标记符号、使用电压等级 / 类别、制造单位和商标、规格型号、周期试验日期栏、检验合格印章、贴有经试验单位定期试验的合格证等信息，绝缘手套标记如图 4-16 所示。

图 4-16　绝缘手套标记

3）绝缘手套等级。绝缘手套按照不同的电压等级可分为多个级别，绝缘材料制作带电作业用绝缘手套的级别（IEC 60903—2002）见表 4-3。

表 4-3　绝缘材料制作带电作业用绝缘手套的级别（IEC 60903—2002）

级别	试验验证电压 AC/DC/kV	最低耐受电压 /kV	最大泄漏电流 /mA	最大使用电压 AC/DC/kV
00	2.5/10	5	≤14	0.5/0.75
0	5/20	10	≤16	1/1.5
1	10/40	20	≤18	7.5/11.25

（续）

级别	试验验证电压 AC/DC/kV	最低耐受电压 /kV	最大泄漏电流 /mA	最大使用电压 AC/DC/kV
2	20/50	30	≤20	17/25.5
3	30/60	40	≤22	26.5/39.75
4	40/70	50	≤24	36/54

4）绝缘手套的使用要求。

① 使用经检验合格的绝缘手套，检验应每 6 个月进行一次，如图 4-17a 所示。

检验标准：高压绝缘手套试验电压是 9kV，泄漏电流是 9mA；低压绝缘手套试验电压是 2.5kV，泄漏电流是 5mA。

② 戴之前，还要对绝缘手套进行气密性检查，如图 4-17b 所示。

具体方法：将手套从口部向上卷，稍用力将空气压至手掌及指头部分检查上述部位有无漏气，如有漏气，则不能使用。

③ 使用时注意防止尖锐物体刺破手套。

④ 绝缘手套使用前，应进行外观检查。当发现有发粘、裂纹、破口（漏气）、气泡、发脆等损坏时，禁止使用。

⑤ 进行新能源汽车维修工作应戴上绝缘手套。

⑥ 使用绝缘手套时，应将上衣袖口套入绝缘手套筒口内，如图 4-17c 所示。

⑦ 使用后，注意存放在干燥处，并不得接触油类及腐蚀性药品等，如图 4-17d 所示。

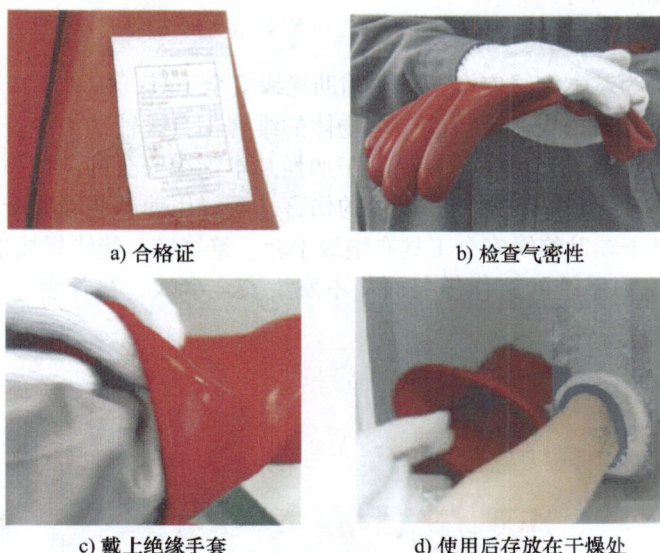

a) 合格证　　　　　　　　　　b) 检查气密性

c) 戴上绝缘手套　　　　　　　d) 使用后存放在干燥处

图 4-17　绝缘手套的使用要求

（6）维修工服

维修工服是维修技师所穿的衣服，能够给电动汽车操作人员提供安全保障，如图 4-18 所示。

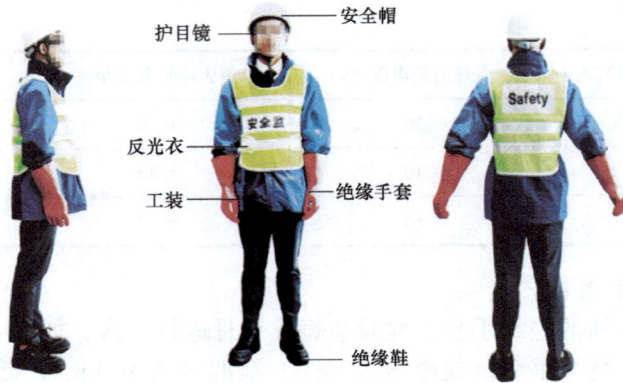

图 4-18　维修工服

维修工服的选取如下。

1）维修工服面料应当选择防静电、耐摩擦的材料。

2）维修工服要求是收口的，下摆、袖口、裤腿都是可以扣起来的，能有效降低衣服卡入车辆缝隙中的概率，提高维修作业的安全性。

3）维修工服色泽以较深为宜。

2. 干粉灭火器

新能源汽车维修工具中，干粉灭火器是必备的工具之一。如果车辆起火，当火势较小较慢时，使用干粉灭火器可以快速有效地灭火。因此，干粉灭火器在新能源汽车维修中是不可或缺的工具，如图 4-19 所示。

3. 绝缘工具

绝缘工具通常分为基本绝缘安全工具和辅助绝缘安全工具，如图 4-20 所示。基本绝缘安全工具是指能直接操作带电设备或可能带电物体的维修工具。辅助绝缘安全工具是指绝缘强度不是承受设备或线路的工作电压，只是用于加强基本绝缘安全的保护作用，用以防止接触电压、跨步电压、泄漏电流电弧对操作人员的伤害。不能用辅助绝缘安全工具直接接触高压设备的带电部分。属于辅助绝缘安全工具有绝缘手套、绝缘鞋、绝缘拼接地板等。

为了顺利完成电力系统的工作任务而又不发生安全事故，操作者必须携带和使用各种绝缘工具。

图 4-19　干粉灭火器

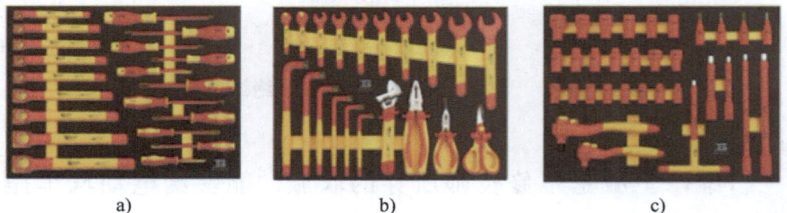

a)　　　　　　　b)　　　　　　　c)

图 4-20　绝缘工具

绝缘工具通常有两个绝缘层。工具内部的绝缘层大多为黄色，外层为橘色。双绝缘层的作用是为使用者提供安全警告：若工具的绝缘层部分磨损或破坏，露出内部的黄色绝缘层，则必须废弃并更换为新的完好工具。

4. 安全警示带

安全警示带也叫安全隔离带，主要有塑料和涤纶布两种材质，如图 4-21 所示。安全警示带常用于新能源汽车交通事故以及突发事件的隔离，在检修新能源汽车时可用于圈定操作场地，起到提醒他人安全防范的作用。

5. 高压电警告牌

在高压电气系统的检修作业场所放置高压电警告牌是保证工作人员安全的主要措施之一，以此起到安全警告作用，避免或减少安全事故的发生。根据作业内容的不同，通常在高压电警告牌上书写"严禁触摸　高压危险""严禁启动　正在检修""严禁操作　正在检修"等字样，如图 4-22 所示。

图 4-21　安全警示带

a)　　　　　　　　　　　b)　　　c)

图 4-22　高压电警告牌

任务二　新能源汽车维护保养作业安全规范

随着新能源汽车产销量的增加，新能源汽车维护保养业务需求迅速增长，高压系统的维护保养是电动汽车维护保养的重点。

新能源汽车涉及高压的部分有整车橙色线束、动力电池箱、高压配电箱、车载充电机、驱动电机控制器总成、空调驱动器总成、高压压缩机总成、电加热芯体（PTC 加热器）、空调配电盒、漏电传感器等。为确保维护保养人员的人身安全，避免因违规操作引发安全事故，要求服务中心设置专用的维修工位，采用安全警示带（如警戒栏隔离），并树立高压电警告牌，以警告相关人员，避免发生安全事故。

一、高压系统维护保养作业安全防护要求

1. 安全防护要求

专业人员应具备低压电工"特种作业操作证"，经专业培训合格后上岗。无关人员和未经过高压安全培训的人员，不得进行维护保养作业，如图 4-23 所示。

作业时，必须由两人以上进行协同操作，其中一人操作，一人监护，专业人员应遵守安全操作规范。

专业人员应穿戴高压防护用具（如绝缘手套、护目镜、安全帽、绝缘鞋等），使用具有绝缘防护的作业工具（如绝缘工具套装、绝缘棒等），不得佩戴金属饰品（如手表、戒指等），工作服内不得有金属物件（如金属钥匙等），如图 4-24 所示。

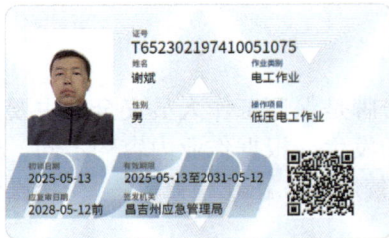

图 4-23　低压电工"特种作业操作证"

图 4-24　专业人员应穿戴高压防护用具

2. 故障拖车时的注意事项

（1）纯电动汽车故障拖车时的注意事项

纯电动汽车无法通过牵引方式来启动。车辆前部设置有用于安装牵引环的螺纹孔，后部设置有用于牵引的牵引环。当车辆抛锚或者发生事故后，若有需要，可以将前部的螺纹孔或后部的牵引环作为牵引车辆的牵引点。

注意：

1）不能使用牵引环来牵引其他车辆，且绝不能用来牵引拖车。

2）禁止使用扭曲的绳子牵引车辆，任何解扭的力都可能松开前牵引环。

最佳的牵引方式是使用专用牵引车牵引或者进行悬吊牵引（前轮抬起）。如果车辆被牵引时只能四轮同时着地，牵引时必须注意：

1）将启动开关置于"ON"档位，打开危险警告闪光灯，并可以使用制动灯、刮水器和转向灯。

2）换档旋钮置于空档"N"，放开驻车制动器。

3）如整车没有上电，电动真空助力和电动助力转向将无法工作，因此需要用更大的力踩制动踏板和转动转向盘，而且制动距离也会变长。

4）牵引车速度不应超过 20km/h。

（2）混合动力汽车故障拖车时的注意事项

为将故障车辆从危险区域移开，可以最高 10km/h 的速度短距离推动车辆。只能在变速杆"N"档位下推动车辆。12V电池出现电气故障或电量过低时，可能会出现无法操作变速杆的情况。混合动力汽车不允许拖拽，只能在牵引车辆的装载面上运输车辆，否则可能会造成损坏。牵引车辆时应遵守的注意事项，如图 4-25 所示。禁止在驱动轮着地的情况下牵引车辆，可能导致危险状况，如图 4-26 所示。

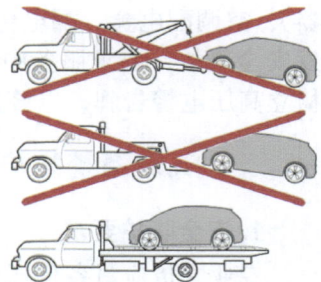

图 4-25　牵引车辆时应遵守的注意事项

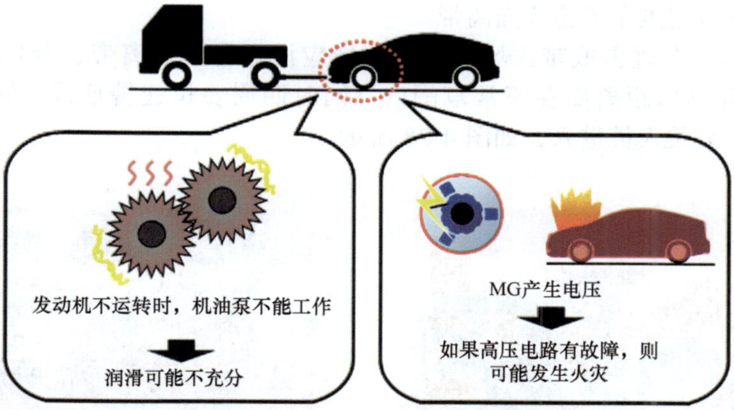

图 4-26　禁止在驱动轮着地的情况下牵引车辆

1）根据损坏类型，在车轮着地的情况下牵引车辆可能导致危险状况。

2）混合动力发动机不运转时，传动桥内的油泵不能工作。转动车轮使传动桥内的行星齿轮转动。因此，行星齿轮润滑可能不充分。

3）转动车轮使发电机（MG）工作，从而产生电压。车速越高，MG 产生的电压就越高。如果车辆损坏且高压电路有故障，则可能由于 MG 产生的电压而发生火灾。

小提示：如果高压电路短路并在车轮着地的情况下移动车辆，则车轮不能平稳转动且车辆将猛烈摇晃。

3. 维护作业前场地要求与准备

新能源汽车在使用过程中的工作环境复杂，容易受到各种因素的影响，各种零部件将会产生不同程度的磨损、变形、松动、老化、腐蚀、损伤，从而导致零部件功能异常，甚至有可能危及行车安全。因此在汽车行驶一定里程或时间后，应对汽车进行全面的维护保养，以降低零部件的磨损速度，减少运行故障，使汽车具有良好的使用性和可靠性，延长使用寿命，确保行车安全。

（1）作业前现场环境要求

作业前现场环境要求：确保场地通风良好、保持干燥、光线充足、地面平整宽敞，配有常用的维护工具，气路、电路完整安全，周边不得放置大功率电气设备，不得有易燃物品及与工作无关的金属物品，如图 4-27 所示。

图 4-27　作业前现场环境要求

（2）维修工位周围布置警戒隔离带

维修工位周围布置警戒带：场地工作区域应设置警戒隔离带、警告牌，警告标志、标线要清晰，且隔离距离要在正常范围内，同时四周要拉起警戒线，隔离间距保持在1～1.5m，禁止无关人员进入，如图4-28所示。

a)   b)

图 4-28　维修工位周围布置警戒隔离带

警戒隔离带的立柱上可粘贴下列警告标志，如图4-29所示。

a) 电压危险警告　　　b) 电池危险警告　　　c) 禁止点火、明火或吸烟　　　d) 未经许可，不得入内

图 4-29　警告标志

（3）放置危险警告牌

张贴标注"高压危险""有电危险""禁止合闸"等警告牌，防止他人误碰。放置危险警告牌，如图4-30所示。在醒目的地方摆放警告标志，以提醒他人注意安全，如图4-31所示。

a)　　　　　b)　　　　　c)

图 4-30　放置危险警告牌　　　　　**图 4-31　在醒目的地方摆放警告标志**

（4）检查绝缘防护设备完好情况

1）检查工装是否破损。

2）检查绝缘鞋外观是否良好，是否有开胶断底等现象。

3）检查绝缘手套外观是否龟裂老化，气密性是否良好。

4）检查护目镜镜面是否有划痕裂纹，镜带是否松弛失效。

5）检查安全帽外观有无破损，佩戴时必须紧固锁扣，如图4-32所示。

（5）检查绝缘维修工具

场地要求配备专用工具，且专用工具的安全防护等级要符合要求，安全防护等级要符合要求，外观、性能要完好，摆放要整洁有序。检查绝缘维修工具外观绝缘层是否破损严重，工具数量是否有缺失，如图4-33所示。

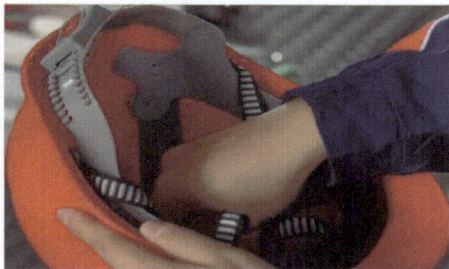

图4-32　检查安全帽

图4-33　检查绝缘维修工具

（6）测试绝缘垫电阻

车辆操作区域的地面要求铺设绝缘垫，为确保安全，在作业前应使用绝缘测试仪进行绝缘性能测试，当在车辆四周所测试的绝缘电阻大于 $500M\Omega$ 时，则说明符合绝缘要求。测试绝缘垫电阻如图4-34所示。做绝缘性能测试前，检查维修工位绝缘垫是否破损脏污，若破损脏污严重，则停止维修作业，及时清理或更换绝缘垫。

（7）铺设翼子板防护垫

铺设翼子板防护垫是为了防止在进行维护与故障诊断时划伤车漆。应将维修工具车及工具放置在车辆左前方位置，检查翼子板三件套等是否齐全，如图4-35所示。

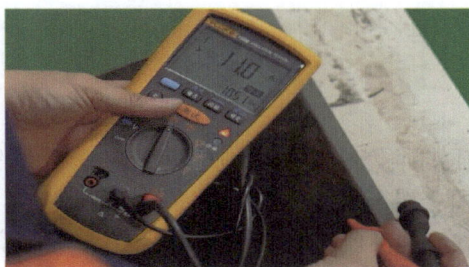

图4-34　测试绝缘垫电阻

图4-35　铺设翼子板三件套

（8）场地应配备消防及高压防护应急设备

场地应配备消防及高压防护应急设备，如消防剪、消防沙、灭火器、防毒面罩、绝缘棒（勾）等，确保消防设备有效，如灭火器应设置在位置明显和便于取用的地点，摆放稳固，灭火器箱不得上锁，如图4-36所示。

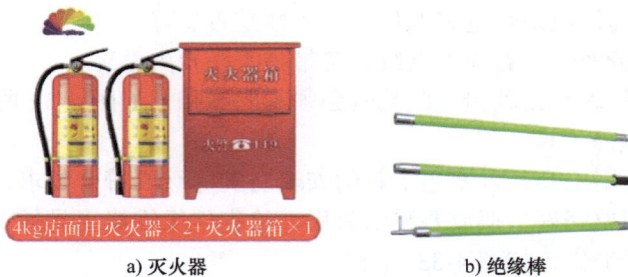

a) 灭火器　　　　　　　　b) 绝缘棒

图 4-36　消防及高压防护应急设备

4. 维修作业人员要求

新能源汽车维修作业人员要求：必须双人操作，一人操作，另一人监督，应严格遵守操作规程，如图 4-37 所示。

图 4-37　新能源汽车维修作业人员要求

（1）维修作业人员

具备纯电动、混合动力汽车对应车型维修资质的维修作业人员，或对纯电动、混合动力汽车结构和控制原理非常熟悉的技师，负责对车辆检测、维修、保养工作，具体如下。

1）常规保养作业。

2）非高压部分检测、维修。

3）高压回路检测、维修。

（2）监护人

具备纯电动、混合动力汽车对应车型维修资质的维修技师或对纯电动、混合动力汽车结构和控制原理非常熟悉。监护人的工作职责为监督维修的全过程，具体如下：

1）监督维修人员、绝缘工具套装的使用、防护用品佩戴、备件安全保护、维修安全警告牌等是否符合要求。

2）检查手动维修开关的接通和断开（装有时）/检查车辆电源的接通和断开。

3）负责对检查或维修过程中的安全维修操作规程进行检查，监护人要按安全检测和维修操作规程指挥操作，检测人员在做完一个操作后要告知监护人，监护人应在作业流程单上做标记。

4）监护人应认真负责，确保检测过程的安全，避免发生安全责任事故。

（3）高压回路检测

高压回路检测、维修作业除专业老师或维修技师，必须配备一名监护人。

（4）资质要求

新能源车型维修技师需具备以下资质：

1）"特种作业操作证（电工）"，也称电工操作证或电工上岗证，由国家应急管理部发证。

2）汽车维修工（原名：汽车修理工）国家职业资格证书，共五个等级，分别为：初级（国家职业资格五级）、中级（国家职业资格四级）、高级（国家职业资格三级）、技师（国家职业资格二级）、高级技师（国家职业资格一级），由国家人力资源和社会保障部发证。

5.新能源汽车维修作业工具要求

1）常用防护工具，如图 4-38 所示。

a)　　　　b)　　　　c)　　　　d)

图 4-38　常用防护工具

2）常见绝缘维修工具，如图 4-39 所示。

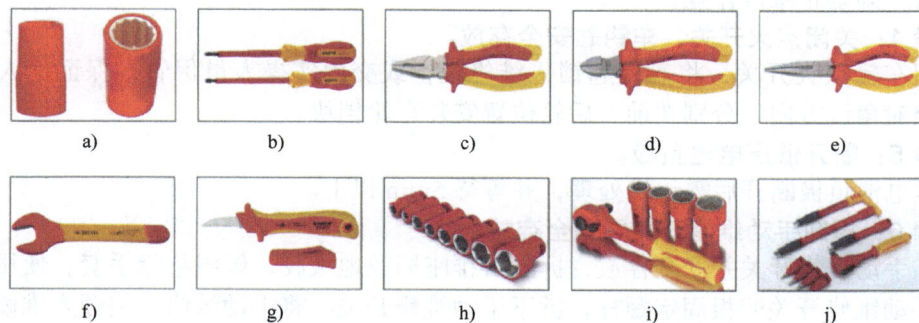

a)　　b)　　c)　　d)　　e)

f)　　g)　　h)　　i)　　j)

图 4-39　常见绝缘维修工具

二、新能源汽车维护工作准备流程

步骤 1：作业前现场环境检查。

1）设立警戒隔离带并放置高压警告牌，隔离间距保持在 1～1.5m，如图 4-40 所示。

2）张贴标注有"高压危险""有电危险""禁止合闸"等字样的警告牌，防止他人触碰。

3）检查维修工位绝缘垫是否破损脏污，若破损或脏污严重，则停止维修作业，及时清理或更换绝缘垫。

图 4-40　设置警戒隔离带并放置高压警告牌

步骤 2：作业前防护用具检查。

1）检查绝缘手套外观是否龟裂老化，气密性是否良好。

2）检查护目镜镜面是否有划痕裂纹，佩戴是否松弛失效。

3）检查安全帽外观有无破损，佩戴时必须紧固锁扣。

4）检查绝缘鞋外观是否良好，是否有开胶断底等现象。

步骤 3：作业前仪表工具检查。

1）将维修工具车及工具放置在车辆左前方位置，检查三件套等防护套是否齐全。

2）检查绝缘万用表测试线束及表笔是否破损折断，功能按钮是否正常显示。

3）检查绝缘工具外观绝缘层是否破损严重，工具数量是否有缺失。

4）检查放电工装测试线束及表笔是否破损折断，功能是否正常。

5）测试绝缘垫绝缘电阻，测试绝缘垫五个方位的绝缘电阻是否 $\geq 2.0G\Omega$，若绝缘电阻不合格，则禁止维修作业。

步骤 4：关闭点火开关，车钥匙安全存放。

关闭车辆点火开关，将车钥匙锁入维修柜，或交由实操人员保管，保证他人无法接触。按照对角线方向，分别在前、后轮位置安装车轮挡块。

步骤 5：断开低压电池负极。

低压电池负极断开后需绝缘处理，并等待 5min 以上。

步骤 6：拆卸手动维修开关并安全存放。

拆卸手动维修开关并安全存放，拆除后排座椅及地板胶，佩戴绝缘手套，使用绝缘工具拆卸手动维修开关遮板固定螺栓，拆下手动维修开关。将手动维修开关锁入维修柜安全存放，并在拆除后的相应位置放置标有"有电危险"的警告牌。

步骤 7：断开动力电池输出高压插件。

拆卸动力电池输出高压插件，对高压电源侧进行验电、放电操作后，应对高压端进行绝缘处理。

三、事故救援现场处理

1. 一停、二拉、三断电、四开、五设

停车后，拉紧驻车制动器，车钥匙断电，开启应急灯，必须在事故地点设置危险警告标志，事先准备好灭火器。

2. 先人后物、先急后缓、先重后轻

观察事故车辆，如发现车辆有液体泄漏、冒烟、明火等，第一时间疏散事故车辆周围人员至安全区域，然后及时拨打相应的报警电话。

3. 事故现场保护

做好现场原始状态，车辆、人员、牲畜、遗留物痕迹、散落物等不得随意挪动位置。为现场抢救伤员必须移动位置的，应作好原始位置标记，不得故意破坏位置标记。在交警到达之前，可用绳索等设置警戒隔离带，以保护现场。周围人员应保持至少 10m 以外。

步骤 1：人员迅速离开车辆，根据现场情况拨打报警电话。

步骤 2：在保证人身安全的情况下，（有条件的）进行如下操作。

1）如果线束冒烟起火，使用二氧化碳或干粉灭火器喷射。

2）如果电池起火，可远距离使用高压水枪灭火。

3）如果不慎吸入浓烟，应尽快转移并就医。

步骤 3：通知汽车所属品牌的经销商，获取进一步的车辆处理意见。

小提示： 如果是因充电异常引起的火灾，应在第一时间关闭充电电源，再执行下一步的灭火动作。

4. 拖车注意事项

1）车辆有严重发热、冒烟或着火，需待消防灭火、降温后方可进行拖车。

2）对已发生过漏液、冒烟或着火的车辆，需拖放至空旷区域，周围 10m 范围内不允许停放车辆，需做好警告标识，避免人员围观、接触。

3）拖车需携带灭火设备，防止托运过程中发生火灾等意外事件。

5. 下雨天气

遇到下雨天气，避免将车辆停放在低洼位置。

遇到路面积水时对车辆的要求，见表 4-4。

表 4-4　遇到路面积水时对车辆的要求

深度	速度	时间
≤30cm	≤10km/h	≤10min

新能源汽车因意外情况落水或遭积水浸泡，需注意如下事项。

步骤 1：禁止通电。

步骤 2：通知汽车所属品牌的经销商。

步骤 3：根据现场情况拨打报警电话。

因天气或特殊原因，车辆被积水浸泡时，禁止给车辆通电，否则可能引发安全风险或造成对车辆的二次损伤！

任务三　新能源汽车维修工具与仪器使用

新能源汽车主要包括混合动力汽车、纯电动汽车等，都带有电池、电机等部件，带有 500V 左右的高压电，因此在新能源汽车维修保养时，一定要使用专业的维修工具与仪器，

做好安全防护。

一、数字万用表使用

1. 万用表的认知

万用表按显示方式分为指针万用表和数字万用表，是一种多功能、多量程的测量仪表，一般万用表可测量直流电流、直流电压、交流电流、交流电压、电阻和音频电压等，有的还可以测交流电流、电容及半导体的一些参数等，其中数字万用表如图4-41所示。

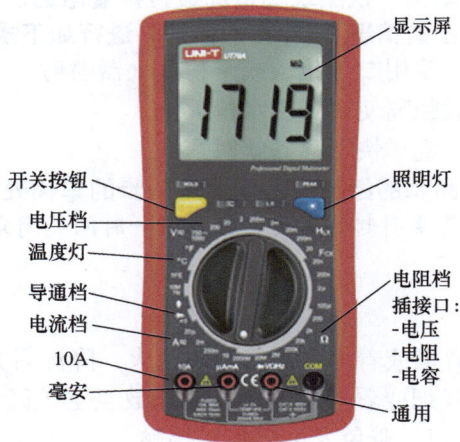

图 4-41　数字万用表

2. 万用表的旋钮开关

万用表的旋钮开关符号及含义见表4-5。

表 4-5　万用表的旋钮开关符号及含义

符号	含义
V∼	交流电压测量
V═	直流电压测量
Ω	电阻测量
A–	直流电流测量
A∼	交流电流测量
⊣▷⊢	二极管，PN 结正向压降测量
•)))	电路通断测量
hFE	晶体管放大倍数 β 测量
mF	电容单位：毫法
NCV	非接触感应交流电压测量功能

3. 万用表的功能按键

万用表功能按键符号及含义见表4-6。

表 4-6　万用表功能按键符号及含义

符号	含义
HOLD/ SELECT	按"HOLD/SELECT"键可依次转换为二极管或蜂鸣器测量功能；在 AC750V 档触发时，可测 220V 及 380V 的市电频率，其他档为锁存功能，长按为背光的开启与关闭
TRUE/AVG	真有效值 / 平均值：短触发为真有效值 / 平均值转换

4. 万用表的 LCD 显示屏

万用表 LCD 显示屏如图 4-42 所示，其符号及含义见表 4-7。

图 4-42　万用表 LCD 显示屏

表 4-7　万用表 LCD 显示屏符号及含义

符号	含义
AC	交流
DC	直流
⊣▷	二极管
•)))	导通
℃	温度
°F	华氏度
MkΩ	Ω 为欧姆，kΩ 为千欧，MΩ 为兆欧
nF、μF、mF	电容单位：纳法、微法、毫法
V A	V 为电压单位，A 为电流单位
REL	相对值测量提示
HOLD	定格测量值
hFE	晶体管放大倍数提示符
🔋	电池电量提示

5. 万用表的输入插孔

万用表表笔插孔如图 4-43 所示。其符号及含义见表 4-8。

159

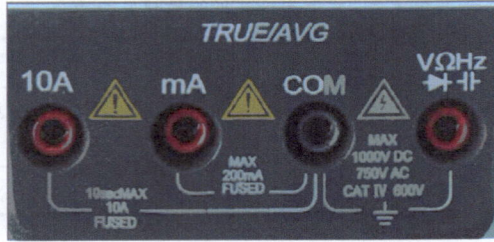

图 4-43   万用表表笔插孔

表 4-8   万用表输入插孔符号及含义

符号	含义
10A	红表笔插孔，用于测量较大的电流（10A）
mA	红表笔插孔，用于测量较小的电流（以 mA 为档位）
COM	黑表笔插孔，公共端
VΩHz ⊷⊣⊢	红表笔插孔，用于测量电容、电压、电阻、二极管和频率等

6. 万用表的检查

万用表的检查：在使用万用表测量之前，要检查万用表是否能够正常工作。

1）"功能量程旋钮开关"从"OFF"档位旋到其他任何一个档位，万用表 LCD 显示屏应能正常亮起。

2）如果不能够正常亮起，应检查与更换万用表电池，安装电池时要注意区分极性。

3）将万用表的红表笔插入电阻档的测试接口，黑表笔插入 COM 接口。

4）将档位打到电阻档。

5）红表笔与黑表笔短接，如果测量到的阻值非常小（<0.5Ω），则说明万用表内部的熔丝正常，可以进行测量。万用表的检查，如图 4-44 所示。

7. 电阻的测量方法

1）万用表的红表笔插入电阻档的测试接口，黑表笔插入 COM 接口。

2）根据测量电阻，将"功能量程旋钮开关"置于合适的电阻测量档位。

3）将表笔并联到被测电阻两端，从 LCD 显示屏上直接读取被测电阻，电阻测量如图 4-45 所示。

图 4-44   万用表的检查

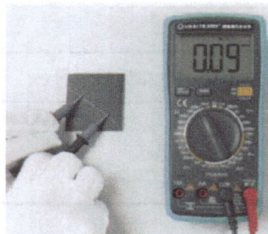

a) 读数1

b) 读数2

图 4-45   电阻测量

注意：

1）如果被测电阻开路或电阻超过最大量程时显示"OL"。

2）当测量在线电阻时，在测量前必须先将被测电路内的所有电源关断，并将所有电容器残余电荷放尽，才能保证测量准确。

3）在低电阻测量时，表笔及仪表内部的引线会带来 $0.2 \sim 0.5\Omega$ 电阻的测量误差。

4）当表笔短路时的电阻不小于 0.5Ω 时，应检查表笔是否有松脱或其他现象。

5）测量 $1M\Omega$ 以上的电阻时，可能需要几秒钟后读数才会稳定。这对于高电阻的测量属于正常。为了获得稳定的读数，尽量选用短的测试线或配用附件提供的转接插头进行测量，效果更为理想。

6）在完成所有的测量操作后，要断开表笔与被测电路的连接。

8.直流电压的测量方法

1）万用表的红表笔插入电压档的测试接口，黑表笔插入 COM 接口。

2）将"功能量程旋钮开关"置于直流电压档。

3）将红、黑表笔并联到待测电源或负载上。

4）从 LCD 显示屏上直接读取被测电压，如图 4-46 所示。

9.直流电流的测量方法

1）万用表的红表笔插入电流档的测试接口，黑表笔插入 COM 接口。

2）将"功能量程旋钮开关"置于直流电流档。

3）将表笔串联到待测回路中。

4）LCD 显示屏上直接读取被测电流，如图 4-47 所示。

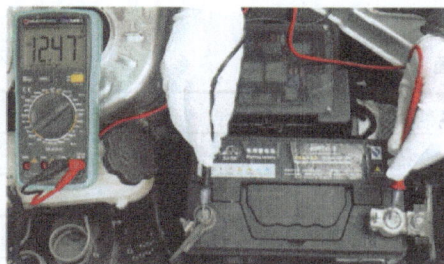

图 4-46　直流电压测量方法

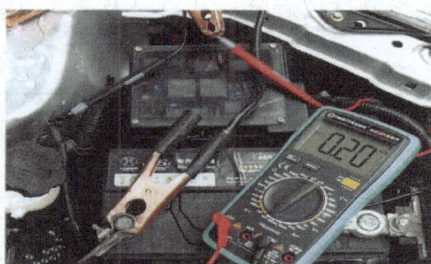

图 4-47　直流电流测量方法

二、绝缘测试仪使用

1.绝缘测试仪的认知

绝缘测试仪也称为数字兆欧表，是采用低损耗高变比电感储能式直流电压变换器将 12V 电压变换成 250V/500V/1000V 的直流电压。采用数字电桥进行电阻测量，用于绝缘电阻的测试，具有使用轻便、量程宽广、背光显示、测试锁定、自动关机等功能，还可以进行市电测量，整机性能稳定，使用背带时可双手作业，适用于电机、电缆、机电设备、电信器材、电力设施等绝缘电阻的检测需要。绝缘测试仪如图 4-48 所示。

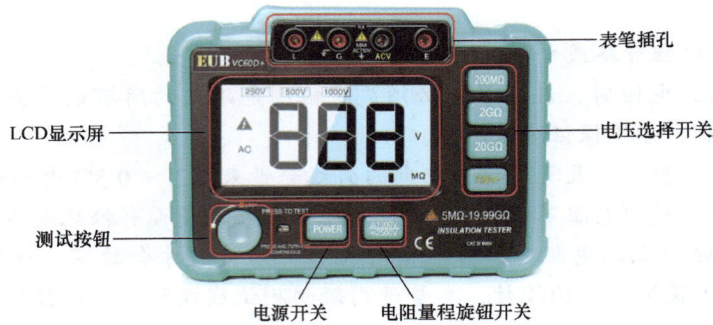

图 4-48　绝缘测试仪

2. 绝缘测试仪按键功能

绝缘测试仪按键功能见表 4-9。

表 4-9　绝缘测试仪按键功能

符号	含义
250V/500V/1000V	根据测量需要，选择合适的测试电压
750V ～	测量交流电压
LOCK	测试旋转按钮
POWER	电源开关：自锁式电源开关
RANGE	电阻量程选择开关

3. 表笔插孔含义

绝缘测试仪表笔插孔符号及含义见表 4-10。

表 4-10　绝缘测试仪表笔插孔符号及含义

符号	含义
L	接被测线路端插孔
G	保护端插孔，要求消除被测表面泄漏效应时接入
ACV	交流电压测试输入端
E	接被测对象的搭铁端插孔

4. LCD 显示屏显示含义

绝缘测试仪 LCD 显示屏如图 4-49 所示，其符号及含义见表 4-11。

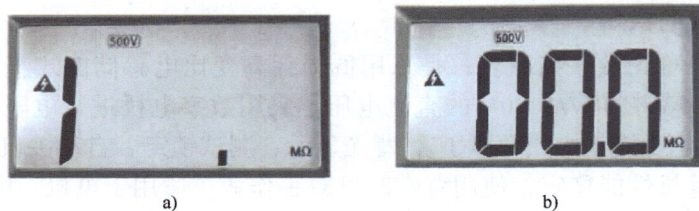

a)　　　　　　　　　　　　　　b)

图 4-49　绝缘测试仪 LCD 显示屏

表 4-11　绝缘测试仪 LCD 显示屏符号及含义

符号	含义
	高压电危险
1	表示测量数值超过量程
MΩ	绝缘电阻单位
250V/500V/1000V	对应选择量程

5. 技术指标

绝缘测试仪技术指标见表 4-12。

表 4-12　绝缘测试仪技术指标

基本功能		量程	基本精度
输出电压		250V/500V/1000V	± 10%
测试电流		250V（R=250kΩ）1mA 500V（R=500kΩ）1mA 1000V（R=1MΩ）1mA	± 10%
RANGE 绝缘电阻		250V：0.1～20MΩ 500V：0.1～50MΩ 1000V：0.1～100MΩ	± 4%
		250V：20～500MΩ 500V：50～1000MΩ 1000V：100～2000MΩ	± 4%
短路电流		<1.8mA	—
中值电阻		250V/500V：2MΩ 1000V：5MΩ	—
电压测量		AC 750V	± 1%
插孔位置		绝缘电阻：L.E　AC 750V：ACV G	—

6. 绝缘测试仪的测量操作流程

（1）绝缘测试仪的检查

在使用绝缘测试仪测量绝缘电阻之前，先要检测绝缘测试仪是否正常工作，如图 4-50 所示。

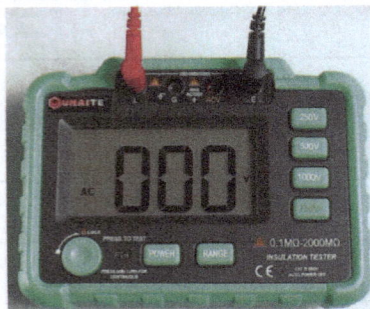

图 4-50 绝缘测试仪的检查 1

1）将红表笔插入"L"插孔，黑表笔插入"E"插孔。

2）按下电源开关"POWER"按键。

3）将测量探头置于空气中按下测试按钮，读取测量值，仅最高位显示"1"，表示超过量程，如图 4-51 所示。

4）将红、黑表笔探头短接约 2s，接触时测试电阻为"0"MΩ，说明绝缘电阻测试仪良好，可以正常使用，如图 4-52 所示。

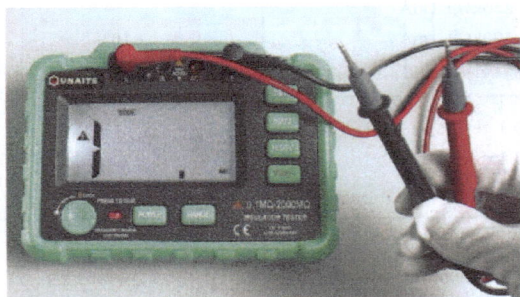

图 4-51 绝缘测试仪的检查 2

图 4-52 绝缘测试仪的检查 3

执行开路测试时，禁止使用身体部位触碰表笔探头，如图 4-53 所示。

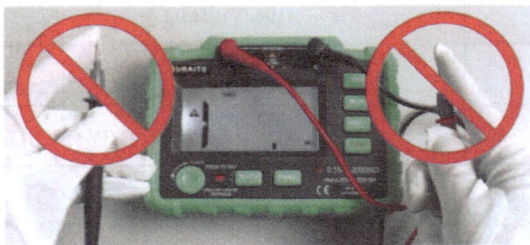

图 4-53 绝缘测试仪的检查 4

（2）绝缘电阻测量方法

绝缘电阻测量方法如图 4-54 所示。

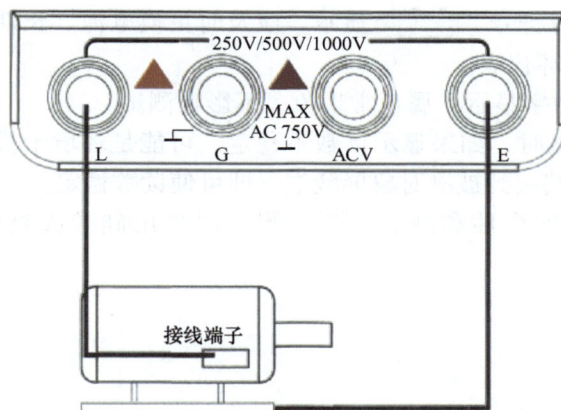

图 4-54　绝缘电阻测量方法

1）根据测量需要，选择测试电压（250V/500V/1000V）。

2）根据测量需要，选择量程开关（RANGE），绝缘电阻量程见表 4-13。

表 4-13　绝缘电阻量程

基本功能	量程	基本精度
RANGE 绝缘电阻	▬	250V：0.1 ～ 20MΩ 500V：0.1 ～ 50MΩ 1000V：0.1 ～ 100MΩ
	▬	250V：20 ～ 500MΩ 500V：50 ～ 1000MΩ 1000V：100 ～ 2000MΩ

3）按下测试开关，测试即进行，向右侧旋转可锁定按键开关，当显示值稳定后，即可读数，绝缘电阻的测量如图 4-55 所示。

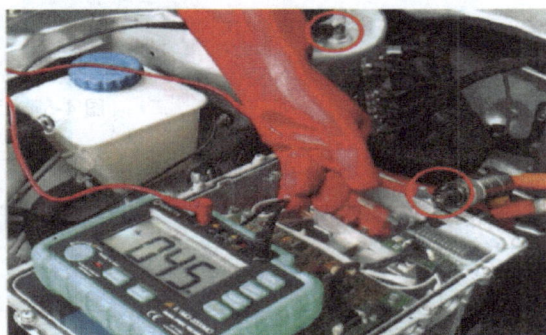

图 4-55　绝缘电阻的测量

（3）绝缘测试仪使用注意事项

1）不按下测试电压选择键时，输出电压插孔上将可以输出高压。

2）测试时，不允许手持测试端，以保证读数准确及人身安全。

3）仪表不宜置于高温处存放，避免阳光直接照射，以免影响 LCD 显示屏的寿命。

4）电池能量不足有符号"⊟⊞"显示，应及时更换电池。长期存放时，应及时取出电池，以免电池漏液损坏仪表。

5）空载时，如有数字显示，属正常现象，不影响测试。

6）在进行绝缘测试时，如果显示读数不稳定，可能是环境干扰或绝缘材料不稳定造成的，此时可将"G"端接到被测对象屏蔽端，即可使读数稳定。

7）为保证测试的安全性和减少干扰，测试线采用硅橡胶材料，不得随意更换测试线。

三、示波器应用

1. 示波器的认知

手持式数字存储示波器（图 4-56）是由数字示波器和万用表组合而成的仪器，实现了易用性、优异的技术指标及众多功能特性的完美结合，可帮助维修工更快地完成测试工作。示波器向用户提供了简单而功能明晰的操作面板，以进行所有的基本操作。

2. 示波器按键

示波器按键如图 4-57 所示，示波器按键符号及含义见表 4-14。

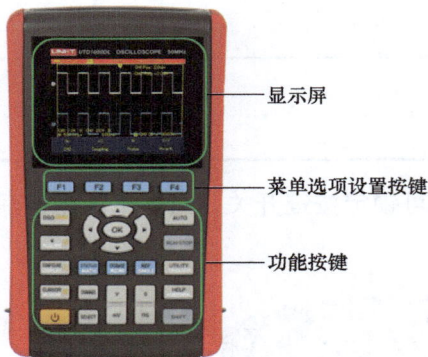

图 4-56　手持式数字存储示波器

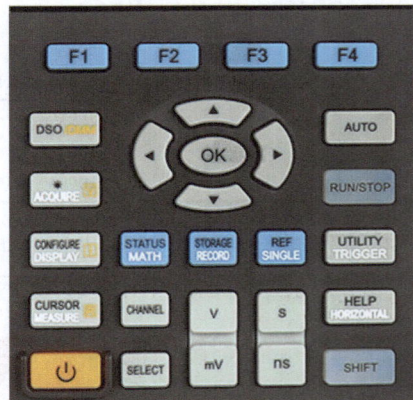

图 4-57　示波器按键

表 4-14　示波器按键符号及含义

符号	含义
⏻	电源按键，开关示波器
F1　F2　F3　F4	菜单选项设置按键
DSO DMM	用以示波器（DSO）和万用表（DMM）工作方式切换
ACQUIRE	在示波器方式下，按此键进入 ACQUIRE（采样方式）菜单；如果先按 SHIFT 键，再按此键则进入亮度调整，通过调节左、右方向键来改变屏幕亮度。当在万用表（DMM）方式下，按此键进入电压测量菜单

（续）

符号	含义
CONFIGURE DISPLAY	在示波器方式下，按此键进入 DISPLAY（显示方式）菜单；如果先按 SHIFT 键，再按此键则进入 CONFIGURE（界面配制）菜单；当在万用表（DMM）方式下，按此键进入电流测量菜单
CURSOR MEASURE	在示波器方式下，按此键进入 CURSOR（光标测量）菜单；如果先按 SHIFT 键，再按此键则进入 MEASURE（自动测量）菜单；当在万用表（DMM）方式下，按此键进入电阻测量菜单，测温电阻 / 二极管 / 通断 / 电容
CHANNEL	在示波器方式下，按此键进入 CHANNEL（通道）菜单；重复按键可相互切换两个通道的通道菜单
STATUS MATH	在示波器方式下，按此键进入 FFT 菜单；按此键后按 F1 键可切换 FFT 运算和 MATH（数学运算）菜单；如果先按 SHIFT 键，再按此键则打开 STATUS（状态栏）显示
STORAGE RECORD	在示波器方式下，按此键进入 RECORD（波形录制）菜单；如果先按 SHIFT 键，再按此键则进入 STORAGE（存储）菜单
REF SINGLE	在示波器方式下，按此键设置 SINGLE（单次触发）功能；如果先按 SHIFT 键，再按此键则进入 REF（波形回调）菜单
AUTO	在示波器方式下，按此键对波形进行自动设置；如果先按 SHIFT 键，再按此键则打开全自动设置功能，在此功能下，示波器会根据输入信号的变化自动调节仪器档位，使波形以最合适的形式显示，无须人工干预
RUN/STOP	在示波器方式下，按此键开始或停止数据采集；当在万用表（DMM）方式下，按此键锁定屏幕测量读数
UTILITY TRIGGER	在示波器方式下，按此键进入 TRIGGER（触发设置）菜单；如果先按 SHIFT 键，再按此键则进入 UTILITY（辅助功能）菜单
HELP HORIZONTAL	在示波器方式下，按此键进入 HORIZONTAL（水平设置）菜单；如果先按 SHIFT 键，再按此键则打开 HELP（帮助）信息
SHIFT	配合其他功能键进行功能选择
s ns	时基：用以改变扫描速率，本机扫描速率为 10ns/div ～ 50s/div。当按 " s" 时，则扫描速率相对当前再减一慢档，反之按 "ns" 则加快
V mV	垂直刻度：用以改变垂直刻度档级，本机刻度范围为 5mV/div ～ 20V/div。当按 "V" 时，则垂直刻度相对当前再加一大档，反之按 "mV" 则减小
SELECT	在一般情况下切换通道垂直位移和触发电平，当选择为垂直位移时，则屏幕上的垂直参考三角光标为实心，此时调整上、下方向键即可移动波形在屏幕上的垂直位置。如果再按一次 SELECT，则触发电平位置的三角光标为实心，此时调整上、下方向键则改变触发点的位置

（续）

符号	含义
	在 MEASURE 菜单下，此键用于确认已选择的定制参数；在光标测量下切换光标 1 与光标 2，按 OK 键，在一般情况下用于隐藏 / 显示当前菜单栏；在万用表（DMM）方式下，进行 A 档电流测量时，用于确认电流分流器是否正确连接
SHIFT+ OK	保存当前显示界面到内部存储器中，可通过上位机导出
SHIFT+ AUTO	打开全自动设置功能，在此功能下，示波器会根据输入信号的变化自动进行垂直刻度和扫描，使波形以最合适的形式显示，无须人工干预
SHIFT+ （F1 –F4）	快捷方式打开触发主菜单

3. 示波器通道接口说明

示波器通道接口如图 4-58 所示，其功能说明见表 4-15。

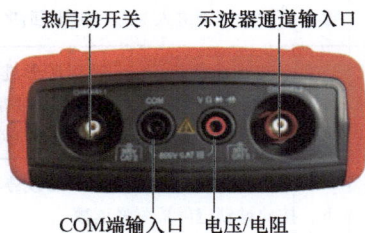

图 4-58　示波器通道接口

表 4-15　示波器通道接口功能说明

符号	含义
CHANNEL1	示波器通道 1（CH1）接口
CHANNEL2	示波器通道 2（CH2）接口
COM	万用表测量，黑表笔插孔
	万用表电压 / 电阻 / 电流 / 二极管测量接口

4. 示波器的使用方法

（1）示波器探头补偿

1）连接示波器测量线连接至 CH1 通道。

2）将示波器探头倍率设定为 10 倍，如图 4-59 所示。

3）将示波器测量表笔探头上开关调整 10 倍，如图 4-60 所示。

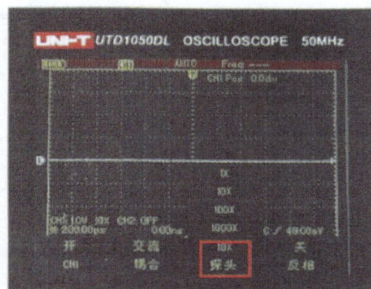

图 4-59　示波器探头倍率设定为 10 倍

图 4-60　示波器测量表笔探头上开关调整 10 倍

4）将测量线探头连接至补偿信号发生器输出口上。

5）按下 AUTO 按键。

6）查看示波器波形，波形显示补偿过度。

7）调整探头上的可变电容，直到波形恢复补偿正确，如图 4-61 所示。

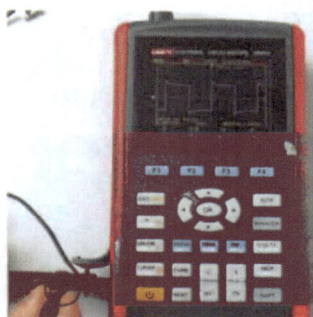

a)

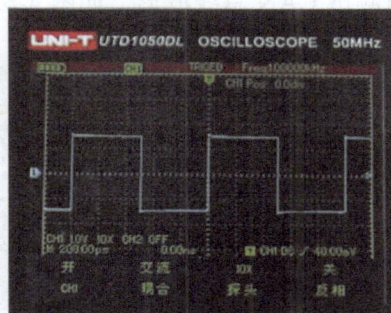

b)

图 4-61　波形恢复补偿正确

（2）示波器测量 CAN 总线波形

1）打开 CH1 通道，调整示波量程 1V，示波时基 20μs，耦合调整为直流。CH1 通道测量数据调整，如图 4-62 所示。

2）测量 CAN 总线波形，如图 4-63 所示。

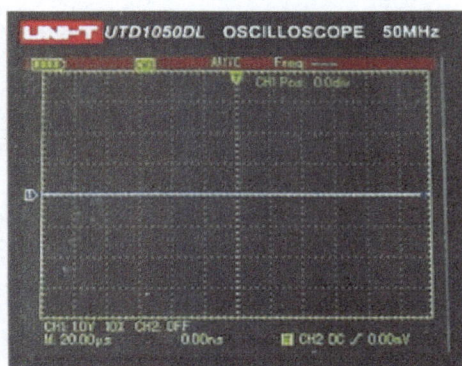

图 4-62　CH1 通道测量数据调整

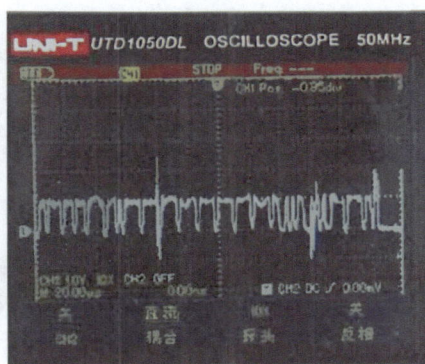

图 4-63　测量 CAN 总线波形

3）查看 CANH 信号波形是否正常：V 与 mV 调节垂直刻度范围，升档与降档；S 与 NS 调节示波时基，方向键可以垂直移动波形、左右移动波形，如图 4-64 所示。

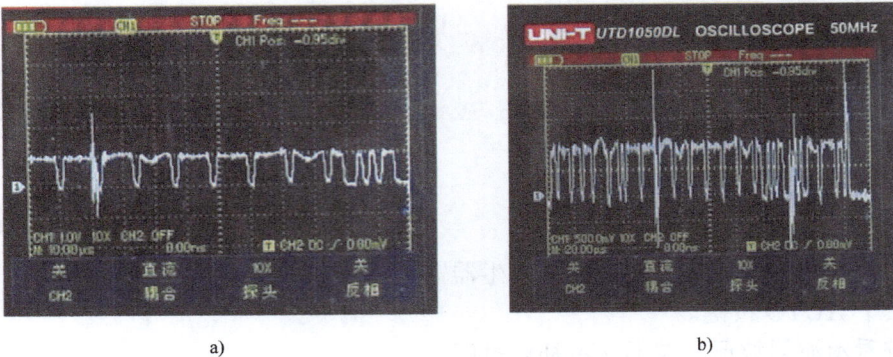

a)   b)

图 4-64　查看 CANH 信号波形

4）双通道测试 CAN 总线波形，如图 4-65 所示。

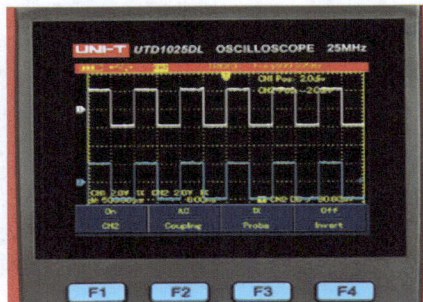

图 4-65　双涌道测试 CAN 总线波形

（3）万用表功能

1）按下 DMM 按键，切换至万用表功能。

2）示波器上部有万用表测量连接线插孔。

3）功能按键有电压、电流、电阻。

4）在电压档位模式下，可以测量直流电压与交流电压，如图 4-66 所示。

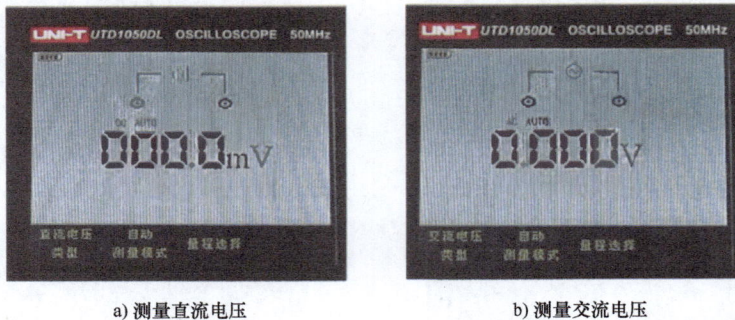

a) 测量直流电压   b) 测量交流电压

图 4-66　测量直流电压与交流电压

5）在电流档位模式下，可以测量直流电流与交流电流，如图4-67所示。

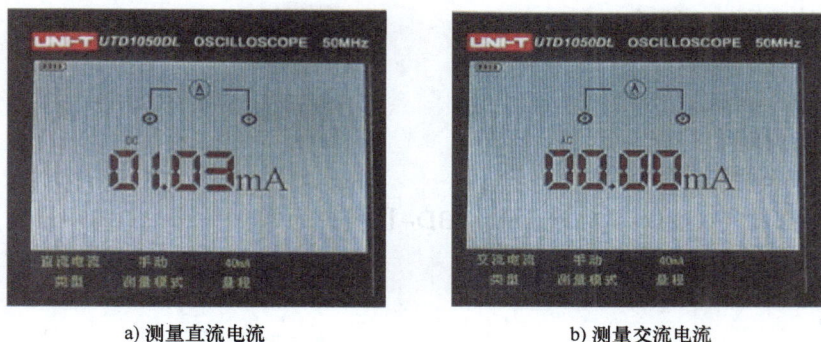

a) 测量直流电流　　　　　　　　　　　b) 测量交流电流

图4-67　测量直流电流与交流电流

6）在电阻档位模式下，可以测量电阻、二极管、通断、电容等功能，如图4-68所示。

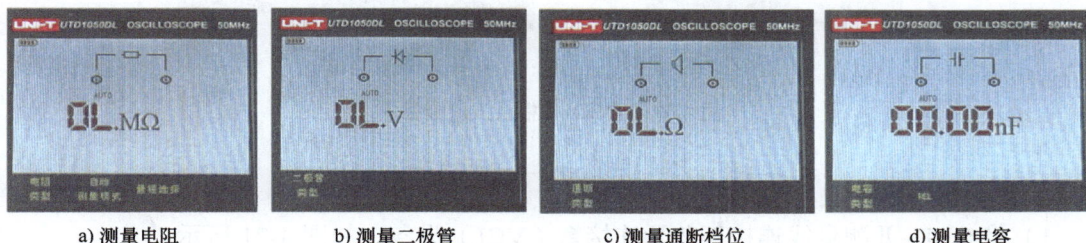

a) 测量电阻　　　　b) 测量二极管　　　　c) 测量通断档位　　　　d) 测量电容

图4-68　测量电阻、二极管、通断、电容

四、诊断仪的认知

诊断车辆电控系统故障时，用户可以用故障诊断仪读取汽车电控系统的故障，查明发生故障的部位及原因。汽车故障诊断仪是新能源汽车维修中非常重要的工具（图4-69），一般有如下功能。

图4-69　汽车故障诊断仪

1）读取计算机版本信息。

2）读取故障码。

3）清除故障码。

4）读取发动机动态数据流。

5）元件动作测试。

6）匹配、设定和编码功能。

7）其他特殊功能。

现在汽车都执行 OBD-II 标准，故 OBD-II 插头为常用插头。OBD-II 插头及诊断插座，如图 4-70 所示。

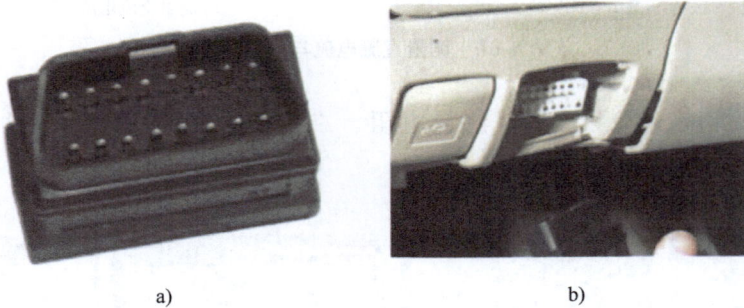

a)   b)

图 4-70　OBD-II 插头及诊断插座

1. 连接诊断仪

1）将 OBD-II 测量线连接至蓝牙连接盒（VCI）设备，如图 4-71 所示。

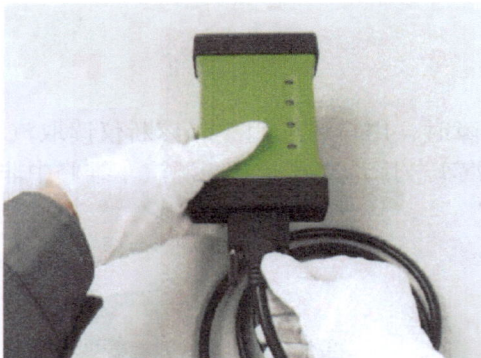

图 4-71　将 OBD-II 测量线连接至 VCI 设备

2）连接车辆车载诊断系统（OBD）诊断插座，VCI 设备电源指示灯亮起，如图 4-72 所示。

3）打开诊断仪电源开关。

4）双击汽车故障诊断仪图标。

a)   b)

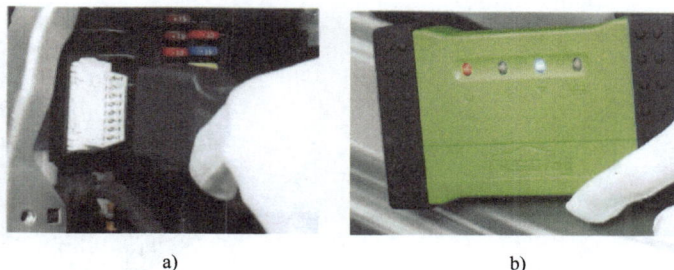

图 4-72　连接车辆 OBD 诊断插座，VCI 设备电源指示灯亮起

5）进入诊断程序，VCI 有一个"对号"诊断仪与 VCI 设备通信正常。

2. 诊断仪诊断流程

1）读取版本信息、读取故障码、清除故障码、读取数据流、匹配/设置。

2）进入控制单元后，提示"与 ECU 连接失败"，则原因可能是控制单元本身故障、控制单元供电故障、控制单元 CAN 总线故障或网关故障等。

五、动力电池检测设备

1. 电芯维护仪

新能源汽车维修工具中的电芯维护仪是一种集充放电于一体的设备，可以对动力电池电芯进行充放电，如图 4-73 所示。通过对动力电池电芯进行充放电，可以调节电芯的电压或 SOC 在同一标准范围内，避免电芯单体的不一致性，从而避免新能源汽车续驶里程出现不合理的衰减。

图 4-73　电芯维护仪

2. 便携气密测试仪

便携气密测试仪会在电池箱的腔体内充入一定体积、干燥洁净且无杂质的气体，经过平衡保压一段时间后开始检测电池箱内部的气压变化，如图 4-74 所示。如果压力在一定时间内下降超过设定标准值，则认为被测产品的气密性不合格；反之如果压力在测试标准内，则认为气密性合格。

3. 充放电设备

充放电设备用于锂电池电箱、电池模组、电芯底盘一体化模块（CTP-Block）日常充放电，如图 4-75 所示。

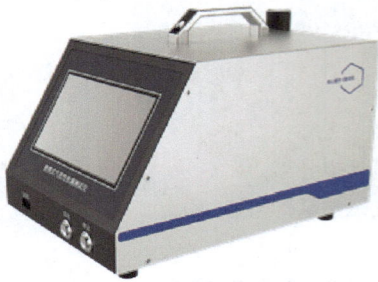

图 4-74　便携气密测试仪

图 4-75　充放电设备

4.电池均衡设备

电池均衡设备主要是对电池进行均衡补电，利用电力电子技术使新能源汽车的锂离子单体电池电压或电池箱电压偏差保持在预期的范围内，保证每个单体电池在正常的使用时保持相同的状态，以避免发生过充过放电，满足电池达到一致性，如图 4-76 所示。

图 4-76　电池均衡设备

5.漏液检测仪

漏液检测仪可对电池箱的电解液泄漏进行检测，如图 4-77 所示。

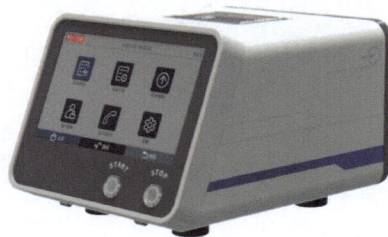

图 4-77　漏液检测仪

6.动力电池箱举升机台

在新能源汽车维修工具中，动力电池箱举升机台是一种重要的工具，用于动力电池箱的升降。按照车型标准定制标准版专用工具，可以按照特定的标准调整至能适应不同电池箱尺寸和重量的工具，实现对电池箱的准确举升。动力电池箱举升机台则是一种电动工具，通过电力传动实现对电池箱的举升，适用于纯电动汽车和混合动力汽车，如图 4-78 所示。

图 4-78　动力电池箱举升机台

任务四　动力电池的维护保养

为保障市场端新能源汽车的安全营运，规避由于用户不正确使用、滥用造成的安全隐患，为了预防故障发生，减缓其劣化过程，维持动力电池正常的使用寿命，特设立此任务，以指导市场端进行规范化的维保作业。

通过定期维护检测，可确保动力电池系统的安全可靠，减少车辆故障率，提高用户出行率。

一、维保周期

1. 出租车维保周期

出租车应按照如下周期进行维保。

1）首次维保周期为 5000km 或 6 个月，进行一次一级维保。

2）每隔 10000km 或 1 个月，进行一次一级维保。

3）里程每达 100000km 或 1 年，进行一、二级维保中的电池外观检测和气密性检测。

4）里程从 200000km 开始，每 200000km 应进行一、二级维保的全部项目检测，直至达到产品的设计寿命。

注意：以上条件中的里程与年限以先到达为准。

2. 私家车维保周期

私家车应按照如下周期进行维保。

1）首次维保周期为 5000km 或 6 个月，进行一次一级维保。

2）每隔 10000km 或 1 年，进行一次一级维保。

3）里程每达 80000km 或 5 年，进行一、二级维保中的外观检测和气密性检测，直至达到产品的设计寿命。

注意： 以上条件中的里程与年限以先到达为准。

3. 商用车维保周期

商用车维保周期见表 4-16。

表 4-16　商用车维保周期

序号	项目	服务内容	频次
1	结构件检查	物理操作＋设备检测	
2	BMS 检测	系统检测	
3	单体不平衡度检测	系统检测＋数据采集＋人工分析	1 次 / 季度
4	加热系统检测	系统检测＋数据采集＋人工分析	
5	水冷系统检测	物理操作＋系统检测	
6	SOC 检测	系统检测＋数据采集＋人工分析	
7	气密性检测	物理操作＋设备检测	
8	漏液检查	物理操作＋设备检测	1 次 / 年
9	电池容量检测	物理操作＋数据采集分析	
10	开箱检查	物理操作＋系统检测	1 次 /5 年或 30 万 km

二、作业项目和要求

1. 作业项目

维保作业项目主要包括：清洁及外观检查、软件诊断、后台监控数据诊断分析、箱体气密性检测、无损检测（漏液检查）、开箱检测、容量测试。

注意： 若一级维保电池箱体气密性检测不满足制造商要求时，应按照表 4-18 所列进行二级维保开箱检测。

2. 作业要求

维保作业时应参照点检表进行维保项目点检，点检要求如下。

1）点检表应如实填写，作业完毕后用户应签字确认，否则视为未实施。

2）点检表应按时间进行存档，存档时间应不少于 3 年，确保 3 年内的维保记录可追溯。

乘用车动力电池一级维保作业项目、作业内容及技术要求见表 4-17。

乘用车动力电池二级维保作业项目、作业内容及技术要求见表 4-18。

商用车动力电池一级维保作业项目、作业内容及技术要求见表 4-19。

商用车动力电池二级维保作业项目、作业内容及技术要求见表 4-20。

商用车动力电池三级维保作业项目、作业内容及技术要求见表 4-21。

电动乘用车动力电池一级维保项目作业点检表见表 4-22。

电动乘用车动力电池二级维保项目作业点检表见表 4-23。

表 4-17　乘用车动力电池一级维保作业项目、作业内容及技术要求

序号	类别	作业项目	作业内容	技术要求
1		异味检查	靠近电池箱鼻嗅是否有刺激性异味	无刺激和烧焦等异味
2		电池箱局部清洁	使用吸尘器、柔软毛刷、干布清理电池箱外部（含插接件）灰尘或异物	外观无灰尘、泥土堆积，清洁度良好
3		铭牌、标签	检查是否完好、规范、清晰，粘贴是否牢固	铭牌、标签：完好、规范、清晰、无脱落
4		电池箱外部线束/插接件	检查电池箱与整车所有高低压线束及连接情况，视情况更换	电池箱外高低压线束无磨损，插座、插头无破损、连接无松脱
5	清洁及外观检查（动力电池不从车上拆卸）	电池箱与整车挂载螺栓力矩	校紧电池箱与整车挂载螺栓	力矩满足质量要求标准
6		电池箱与整车等电位线	检查线束外观并校紧等电位线束及连接螺栓	a）线束无破损 b）力矩满足质量要求标准
7		电池箱下箱体	检查下箱体外观，视情况更换底护板或下箱体	变形量小于制造商的允许限度，无裂纹、无红锈
8		手动维修开关(MSD)	检查 MSD 外观、干式清洁外部灰尘、异物 注：无 MSD 设计可忽略此项	MSD 无划痕、破损，开关内部洁净、无污物
9		水冷管进/出水口	检查电池箱进/出水口连接，视情况处理	水冷软管与硬管连接直接可靠，无液体泄漏痕迹，变形量小于制造商的允许限度
10		最高单体温度		
11		单体电芯过电压		
12	软件诊断	单体电芯欠电压	a）统一诊断服务(UDS)诊断电池详细数据 b）静态压差对应 $\Delta SOC>15\%SOC$，视情况进行均衡或更换	a）最高温度 ≤55℃ b）单体电压在正常工作电压范围内（因不同产品电芯工作电压范围存在差异，具体以电芯以电芯设计规格参数为依据） c）静态单体 $\Delta SOC \leq 15\%SOC$ d）系统实测绝缘 $>500\Omega/V$ e）无当前或历史故障码记录
13		静态电压差		
14		系统绝缘阻抗		
15		除以上的其他报警信息		
16		软件版本	读取当前软件版本，将其刷写为最新软件版本	最新软件版本
17	后台监控诊断	数据分析	a）动力电池系统后台监控数据诊断 b）续驶里程及工况诊断 c）SOC 分布	无安全和性能类预警和报警

表 4-18 乘用车动力电池二级维保作业项目、作业内容及技术要求

序号	类别	作业项目	作业内容	技术要求
1	外观检查 （动力电池从整车 上拆卸）	箱体	上、下箱体外部清洁，检查外观并视情况更换	a) 箱体外部清洁度良好，无泥土灰尘堆积 b) 箱体变形小于制造商的允许范围，无腐蚀，无裂纹，无鼓包
2		平衡阀（防爆阀）	检测平衡阀（防爆阀）外观、清洁度，视情况处理或更换	平衡阀（防爆阀）无破损，无异物堵塞
3	箱体气密性检测	气密性测试	检测箱体气密性，若气密性检测不满足制造要求，则开箱检测	电池箱气密性符合质量要求，详细标准参考维修手册
4		内部清洁度	检查电池箱内部金属杂质情况并清理	内部清洁度良好，无残余杂质
5		密封圈	检查密封圈外观，视情况更换	无破损，褶皱
6		上盖内侧	清理上盖内侧冷凝水并检查	外观无裂，表面无冷凝水
7		箱体内部	检查是否有冷凝水并清理	电池箱四周，模组上层和侧板，BMS硬件均无冷凝水
8		箱内低压线束外观及插接件连接情况	检查连接线束扎带固定牢靠情况，以及插接件和线束外观，视情况更换	平衡阀无破损，无异物堵塞
9	开箱检测	箱内高压线束（含铜巴）	检查高压线束绝缘皮外观并视情况更换	线束绝缘皮无磨损，铜巴无烧蚀发黑现象
10		模组	检查模组端板/侧板焊缝，清理异物，校紧模组固定螺栓及高压连接螺栓力矩	a) 焊缝无裂纹 b) 无异物 c) 螺栓划线标记无位移
11		热管理组件	检查热管理外观及连接情况，视情况更换	a) 水冷管软/硬管连接无松动 b) 水冷板变形量小于制造商的允许限度，连接无松动 c) 加热膜无烧蚀，连接无松动
12		高压盒	抽测高压盒连接螺栓力矩和清洁度状况	a) 力矩满足制造商质量要求 b) 无冷凝水和其他杂质
13		容量测试	工具检测	通过充放电实测电池实际剩余容量

表 4-19　商用车动力电池一级维保作业项目、作业内容及技术要求

序号	点检级别	项目	一级部件	二级部件	点检内容	点检工具
1					电池荷电状态（SOC）	
2				主控制板	静态电流	
3					绝缘电阻（正 / 负极）	
4					累加总电压	
5			电池箱状态		最大单体电压	
6					最小单体电压	
7		性能检测		电芯	最高单体温度	动力电池管理系统诊断仪
8					最低单体温度	
9					单体电压差	
10					预充继电器故障状态	
11				继电器	主继电器故障状态	
12					充电继电器故障状态	
13			零部功能及软件版本		加热继电器故障状态	
14				CAN 总线通信	内部通信	
15				从控制板	均衡功能	
16				关系数据库（RDB）	RDB 故障检测	
17				BMS 软件	最新软件状态	
18	一级				箱体外壳无腐蚀	
19				箱体	箱体外壳无变形	校验工具
20					箱体外壳无破损	
21					箱体外壳无漏液	
22				防爆阀	防爆阀紧固	
23					防爆阀无破损	
24				高压端子	正极高压端子外盖螺栓紧固	
25					负极高压端子外盖螺栓紧固	
26		结构件检查	电池箱总成		正极格兰头紧固	
27				格兰头	正极格兰头无磨损	
28					负极格兰头紧固	
29					负极格兰头无磨损	力矩扳手、校验工具
30				快断器	快断器紧固	
31					快断器无磨损	
32					低压输入插接件紧固	
33					低压输入插接件无磨损	
34				插接件	低压输入插接件无腐蚀	
35					低压输出插接件紧固	
36					低压输出插接件无磨损	
37					低压输出插接件无腐蚀	

（续）

序号	点检级别	项目	一级部件	二级部件	点检内容	点检工具
38	一级	结构件检查	线束总成	高压线束	高压线束无破损	校验工具
39					高压线束无磨损	
40				低压线束	低压线束无破损	
41					低压线束无磨损	
42				加热线束	加热线束无破损	
43					加热线束无磨损	
44			高压盒总成	高压端子	正极高压端子外盖螺栓紧固	力矩扳手、校验工具
45					负极高压端子外盖螺栓紧固	
46				插接件	低压输入插接件紧固	
47					低压输入插接件无磨损	
48					低压输入插接件无腐蚀	
49					低压输出插接件紧固	
50					低压输出插接件无磨损	
51					低压输出插接件无腐蚀	
52				快断器	快断器紧固	
53					快断器无磨损	
54			箱体固定部位	固定支架	电池箱与车辆支架连接紧固	力矩扳手
55					高压盒与车辆支架连接紧固	
56			水冷机组	防冻液	膨胀水箱液位正常并视情况添加	校验工具、清洁工具
57				风道/过滤网	风道/过滤网无堵塞并视情况清洁	

表 4-20　商用车动力电池二级维保作业项目、作业内容及技术要求

序号	点检级别	项目	一级部件	二级部件	点检内容	点检工具
1	二级	无损检测	密封性		电池箱气密性符合质量要求	便携气密测试仪
2			容量检测		采集充电数据（实车检测或后台数据）	充放电设备
3			均衡维护（初级）		通过后台监控数据或上门检查，适时对在用车辆的单体 $\Delta SOC \geqslant 10\%SOC$ 且 $\Delta SOC < 15\%$ 的客户提醒做如下维护： a）低端均衡－点火开火（KEY ON）静置 b）高端均衡－充电枪满充	—
4			无损检测		无电解液泄漏	漏液检测仪

表 4-21 商用车动力电池三级维保作业项目、作业内容及技术要求

序号	点检级别	项目	一级部件	二级部件	点检内容	点检工具
1			箱体内部		内部清洁度良好，无残余杂质	
2			密封组件		无破损、褶皱	
3			上盖内侧		检查是否有冷凝水并清理	
4			箱内低压线束外观及插接件连接		线束外观良好，无磨损和老化，插接件无松脱	
5			箱内高压线束（含铜巴）		线束绝缘皮无磨损，铜巴无锈蚀发黑现象，螺栓力矩划线标记无位移	力矩扳手、校验工具
6	三级	开箱检测	模组		检查模组端板/侧板焊缝，清理异物，校紧模组固定螺栓及高压连接螺栓力矩 a) 接螺栓力矩 b) 焊缝无裂纹 c) 无异物 d) 螺栓划线标记无位移	
7			高压盒		检查高压连接螺栓标记，无位移 无冷凝水和其他杂质	
8			均衡维护（深度）		在电池箱容量自放电正常情况下，单体ΔSOC>15%时，开箱进行均衡，确保单体SOC水平保持一致	专业均衡设备
9			—		MSD总成	校验工具
10			高压盒内部元器件		继电器	
11			箱体内部		熔丝	

作业日期：
续驶里程：

车架号（VIN）：
服务中心（4S店）名称：

电池编号（Barcode）：
作业人员：

表 4-22　电动乘用车动力电池一级维保项目作业点检表

序号	类别	作业项目	作业内容	技术要求	是否正常（正常画√，异常画×）	异常问题记录
1		异味检查	靠近电池箱鼻嗅是否有刺激性异味	无刺激激和烧焦等异味		
2		电池箱局部清洁	使用吸尘器、柔软毛刷、干布清理电池箱外部（含插接件）灰尘或异物	外观无灰尘、泥土堆积、清洁度良好		
3		铭牌、标签	检查是否完好、规范、清晰、粘贴是否牢固	铭牌、标签：完好、规范、清晰、无脱落		
4	清洁及外观检查（动力电池不从整车上拆卸）	电池箱外部线束/插接件	检查电池箱外壳所有高低压线束及连接情况、视情况更换	电池箱外高低压线束无磨损、插座、插头无破损、连接无松脱		
5		电池箱与整车挂载螺栓力矩	校紧电池箱与整车挂载螺栓	力矩满足质量要求标准		
6		电池箱与整车等电位线	检查线束外观并校紧等电位线束连接螺栓	a）线束无破损 b）力矩满足质量要求标准		
7		电池箱下箱体	检查下箱体外观、视情况更换底护板或下箱体	变形量小于制造商的允许限度、无裂纹、无红锈		
8		手动维修开关（MSD）	检查MSD外观、干式清洁外部灰尘、异物 注：无MSD设计可忽略此项	MSD无划痕、破损、开关内部洁净、无污物		
9		水冷管进/出水口	检查电池箱进/出水口连接、视情况处理	水冷管箱与硬管连接可靠、无液体泄漏痕迹、变形量小于制造商的允许限度		
10		最高单体温度	a）UDS诊断电池详细数据	a）最高温度≤55℃		
11		电芯单体过电压		b）单体电压在工作电压范围内（因不同产品电芯工作电压范围存在差异、具体以电芯设计规格参数为依据）		
12		电芯单体欠电压				
13	软件诊断	静态电压差	b）静态压差对应ΔSOC>15%SOC，视情况进行均衡或更换	c）静态单体ΔSOC≤15%SOC		
14		系统绝缘阻抗		d）系统实测绝缘电阻>500Ω/V		
15		除以上的其他报警信息		e）无当前或历史故障码记录		
16		软件版本	读取当前软件版本、将其刷写为最新软件版本	最新软件版本		
17	后台监控诊断	数据分析	a）电池系统后台监控数据诊断 b）续驶里程及工况分布 c）SOC分布	无安全和性能类预警和报警		

意见或建议：

用户签字：

作业日期：
续驶里程：
车架号（VIN）：
服务中心（4S店）名称：
电池编号（Barcode）：
作业人员：

表4-23 电动乘用车动力电池二级维保项目作业点检表

序号	类别	作业项目	作业内容	技术要求	是否正常（正常画√，异常画×）	异常问题记录
1	外观检查（动力电池从整车上拆卸）	箱体	上、下箱体外部清洁，并检查外观并视情况更换	a)箱体外部清洁度良好，无泥土灰尘堆积 b)箱体变形小于制造商的允许范围，无腐蚀，无裂纹，无鼓包		
2		平衡阀（防爆阀）	检测平衡阀（防爆阀）外观、清洁度，视情况处理或更换	平衡阀（防爆阀）无破损，无异物堵塞		
3	箱体气密性检测	气密性测试	检测箱体气密性，若气密性检测不满足制造商要求，则进行开箱检测	电池箱气密性符合质量要求，详细标准参考维修手册		
4		内部清洁度	检查电池箱内部情况并清理	内部清洁度良好，无残余杂质		
5		密封圈	检查密封圈外观，视情况更换	无破损，褶皱		
6		上盖内侧	检查上盖内侧冷凝水，检查外观	外观无裂，表面无冷凝水		
7		箱体内部	清理箱体内部是否有冷凝水并清理	电池箱四周，模组上层和侧板，BMS硬件均无冷凝水		
8	开箱检测	箱内低压线束外观及插接件连接情况	检查连接线束扎带固定牢靠情况，以及插接件和线束外观，视情况更换	线束外观良好，无磨损和老化，插接件无松脱		
9		箱内高压线束（含铜巴）	检查高压线束绝缘皮外观并视情况更换	线束绝缘皮无磨损，铜巴无烧损发黑现象		
10		模组	检查模组板/侧板焊缝，清理异物，校紧模组固定螺栓及高压连接螺栓力矩	a)焊缝无裂纹 b)无异物 c)螺栓划线标记无位移		
11		热管理组件	检查热管理外观及连接情况，视情况更换	a)水冷管板/硬管连接无松动 b)水冷板变形量小于制造商的允许限度 c)加热膜无烧坏，连接无松动		
12		高压盒	抽测高压盒连接螺栓力矩和清洁度状况	a)力矩满足制造商的质量要求 b)无冷凝水和其他杂质		
13	容量测试	容量测试	工具检测	通过充放电实测电池的实际剩余容量		

意见或建议：

用户签字：

⚙ 拓展学习

欧洲专利局于 2023 年 7 月 4 日宣布，凭借在锂离子电池安全方面的贡献，宁德时代首席科学家吴凯及其团队从 600 多名候选人中脱颖而出，荣获 2023 年欧洲发明家奖"非欧洲专利局成员国奖"类别大奖。宁德时代在电池技术方面持续创新。更重要的是，搭载宁德时代先进、安全电池的电动汽车正在让更多人拥抱可持续的生活方式，从而推动全球能源转型。

欧洲发明家奖由欧洲专利局、欧盟委员会企业和工业总司于 2006 年联合设立，是一项全球高度认可的创新奖项之一，旨在表彰那些为人类美好未来铺平道路的发明家。欧洲发明家奖"非欧洲专利局成员国奖"类别主要表彰来自欧洲专利局 39 个成员国以外的杰出发明家的工作成果，获奖者此前均已获得过一项欧洲专利。

应用于奇瑞
星纪元 ET-
B08

职业教育新能源汽车专业产教融合创新教材

新能源汽车动力电池及管理系统检修

实训工单

组　编　宁德时代新能源科技股份有限公司

主　编　吴　凯　李　伟

副主编　张　彪　薛　姣　武卫忠

　　　　李　果　孔纯放　刘　超

参　编　呼海峰　陈　宁　张　璐　马荣荣　毛昌敏

　　　　张现驰　左晨旭　于洪兵　杨　韬　赵梓贺

机械工业出版社

目　录

项目一

认识新能源汽车动力电池及管理系统

📑 项目任务单

项目描述	认识新能源汽车动力电池及管理系统
项目要求	1. 掌握动力电池的结构 2. 掌握动力电池管理系统的工作原理 3. 掌握动力电池的应用 4. 掌握动力电池及管理系统故障的诊断方法
学习目标	1. 了解动力电池的定义 2. 了解动力电池术语 3. 了解动力电池的分类 4. 了解动力电池管理系统
项目载体	 动力电池CSC 电芯单体 动力电池
计划学时	18～24 学时

工作页	上课地点		学生姓名		完成 / 未完成
	任课教师		上课时间		优 / 良 / 中 / 及格

📖 导入

　　小李是本校新能源汽车检测与维修专业的一名大二学生，刚刚接触新能源汽车的他十分好奇新能源汽车是如何行驶的，它们的动力来自哪里？由哪些部件组成？和传统燃油车相比，新能源汽车有哪些不同？接下来，让我们带着这些疑问和小李一起认知新能源汽车。

此案例中，如果想要解决小李的疑问，首先需要我们认识新能源汽车的结构，了解不同类型新能源汽车的主要区别。

📖 想一想

请同学们尝试着在实训车辆上找到新能源汽车是由哪些部件组成的，并将自己的总结用铅笔记录到下图中。

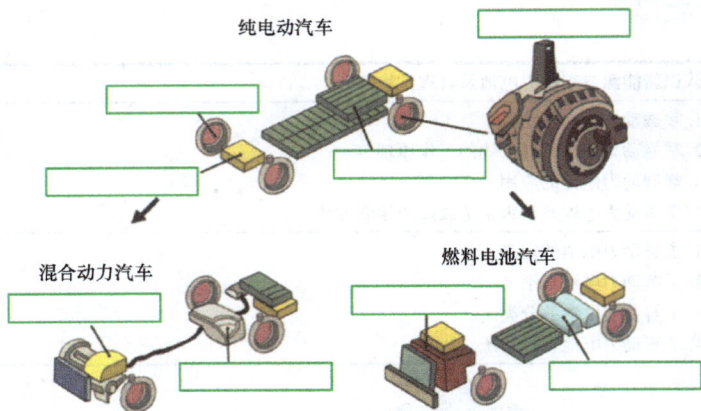

纯电动汽车

混合动力汽车　　　　　　　　燃料电池汽车

👥 安全教育与防护要求

请同学们声音洪亮地说出安全与防护要求，做好防护准备，同时进行自检和互检。若已完成，请在方框里画"√"。

- □ 工作服穿戴"四紧"，穿绝缘鞋，戴绝缘帽。
- □ 不佩戴手表、金属首饰。
- □ 严禁操作与本次任务无关的设备和工具。
- □ 遵守场地安全规定，注意用电安全。
- □ 严禁嬉戏打闹。

老师检查纠错，学生改正错误。

⚒ 实施

任务一　认识新能源汽车动力电池

❖ **步骤一：作业准备**

请认真列出作业准备项目和内容，对照下表核准检查项目内容。若已准备，请在方框里画"√"；若有遗漏，请补充后画"√"。

项目	新能源汽车动力电池作业准备内容
作业场地	□配有举升机和消防设施的新能源汽车维修作业场地
设备设施	□极氪001新能源汽车　□动力电池试验台　□举升工位　□汽车维修三件套　□垃圾桶
工量辅具	□常用工具　□数字万用表　□数字示波器　□故障诊断仪　□工具车　□接线盒 □动力电池试验台
耗材	□线束　□干净抹布

老师检查纠错，学生改正错误。

❖**步骤二：识别新能源汽车动力电池**

1. 请观察老师铺设汽车维修三件套的示范动作，模仿并重复操作，结合老师的讲解，学生查阅教材，在实训车辆上找到动力电池，并认真记录在下表中。

序号	车型	电池制造商
1		
2		
3		
4		

2. 请尝试在实车上查找动力电池的安装位置，并对其线束、插接件进行常规的外观检查，最后将检验结果填写在下面思维导图中。

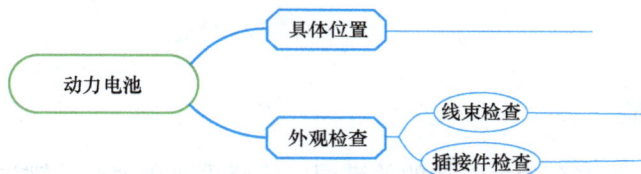

3. 请查找动力电池维修电路图，并将电路图绘制到下面方框内。

4. 请使用电路图完成对动力电池端子的查找，教师测量动力电池电压，并将整理的检测结果记录到下表中。

端子	端子含义	动力电池电压检测结果

5. 不同动力电池的参数比较。

动力电池型号	规格	单体电池容量	单体电池质量	动力电池系统能量密度	动力电池系统成本

6. 查找实训车辆的动力电池编码。

序号	动力电池编码	编码位置
1		
2		

❖ **步骤三：试车，交付车辆**

1. 对车辆进行试车，检验车辆动力是否恢复正常？

2. 请尝试利用鱼骨图总结动力电池的查找和测量流程。

拓展训练

1. 确定新能源汽车动力电池的关键词，按照重要程度对关键词进行排序并举例解读，同时根据关键词的重要程度（按百分制划分），判断自己的掌握程度，并进行自评打分（满分100分）。

序号	关键词	举例解读	自定权重	自评得分
1				
2				
3				
4				
5				
	总分			

2. 请大家思考一下，动力电池如果出现问题，除了会导致车辆动力不足，还会引发什么故障现象（满分100分）？

3. 如果现在有一台新能源汽车在行驶过程中出现动力明显不足的情况，维修人员初步判断是动力电池发生故障，试制定检测流程并进行检修（满分100分）。

4. 小李是学习汽车检测与维修专业的学生，大学一毕业就来到了一家汽车服务中心（4S店），成为一名新能源汽车维修学徒工。学徒期间小李积极向师傅请教，进步很快，尤其是在新能源汽车故障判断思维方面得到了师傅的高度认可。

请按下列思维导图格式，对检修动力电池的学习收获进行总结，同时搜集至少 2 个动力电池故障判断案例，谈一谈你对新能源汽车动力电池故障判断思维的理解（满分 100 分）。

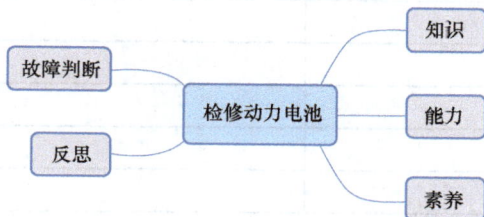

```
故障判断 ─┐                    ┌─ 知识
         ├─ 检修动力电池 ─┼─ 能力
反思 ─────┘                    └─ 素养
```

任务检验

1. 自检：参与实训练习的学员自我完成质量检验。
2. 互检：由完成相同实操练习项目的学员相互进行质量检验。
3. 终检：由专职质量管理人员（教师）进行专业检查。

实施

任务二　新能源汽车动力电池管理系统认知

❖ **步骤一：作业准备**

请认真列出作业准备项目和内容，对照下表核准检查项目内容。若已准备，请在方框里画"√"；若有遗漏，请补充后画"√"。

项目	新能源汽车动力电池管理系统认知作业准备内容
作业场地	□配有实训新能源汽车、动力电池管理系统试验台和消防设施的汽车维修作业场地
设备设施	□极氪 001 实训车辆　□安全专用工位　□汽车维修三件套　□垃圾桶
工量辅具	□常用工具　□数字万用表　□数字示波器　□故障诊断仪　□工具车　□接线盒
耗材	□线束　□干净抹布

老师检查纠错，学生改正错误。

❖ **步骤二：动力电池管理系统认知**

1. 请观察老师铺设汽车维修三件套的示范动作，并模仿重复操作，结合老师的讲解、学生查阅教材，在动力电池试验台上找到动力电池管理系统并认真记录在下表中。

序号	安装位置及作用
1	
2	
3	
4	

对实训车辆动力电池进行拆卸，并对其分解，然后找出动力电池管理系统并认真记录在下表中。

序号	拆卸流程	安装位置及作用
1		
2		
3		
4		
5		
6		
7		
8		
9		

2. 请尝试在实车上或动力电池试验台上查找动力电池管理系统的具体位置，并对其线束、插接件进行常规外观检查，最后将检验结果填写在下面思维导图中。

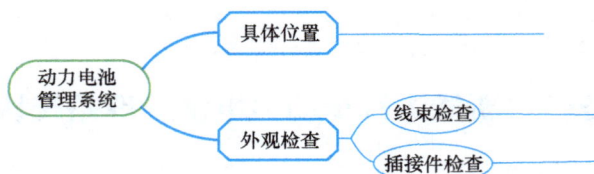

3. 请查找动力电池维修电路图，并将动力电池管理系统电路连接简图绘制到下面方框内。

4. 请按照你画的动力电池管理系统电路简图的端子信息，整理端子结果并将其记录到下表中。

端子	端子含义	连接电气元器件，安装位置

5. 认真观察动力电池箱内的各个零部件，并填写任务实施记录单。

序号	辅助元器件名称	作用
1	主控模块	
2	从控模块	
3	高压盒	
4	高压继电器	
5	维护插接件	
6	手动维修开关（MSD）	
7	电加热膜	
8	加热断路器	
9	温度传感器	
10	预充电阻	
11	分流器	

6. 连接车辆专用故障诊断仪，读取动力电池管理系统的运行数据，并填写下表任务实施记录单。

序号	动力电池数据流名称	当前值
1	动力电池内部总电压	
2	动力电池充放电电流	
3	动力电池负极继电器当前状态	
4	动力电池正极继电器当前状态	
5	动力电池预充继电器当前状态	
6	正极对地绝缘电阻	
7	负极对地绝缘电阻	
8	动力电池 SOC	
9	动力电池可用容量	
10	电芯单体最高电压	
11	最高电压单体序号	
12	电芯单体最低电压	
13	最低电压单体序号	
14	电芯单体最高温度	
15	最高温度单体序号	
16	电芯单体最低温度	
17	最低温度单体序号	

7. 请根据测量的动力电池管理系统数据流和端子检测结果，分析推断其故障原因，并将推断过程用铅笔整理到下页思维导图中。

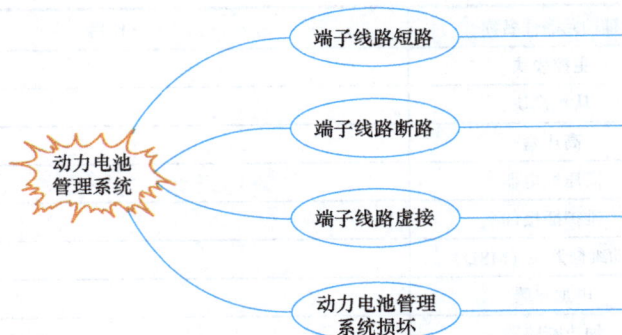

8. 请再次确定故障点，将具体故障内容整理好，及时排除故障，整理好排除故障的步骤，并完成下面思维导图。

9. 观察老师讲解动力电池检测仪时的示范操作，运用示波器读取数据流，并分析测试结果是否正常，将正确的数据流记录到下面方框内。

老师检查纠错，学生改正错误。

❖ **步骤三：试车，交付车辆**

1. 对实训车辆进行恢复并试车，检验车辆动力是否恢复正常。

2. 请尝试利用鱼骨图总结动力电池管理系统的检修流程。

🖥 **拓展训练**

1. 本任务是确定新能源汽车动力电池管理系统的关键词，按照重要程度对关键词进行排序，并举例解读，同时根据关键词的重要程度（按百分制划分），判断自己的掌握程度，并进行自评打分（满分100分）。

序号	关键词	举例解读	自定权重	自评得分
1				
2				
3				
4				
5				
		总分		

2. 请大家思考一下，动力电池管理系统如果出现问题，除了会导致车辆动力电池工作不正常故障，还会引发什么故障现象（满分100分）？

3. 现有一辆新能源汽车在行驶过程中动力明显不足，维修人员初步判断是动力电池管理系统故障，试制定检测流程并进行检修。（满分100分）。

4. 小李是学习汽车检测与维修专业的学生，大学一毕业就来到了一家汽车4S店，成为一名新能源汽车维修学徒工。学徒期间小李积极向师傅请教，进步很快，尤其是在新能源汽车故障判断思维方面得到了师傅的高度认可。

请按下列思维导图格式，对检修动力电池管理系统的学习收获进行总结，同时搜集至少2个动力电池管理系统故障判断案例，谈一谈你对新能源汽车动力电池管理系统故障判断思维的理解。（满分100分）

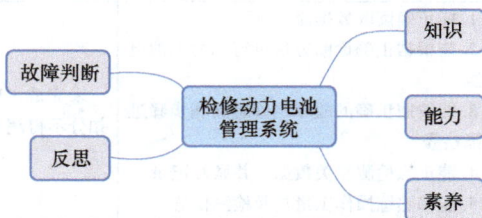

💬 任务检验

1. 自检：参与实训练习的学员自我完成质量检验。
2. 互检：由完成相同实操练习项目的学员相互进行质量检验。
3. 终检：由专职质量管理人员（教师）进行专业检查。

❓ 课后思考题

1. 简述新能源汽车的定义。
2. 简述新能源汽车可以分为哪些类别？
3. 新能源汽车与传统燃油车的区别？
4. 新能源汽车的核心结构有哪些？
5. 动力电池管理系统由哪些部件组成？

6. 简述锂离子电池工作原理。

7. 简述电芯单体的组成。

8. 简述动力电池是由多少个电芯单体（cell）组成的。

9. 简述动力电池管理系统（BMS）的功能。

10. 简述动力电池管理系统（BMS）的组成。

✉ 考核与评价

一、考评项目

请根据本项目所学对极氪 001 车辆动力电池和动力电池管理系统的认知，完成考评报告。

二、考核内容及评价标准

序号	评分项	得分条件	评分标准	配分	扣分
1	安全 /5S/ 态度	□ 1. 能进行工位 5S 操作 □ 2. 能进行设备和工具安全检查 □ 3. 能进行车辆安全防护操作 □ 4. 能进行工具清洁校准存放操作 □ 5. 能进行三不落地操作	未完成 1 项扣 3 分，扣分不得超 15 分	15	
2	专业技能能力	□ 1. 能正确读取数据流 □ 2. 能根据正确诊断方法进行动力电池电压检测 □ 3. 能按照正确的故障维修思路和步骤进行故障检修 □ 4. 能正确检测相关数据，并做好记录 □ 5. 能够熟练操作工量具及检测仪器	未完成 1 项扣 10 分，扣分不得超 50 分	50	
3	工具及设备的使用能力	□ 1. 能正确选用维修工具 □ 2. 能正确使用动力电池诊断仪 □ 3. 能正确使用测量工具 □ 4. 能正确使用专用工具	未完成 1 项扣 5 分，扣分不得超 10 分	10	
4	资料、信息查询能力	□ 1. 能正确使用维修手册查询资料 □ 2. 能正确使用用户手册查询资料 □ 3. 能在规定时间内查询所需资料 □ 4. 能正确记录查询资料章节页码 □ 5. 能正确记录所需维修信息	未完成 1 项扣 2 分，扣分不得超 10 分	10	
5	数据、判读和分析能力	□能根据诊断仪数据分析判断动力电池及动力电池管理系统部件是否需要维修或更换	未完成 1 项扣 10 分，扣分不得超 10 分	10	
6	表单填写与报告的撰写能力	□ 1. 字迹清晰 □ 2. 语句通顺 □ 3. 无错别字 □ 4. 无涂改 □ 5. 无抄袭	未完成 1 项扣 1 分，扣分不得超 5 分	5	
合计				100	

项目二　检修动力电池及管理系统常见故障

📋 项目任务单

项目描述	检修动力电池及管理系统常见故障				
项目要求	1. 能够熟练使用检测设备 2. 能够排除电芯欠电压或过电压的故障 3. 能够排除电芯温度异常的故障 4. 能够排除动力电池和动力电池管理系统的常见故障 5. 能够排除不同类型的动力电池故障				
学习目标	1. 能够分析电芯单体产生电压类故障的原因 2. 能够掌握电芯单体检修的方法 3. 掌握动力电池与动力电池管理系统的构造及工作原理 4. 掌握上位机软件的安装与使用 5. 能够掌握动力电池和动力电池管理系统产生故障的诊断流程				
项目载体	 动力电池				
计划学时	18～24 学时				
工作页	上课地点		学生姓名		完成 / 未完成
	任课教师		上课时间		优 / 良 / 中 / 及格

📖 导入

现有一几何 A 车主，最近发现自己爱车的电耗在增加，并且续驶里程在减少。某天，该车主加班后到托管班接女儿回家，由于提前到了托管班，女儿作业还没写完。由于外面天气在 30℃左右，所以车主没有关闭车辆，并在车里打开空调等了几分钟，这时车主发现动力电池的存储电量显示下降速度过快。车主见此情况心里有些不安，决定一会将女儿送回家后，驾车到服务中心（4S 店）让专业维修技术人员好好检查一下这辆车。

📖 想一想

请同学们尝试说出导致动力电池储存电量（容量）下降的原因都有哪些，并将自己的总结分析用铅笔记录到下面圆圈图中。

动力电池容量
下降原因

👥 安全教育与防护要求

请同学们声音洪亮地说出安全与防护要求，做好防护准备，同时进行自检和互检。若已完成，请在方框里画"√"。

□ 工作服穿戴"四紧"，穿工鞋，戴工帽。
□ 不佩戴手表等金属首饰。
□ 严禁操作与本次任务无关的设备和工具。
□ 遵守场地安全规定，注意用电安全。
□ 严禁嬉戏打闹。

老师检查纠错，学生改正错误。

⚓ 实施

任务一　检修电芯单体电压类故障

❖ 步骤一：作业准备

请认真列出作业准备项目和内容，对照下表核准检查项目内容。若已准备，请在方框里画"√"；若有遗漏，请补充后画"√"。

项目	检修电芯单体电压类故障作业准备内容
作业场地	□配有安全作业区域和消防设施的新能源汽车维修作业场地
设备设施	□几何 A 汽车或动力电池试验台　□举升工位　□汽车维修三件套　□垃圾桶
工量辅具	□常用工具　□数字万用表　□检测仪　□故障诊断仪　□接线盒
耗材	□线束　□干净抹布

❖ 步骤二：检修电芯单体电压类故障

1.请观察老师铺设汽车维修三件套的示范动作，并模仿重复操作，结合老师的讲解，学生查阅教材，使用诊断仪读取故障码，并将故障码认真记录在下表中。

序号	故障码内容
1	
2	
3	
4	

2. 使用诊断仪读取数据流，并将数据流认真记录在下表中。

序号	数据流数值
1	
2	
3	
4	

3. 使用万用表读取电芯单体的电压，并将测量电压认真记录在下表中。

序号	电芯单体的电压
1	
2	
3	
4	

4. 请尝试在实车或试验台上查找电芯单体的具体位置，并对其线束、插接件、管路等进行常规外观检查，最后将检验结果填写在下面思维导图中。

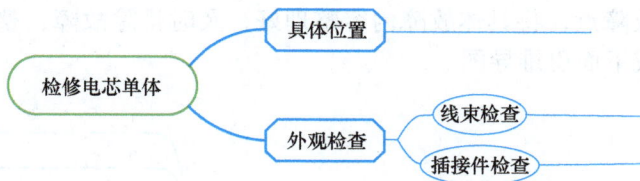

检修电芯单体
- 具体位置
- 外观检查
  - 线束检查
  - 插接件检查

5. 请准备好诊断仪，铺好维修三件套，对车辆电芯单体进行检测，检测步骤见下表。

步骤	电芯单体检测
1	
2	
3	

（续）

步骤	电芯单体检测
4	
5	
6	
7	
……	

6.请准备好万用表，铺好维修三件套，检测电芯单体电压，具体检测步骤见下表。

步骤	电芯单体电压检测
1	
2	
3	
4	
5	
……	

7.请按照正确工艺流程对电芯单体进行检查分析，并将推断过程用铅笔整理到下面思维导图中。

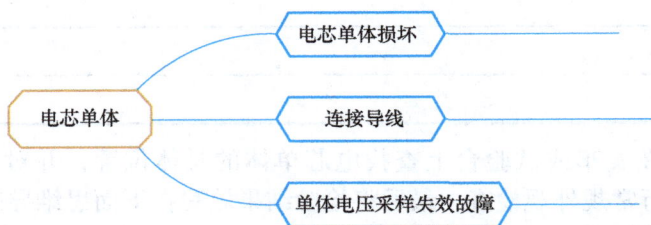

8.请确定故障点，将具体故障内容整理好，及时排除故障，整理好排除故障的步骤，并完成下面思维导图。

❖ **步骤三：试车，交付车辆**

1.对几何 A 车辆或试验台进行电芯单体更换，并试车，检验车辆电量是否恢复正常？

2.请尝试利用鱼骨图总结电芯单体故障检修流程。

拓展训练

1.本任务是确定检修电芯单体电压类故障的关键词，按照重要程度对关键词进行排序，并举例解读，同时根据关键词的重要程度（按百分制划分），判断自己的掌握程度，并进行自评打分（满分100分）。

序号	关键词	举例解读	自定权重	自评得分
1				
2				
3				
4				
5				
总分				

2.请结合实际案例，分析电芯单体电压出现问题都会导致车辆哪些故障现象发生（满分100分）？

3.2019款几何A车辆动力电池续驶里程短，充电时会出现警告，维修人员初步判断是电芯单体故障，试制定检修流程并进行检修（满分100分）。

4.李林在4S店工作的一年里养成了一个习惯，在每次维修作业之前都会认真点检自己准备的工具、设备和安全防护措施，车辆维修完毕后都要对检修项目进行再三的检查确认，确保自己检修的零部件、螺栓等都安装正确、可靠牢固。同时将自己工位的工具设备进行现场5S，确保工具设备完好无损，没有落在客户车辆上。他的师傅非常欣赏他这种做法，告诉他说："这是机修学徒必须经历的，更是确保自己和客户行车安全的基本前提。"

请按照下列思维导图的格式，对检修电芯单体故障的学习收获进行总结，列举5个电芯单体故障导致的行车安全隐患，谈一谈你对"维修人员对客户行车安全责任"的理解（满分100分）。

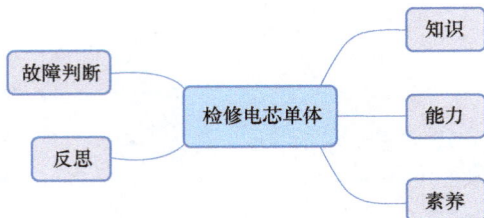

实施

任务二 检修电芯温度类故障

❖步骤一：作业准备

请认真列出作业准备项目和内容，对照下表核准检查项目内容。若已准备，请在方框里画"√"；若有遗漏，请补充后画"√"。

项目	检修电芯温度类故障作业准备内容
作业场地	□配有安全作业区域和消防设施的新能源汽车维修作业场地
设备设施	□阿维塔车辆或动力电池试验台 □举升工位 □汽车维修三件套 □垃圾桶
工量辅具	□常用工具 □数字万用表 □检测仪 □故障诊断仪 □接线盒
耗材	□线束 □干净抹布

❖步骤二：检修电芯温度类故障

1.请观察老师铺设汽车维修三件套的示范动作，并模仿重复操作，结合老师的讲解，学生查阅教材，使用诊断仪读取故障码，并将故障码认真记录在下表中。

序号	故障码内容
1	
2	
3	
4	

2.使用诊断仪读取数据流，并将数据流认真记录在下表中。

序号	数据流数值
1	
2	
3	
4	

3.通过观察老师讲解示波器的示范操作，运用示波器读取 BMS 温度采样工作波形，检验波形是否正常，并将正确波形绘制到下页方框内。

4. 请查找动力电池温度采样电路图，并将温度采样电路图绘制到下面方框内。

5. 请尝试在实车上查找动力电池温度采样电路的具体位置，并对其线束、插接件等进行常规外观检查，最后将检验结果填写在下面思维导图中。

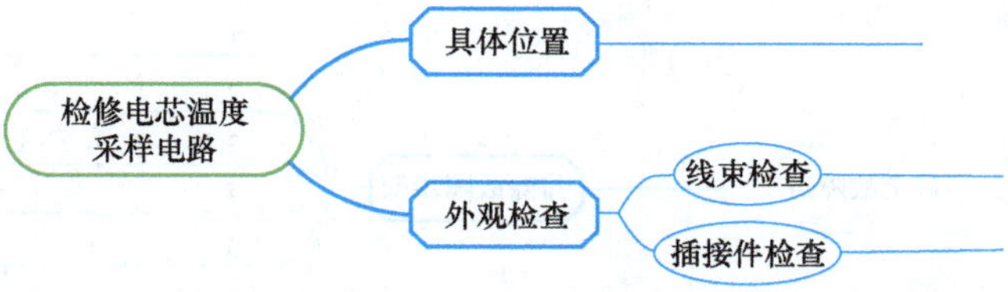

检修电芯温度采样电路

具体位置

外观检查
- 线束检查
- 插接件检查

6. 请使用万用表完成对温度采样电路端子的检测，并整理端子检测结果，同时将其记录到下表中。

端子	端子含义	温度采样端子检测结果

（续）

端子	端子含义	温度采样端子检测结果

7. 针对温度采样电路端子的检测结果，分析推断其故障原因，并将推断过程用铅笔整理到下面思维导图中。

温度采样传感器
- 端子线路短路
- 端子线路断路
- 端子线路虚接
- 温度采样传感器损坏

8. 请再次确定故障点，将具体故障内容整理好，及时排除故障，整理好排除故障的步骤，并完成下面思维导图。

确定故障点 —— 排除故障步骤
1.
2.
3.
4.
5.
……

9. 通过观察老师讲解示波器的示范操作，自己运用示波器重新读取温度采样传感器波形，检验波形是否正常，并将正确的波形绘制到下面方框内。

❖ **步骤三：试车，交付车辆**

1. 对阿维塔车辆进行试车，检验车辆温度采样是否恢复正常？
2. 请尝试利用鱼骨图总结温度采样传感器故障检修流程。

拓展训练

1. 本任务是确定检修温度类故障的关键词，按照重要程度对关键词进行排序，并举例解读，同时根据关键词的重要程度（按百分制划分），判断自己的掌握程度，并进行自评打分（满分 100 分）。

序号	关键词	举例解读	自定权重	自评得分
1				
2				
3				
4				
5				
总分				

2. 请结合实际案例，分析新能源汽车温度类传感器的发展历史（满分 100 分）。

3. 阿维塔车辆存在动力电池温度过高警告，实际动力电池温度正常，维修人员初步判断是动力电池温度采样传感器故障，试制定检修流程并进行检修（满分 100 分）。

4. 小李在汽车服务中心（4S 店）工作一天下班后，准备去找同在汽修店实习的小王同学一起吃晚饭。刚到小王实习的汽修店门口，他看见小王在使用诊断仪检测动力电池温度采样传感器，而且小王身边的工作环境很糟糕，地上一地油渍，工具随地可见。小李上前对小王说："你在这样的场地对动力电池检修，容易出现安全事故，应该用新能源汽车安全场地进行检测和维修，你这是对客户不负责任。"小王听后，苦笑道："我们是维修小店，没有你说的那种场地和设备"。

请按照下列思维导图的格式，对检修动力电池温度采样电路的学习收获进行总结，同时将小王的态度总结成一个合适的词语填到空格里并说明依据（满分100分）。

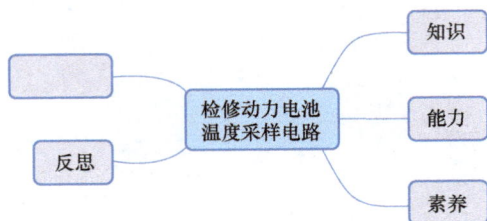

```
                    ┌─────────┐
          ┌─────────┤  知识   │
          │         └─────────┘
┌────────┐   ┌──────────────┐  ┌─────────┐
│        ├───┤ 检修动力电池 ├──┤  能力   │
└────────┘   │ 温度采样电路 │  └─────────┘
     ┌──────┤              │  ┌─────────┐
     │      └──────────────┘  │  素养   │
  ┌──┴───┐                    └─────────┘
  │ 反思 │
  └──────┘
```

📋 任务检验

1. 自检：参与实训练习的学员自我完成质量检验。
2. 互检：由完成相同实操练习项目的学员相互进行质量检验。
3. 终检：由专职质量管理人员（教师）进行专业检查。

🔧 实施

任务三　检修电流采样故障

❖ **步骤一：作业准备**

请认真列出作业准备项目和内容，对照下表核准检查项目内容。若已准备，请在方框里画"√"；若有遗漏，请补充后画"√"。

项目	检修电流采样故障作业准备内容
作业场地	□配有安全作业区域和消防设施的新能源汽车维修作业场地
设备设施	□阿维塔车辆或动力电池试验台　□举升工位　□汽车维修三件套　□垃圾桶
工量辅具	□常用工具　□数字万用表　□检测仪　□故障诊断仪　□接线盒
耗材	□线束　□干净抹布

❖ **步骤二：检修电流采样故障**

1. 请观察老师铺设汽车维修三件套的示范动作，并模仿重复操作，结合老师的讲解，学生查阅教材，使用诊断仪读取故障码，并将故障码认真记录在下表中。

序号	故障码内容
1	
2	
3	
4	

2. 使用诊断仪读取数据流，并将数据流认真记录在下表中。

序号	数据流数值	数据流分析
1		
2		
3		
4		

3. 通过观察老师讲解示波器的示范操作，运用示波器读取动力电池电流采样工作波形，检验波形是否正常，并将正确的波形绘制到下面方框内。

4. 请查找动力电池电流采样电路图，并将电流采样电路图绘制到下面方框内。

5. 请尝试在实车上查找动力电池电流采样电路的具体位置，并对其线束、插接件等进行常规外观检查，最后将检验结果填写在下面思维导图中。

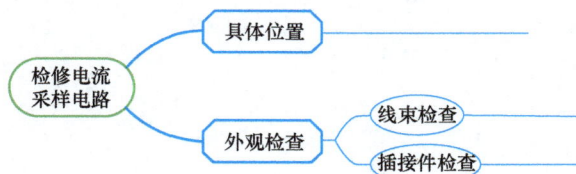

检修电流采样电路
　　具体位置
　　外观检查
　　　　线束检查
　　　　插接件检查

6.请查找阿维塔电流采样电路图，并将电流采样电路图绘制到下面方框内。

7.请使用万用表完成对电流采样传感器端子的检测，并整理端子检测结果，同时将其记录到下表中。

端子	端子含义	电流采样传感器端子检测结果

8.请根据电流采样传感器端子的检测结果，分析推断其故障原因，并将推断过程用铅笔整理到下面思维导图中。

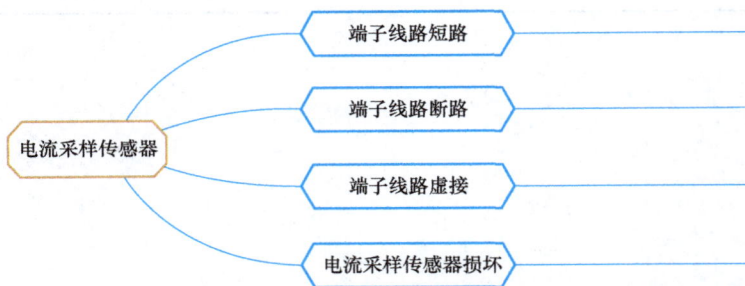

电流采样传感器
- 端子线路短路
- 端子线路断路
- 端子线路虚接
- 电流采样传感器损坏

9.通过观察老师讲解示波器的示范操作，运用示波器重新读取电流采样信号波形，检验波形是否正常，并将正确的波形绘制到下面方框内。

10. 请再次确定故障点，将具体故障内容整理好，及时排除故障，整理好排除故障的步骤，并完成下面思维导图。

❖ **步骤三：试车，交付车辆**

1. 对阿维塔车辆进行试车，检验电流采样是否恢复正常？

2. 请尝试利用鱼骨图总结电流采样故障检修流程。

⚓ 实施

任务四 检修均衡功能故障

❖ **步骤一：作业准备**

请认真列出作业准备项目和内容，对照下表核准检查项目内容。若已准备，请在方框里画"√"；若有遗漏，请补充后画"√"。

项目	检修均衡故障作业准备情况检查内容
作业场地	□配有安全作业区域和消防设施的新能源汽车维修作业场地
设备设施	□阿维塔车辆或动力电池试验台 □举升工位 □汽车维修三件套 □垃圾桶
工量辅具	□常用工具 □数字万用表 □检测仪 □故障诊断仪 □接线盒
耗材	□线束 □干净抹布

❖ **步骤二：检修均衡故障**

1. 请观察老师铺设汽车维修三件套的示范动作，并模仿重复操作，结合老师的讲解，学生查阅教材，使用诊断仪读取故障码，并将故障码认真记录在下表中。

序号	故障码内容
1	
2	
3	
4	

2.使用诊断仪读取数据流，并将数据流认真记录在下表中。

序号	数据流数值	数据流分析
1		
2		
3		
4		

3.使用动力电池诊断仪对实训车辆或试验台的动力电池进行均衡，并将操作流程认真记录在以下电池均衡列表中。

序号	操作流程	记录电池均衡结果
1		
2		
3		
4		
5		
6		
7		
8		
9		

4.请准备好诊断仪，铺好维修三件套，对车辆电芯单体进行检测，检测步骤见下表。

步骤	电芯单体检测
1	
2	
3	
4	
5	
6	
7	
……	

5. 检测电芯单体电压，具体检测步骤见下表。

步骤	电芯单体电压检测
1	
2	
3	
4	
5	
……	

6. 请确定电芯单体故障点，将具体故障内容整理好，及时排除故障，整理好排除故障的步骤，并完成下面思维导图。

❖ **步骤三：试车，交付车辆**

1. 对阿维塔车辆进行试车，检验车辆动力电池均衡后是否恢复正常？

2. 请尝试利用鱼骨图总结动力电池不均衡故障检修流程。

📧 拓展训练

1. 本任务是确定电池均衡的关键词，按照重要程度对关键词进行排序，并举例解读，同时根据关键词的重要程度（按百分制划分），判断自己的掌握程度，并进行自评打分（满分 100 分）。

序号	关键词	举例解读	自定权重	自评得分
1				
2				
3				
4				
5				
		总分		

2. 动力电池均衡如果出现问题，会导致什么故障现象发生？（满分 100 分）

3. 由于动力电池存储容量过低，维修人员初步判断是动力电池均衡故障，试制定动力电池均衡故障检修流程并进行锂电池均衡（满分 100 分）。

4. 小李在汽车 4S 店从事汽车维修工作已经一年多了，认识了很多同事同行。一次在上班午休的时候，小李和一位同事闲聊，该同事对他说："有一次检修动力电池的时候，其实动力电池没有坏，是动力电池均衡问题，简单处理一下使用没问题的，但是我懒得处理直接换了一个新的动力电池。"小李听后说："这么做不地道吧，你这不是欺骗客户吗？让客户多花冤枉钱。"

请按下列思维导图格式，对动力电池均衡的学习收获进行总结，并搜集 5 个"诚实守信，德技并修"的汽车维修案例，以故事的形式讲给老师或者同学听，并给每一个故事取一个过目不忘的好名字（满分 100 分）。

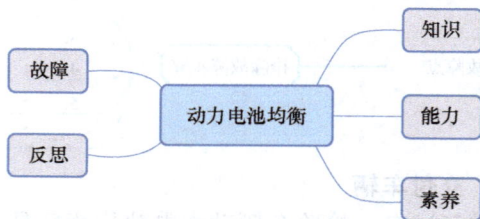

🔱 实施

任务五　检修高压采样和继电器类故障

❖ 步骤一：作业准备

请认真列出作业准备项目和内容，对照下表核准检查项目内容。若已准备，请在方框里画"√"；若有遗漏，请补充后画"√"。

项目	检修高压采样和继电器故障作业准备情况检查内容
作业场地	□配有安全作业区域和消防设施的新能源汽车维修作业场地
设备设施	□阿维塔车辆或动力电池试验台　□举升工位　□汽车维修三件套　□垃圾桶
工量辅具	□常用工具　□数字万用表　□检测仪　□故障诊断仪　□接线盒
耗材	□线束　□干净抹布

❖ 步骤二：检修高压采样和继电器故障

1. 请观察老师铺设汽车维修三件套的示范动作，并模仿重复操作，结合老师的讲解，学生查阅教材，使用诊断仪读取故障码，并将故障码认真记录在下表中。

序号	故障码内容
1	
2	
3	
4	

2.使用诊断仪读取数据流，并将数据流认真记录在下表中。

序号	数据流数值	数据流分析
1		
2		
3		
4		

3.请准备诊断仪，铺好维修三件套，对车辆进行高压采样检测，检测步骤见下表。

步骤	高压采样检测
1	
2	
3	
4	
5	

4.检测高压继电器，具体检测步骤见下表。

步骤	高压继电器检测
1	
2	
3	
4	
5	
6	

5.请确定高压采样或继电器故障，将具体故障内容整理好，及时排除故障，整理好排除故障的步骤，并完成下页思维导图。

```
                                                    1.
                                                    2.
                                                    3.
  ┌──────────┐        ┌──────────┐          4.
  │ 确定故障点 │────────│ 排除故障步骤 │           5.
  └──────────┘        └──────────┘          ……
```

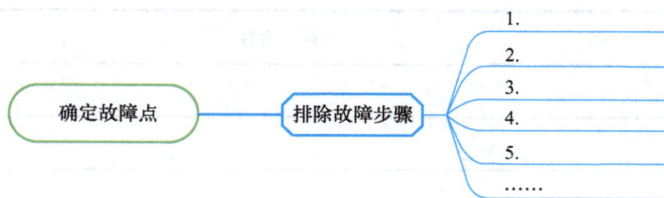

❖ **步骤三：试车，交付车辆**

1. 对阿维塔车辆进行试车，检验车辆高压采样和继电器维修后是否恢复正常？
2. 请尝试利用鱼骨图总结高压采样和继电器故障检修流程。

检修流程

任务检验

1. 自检：参与实训练习的学员自我完成质量检验。
2. 互检：由完成相同实操练习项目的学员相互进行质量检验。
3. 终检：由专职质量管理人员（教师）进行专业检查。

课后思考题

1. 简述电芯单体欠电压或过电压的故障。
2. 简述电芯单体电压采样失效故障。
3. 简述锂离子电芯工作温度。
4. 简述电流采样的目的。
5. 简述霍尔电流传感器。
6. 简述电池均衡的作用。
7. 简述高压采样的作用。

考核与评价

一、考评项目

请根据本项目所学对阿维塔车辆动力电池和动力电池管理系统的认知，完成考评报告。

二、考核内容及评价标准

序号	评分项	得分条件	评分标准	配分	扣分
1	安全 /5S/ 态度	□ 1. 能进行工位 5S 操作 □ 2. 能进行设备和工具安全检查 □ 3. 能进行车辆安全防护操作 □ 4. 能进行工具清洁校准存放操作 □ 5. 能进行三不落地操作	未完成 1 项扣 3 分，扣分不得超 15 分	15	
2	专业技能能力	□ 1. 能正确读取数据流 □ 2. 能根据正确诊断方法进行动力电池电压检测 □ 3. 能按照正确的故障维修思路和步骤进行故障检修 □ 4. 能正确检测相关数据，并做好记录 □ 5. 能够熟练操作工量具及检测仪器	未完成 1 项扣 10 分，扣分不得超 50 分	50	
3	工具及设备的使用能力	□ 1. 能正确选用维修工具 □ 2. 能正确使用动力电池诊断仪 □ 3. 能正确使用测量工具 □ 4. 能正确使用专用工具	未完成 1 项扣 5 分，扣分不得超 10 分	10	
4	资料、信息查询能力	□ 1. 能正确使用维修手册查询资料 □ 2. 能正确使用用户手册查询资料 □ 3. 能在规定时间内查询所需资料 □ 4. 能正确记录查询资料章节页码 □ 5. 能正确记录所需维修信息	未完成 1 项扣 2 分，扣分不得超 10 分	10	
5	数据、判读和分析能力	□能根据诊断仪数据分析判断动力电池及动力电池管理系统部件是否需要维修或更换	未完成 1 项扣 10 分，扣分不得超 10 分	10	
6	表单填写与报告的撰写能力	□ 1. 字迹清晰 □ 2. 语句通顺 □ 3. 无错别字 □ 4. 无涂改 □ 5. 无抄袭	未完成 1 项扣 1 分，扣分不得超 5 分	5	
合计				100	

项目三

检修整车关联动力电池系统故障

项目任务单

项目描述	检修整车关联动力电池系统故障				
项目要求	1. 掌握高压互锁故障的诊断流程 2. 掌握绝缘故障的诊断流程 3. 掌握新能源汽车充电故障的诊断流程 4. 掌握动力电池通信类故障的诊断流程				
学习目标	1. 高压互锁的定义 2. 掌握高压互锁的结构及工作原理 3. 掌握高压互锁的结构及工作原理 4. 掌握绝缘检测的工作原理 5. 了解新能源汽车交直流充电系统 6. 认识新能源汽车充电故障灯 7. 掌握常见通信信号的传输				
项目载体	 手动维修开关位置				
计划学时	18～24 学时				
工作页	上课地点		学生姓名		完成/未完成
	任课教师		上课时间		优/良/中/及格

导入

近期二手车公司收购了一台几何 A 新能源汽车，这台车暂时无法起动。经过二手车公司专业维修人员对这款车进行全车检查后，发现该车动力电池严重亏电、高压系统和充电系统工作异常。为了整备这台车，维修人员准备从检修动力电池、高压系统、充电系统入手，逐一进行故障排查，修好这辆二手车。

📖 想一想

　　请同学们尝试着说出导致动力电池严重亏电、高压系统和充电系统工作异常的原因有哪些，并将自己的总结分析用铅笔记录到下面圆圈图中。

动力电池严重亏电，高压系统和充电系统工作异常原因有哪些？

👥 安全教育与防护要求

　　请同学们声音洪亮地说出安全与防护要求，做好防护准备，同时进行自检和互检。若已完成，请在方框里画"√"。

□ 工作服穿戴"四紧"，穿绝缘鞋，戴绝缘帽。
□ 不佩戴手表等金属首饰。
□ 严禁操作与本次任务无关的设备和工具。
□ 遵守场地安全规定，注意用电安全。
□ 严禁嬉戏打闹。

老师检查纠错，学生改正错误。

⚙ 实施

任务一　检修高压互锁故障

❖ 步骤一：作业准备

　　请认真列出作业准备项目和内容，对照下表核准检查项目内容。若已准备，请在方框里画"√"；若有遗漏，请补充后画"√"。

项目	检修互锁故障作业准备情况检查内容
作业场地	□配有安全作业区域和消防设施的新能源汽车维修作业场地
设备设施	□几何 A 车辆或高压互锁试验台　□举升工位　□汽车维修三件套　□垃圾桶
工量辅具	□常用工具　□数字万用表　□检测仪　□故障诊断仪　□接线盒
耗材	□线束　□干净抹布

❖ **步骤二：检修高压互锁故障**

1. 请尝试在实车上查找高压互锁的具体位置，并对其线束、高压接线柱盒、低压回路安全线等进行常规外观检查，最后将检验结果填写在下面思维导图中。

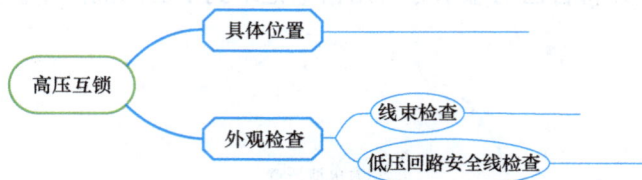

```
                      ┌─── 具体位置 ──────────────────
        高压互锁 ──────┤
                      │                    ┌─ 线束检查 ───────────
                      └─── 外观检查 ───────┤
                                           └─ 低压回路安全线检查 ──
```

2. 请观察老师铺设汽车维修三件套的示范动作，并模仿重复操作，结合老师的讲解进行高压互锁检测流程。

序号	高压互锁检测流程
1	
2	
3	
4	
5	

3. 请铺好维修三件套，对车辆进行通电。高压互锁检测的步骤见下表。

步骤	高压互锁检测的步骤
1	
2	
3	
4	
5	
6	
7	
……	

4. 检测低压安全回路线，具体检测步骤见下表。

步骤	低压安全回路线检测步骤
1	
2	
3	
4	
5	
……	

5. 请确定故障点，将具体故障内容整理好，及时排除故障，整理好排除故障的步骤，并完成下页思维导图。

6.请对动力电池检测和充电，对车辆进行更换高压互锁，具体的更换步骤见下表。

步骤	更换高压互锁步骤
1	
2	
3	
4	
5	
……	

❖ **步骤三：试车，交付车辆**

1.对几何 A 车辆进行试车，检验车辆是否能够正常起动？

2.请尝试利用鱼骨图总结高压互锁故障检修流程。

拓展训练

1.本任务是确定检修高压互锁亏电的关键词，按照重要程度对关键词进行排序并举例解读，同时根据关键词的重要程度（按百分制划分），判断自己的掌握程度，并进行自评打分（满分 100 分）。

序号	关键词	举例解读	自定权重	自评得分
1				
2				
3				
4				
5				
		总分		

2. 请大家思考一下，新能源汽车上有几种类型高压互锁，分别都有什么功用（满分 100 分）？

3. 现有一台新能源汽车，维修人员初步判断是高压互锁故障，试制定检修流程并进行检修（满分 100 分）。

4. 请按下列思维导图格式，对高压互锁检修的学习收获进行总结，同时搜集至少 2 个因为高压互锁故障导致汽车工作不良的案例，梳理故障判断思路，并结合今天检修高压互锁故障的任务谈谈对"聪明出于勤奋，天才在于积累"的理解（满分 100 分）。

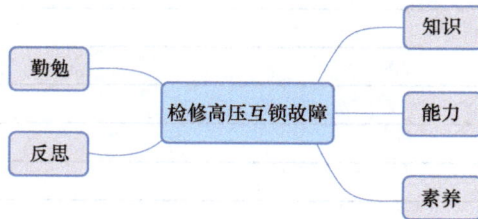

🛠 实施

任务二　检修绝缘故障

❖ 步骤一：作业准备

请认真列出作业准备项目和内容，对照下表核准检查项目内容。若已准备，请在方框里画"√"；若有遗漏，请补充后画"√"。

项目	检修绝缘故障作业准备情况检查内容
作业场地	□配有安全作业区域和消防设施的新能源汽车维修作业场地
设备设施	□新能源汽车或高压系统试验台　□举升工位　□汽车维修三件套　□垃圾桶
工量辅具	□常用工具　□数字万用表　□检测仪　□故障诊断仪　□接线盒
耗材	□线束　□干净抹布

❖ 步骤二：检修绝缘故障

1. 请准备好绝缘表，观察老师铺设汽车维修三件套的示范动作，并模仿重复操作，结合老师的讲解，检测高压系统绝缘。

序号	绝缘检测步骤
1	
2	
3	
4	
5	

2.结合老师的讲解，学生查阅教材，使用诊断仪读取故障码，并将故障码认真记录在下表中。

序号	故障码内容
1	
2	
3	
4	

3.使用诊断仪读取数据流，并将数据流认真记录在下表中。

序号	数据流数值	数据流分析
1		
2		
3		
4		

4.请查找维修电路图，并将高压绝缘监测电路图绘制到下面方框内。

5.请尝试在实车上查找高压绝缘监测电路的具体位置，并对其线束、插接件进行常规外观检查，将检验结果填写在下面思维导图中。

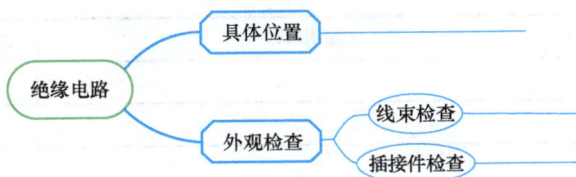

绝缘电路
具体位置
外观检查
线束检查
插接件检查

6.请根据以上检测结果确定故障点，将具体故障内容整理好，及时排除故障，整理好排除故障的步骤，并完成下页思维导图。

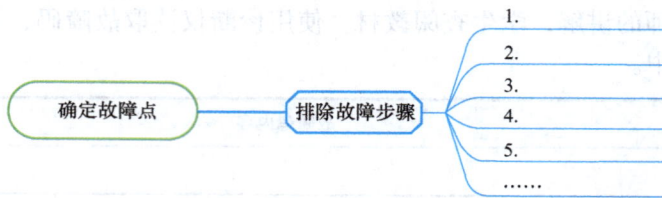

确定故障点 → 排除故障步骤
1.
2.
3.
4.
5.
……

7. 请准备维修工具，结合老师讲解内容和故障诊断结果，进行故障维修步骤见下表。

序号	绝缘故障维修步骤
1	
2	
3	
4	
5	

❖ 步骤三：试车，交付车辆

1. 对维修后的车辆试车，检验车辆是否恢复正常？

2. 请尝试利用鱼骨图总结绝缘故障检修流程。

检修流程

拓展训练

1. 本任务是确定检修高压绝缘故障的关键词，按照重要程度对关键词进行排序并举例解读，同时根据关键词的重要程度（按百分制划分），判断自己的掌握程度自评打分（满分 100 分）。

序号	关键词	举例解读	自定权重	自评得分
1				
2				
3				
4				
5				
总分				

2. 请结合实际案例分析高压绝缘故障经常会发生的部位都有哪些（满分100分）?

3. 车辆因高压绝缘故障警告，维修人员初步判断是高压绝缘系统故障，试制定检修流程并进行检修（满分100分）。

4. 请按下列思维导图格式，对检修高压绝缘故障的学习收获进行总结，重点思考并列举至少3个高压绝缘故障案例，梳理故障判断思路，并画出思维导图（满分100分）。

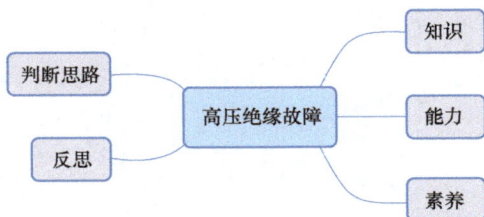

实施

任务三 检修新能源汽车充电系统故障

❖ **步骤一：作业准备**

请认真列出作业准备项目和内容，对照下表核准检查项目内容。若已准备，请在方框里画"√"；若有遗漏，请补充后画"√"。

项目	新能源汽车充电系统故障作业检查内容
作业场地	□配有安全作业区域和消防设施的新能源汽车维修作业场地
设备设施	□新能源汽车或充电系统试验台 □举升工位 □汽车维修三件套 □垃圾桶
工量辅具	□常用工具 □数字万用表 □检测仪 □故障诊断仪 □接线盒
耗材	□线束 □干净抹布

❖ **步骤二：新能源汽车充电系统故障**

1. 请观察老师铺设汽车维修三件套的示范动作，并模仿重复操作，结合老师的讲解，学生查阅教材，使用诊断仪读取充电系统故障码，并将故障码认真记录在下表中。

序号	充电系统故障码内容
1	
2	
3	
4	

2. 使用诊断仪读取充电系统数据流，并将数据流认真记录在下表中。

序号	数据流数值	充电系统数据流分析
1		
2		
3		
4		

3. 请查找充电系统维修电路图，并将充电系统电路图绘制到下面方框内。

4. 请尝试在实车上查找充电系统部件具体位置，并对其部件、线束、插接件、进行常规外观检查，最后将检验结果填写在下面思维导图中。

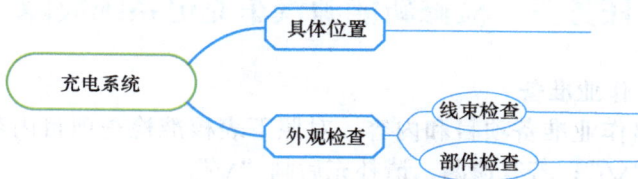

充电系统 —— 具体位置

外观检查 —— 线束检查
　　　　　 —— 部件检查

5. 请根据以上检测结果确定故障点，将具体故障内容整理好，及时排除故障，整理好排除故障的步骤，并完成下面思维导图。

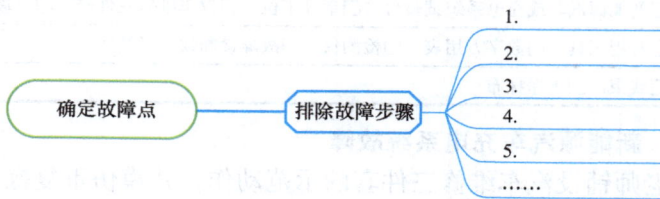

确定故障点 —— 排除故障步骤
1.
2.
3.
4.
5.
……

6. 请准备维修工具，结合老师的讲解内容和故障诊断结果，进行故障维修步骤见下表。

序号	充电系统故障维修步骤
1	
2	
3	
4	
5	

❖ **步骤三：试车，交付车辆**

1. 对维修后的车辆试车，检验车辆是否恢复正常。
2. 请尝试利用鱼骨图总结充电系统故障检修流程。

拓展训练

1. 本任务是确定检修充电系统故障的关键词，按照重要程度对关键词进行排序并举例解读，同时根据关键词的重要程度（按百分制划分），判断自己的掌握程度，并进行自评打分（满分 100 分）。

序号	关键词	举例解读	自定权重	自评得分
1				
2				
3				
4				
5				
		总分		

2. 请大家结合实际案例，分析新能源汽车充电系统都会出现哪些故障点，会导致什么故障现象发生（满分 100 分）？

3. 现有新能源汽车无法充电。维修人员初步判断是充电控制系统故障，试制定检修流程并进行检修（满分 100 分）。

4. 今天 4S 店里来了一辆新能源故障车，该车是从同行手里送过来的。很多业内维修师傅都不愿意接这个活。李林不明白便去问师傅："为什么其他师傅不愿意修这台车呢？"师傅向他道出了其中的缘由。李林听后没有打退堂鼓，反而坚定地对师傅说："越是这样的车辆，越是有挑战性，如果公司允许，能让我试一试吗？"师傅看李林上进心很强，便答应让他试试。李林利用非工作时间独自待在维修车间利用自己所学，翻阅大量的维修资料，根据自己的故障判断思路一点一点地排查故障。经过 4 天的刻苦钻研和不懈努力，李林终于独自修好了这台故障车。故障原因是传动控制系统出问题导致车辆无法传动。师傅听闻自己的爱徒独自修好一台疑难杂症车辆，心里甚是欣慰，夸奖李林具有匠心精神。

请按下列思维导图格式，对检修充电控制系统的学习收获进行总结，并收集至少 2 个具有疑难杂症的故障车辆案例。并结合今日任务，试着对其中一个案例进行故障判断分析，并在此过程中体会匠心精神（满分 100 分）。

```
                                    ┌──── 知识
                        充电系统故障检修 ──── 能力
  匠心 ──┐              │
         ├──────────────┘
  反思 ──┘                            └──── 素养
```

⚓ 实施

任务四　检修动力电池通信类故障

❖ **步骤一：作业准备**

请认真列出作业准备项目和内容，对照下表核准检查项目内容。若已准备，请在方框里画"√"；若有遗漏，请补充后画"√"。

项目	检修动力电池通信类故障作业检查内容
作业场地	□配有安全作业区域和消防设施的新能源汽车维修作业场地
设备设施	□新能源汽车或动力电池通信系统试验台　□举升工位　□汽车维修三件套　□垃圾桶
工量辅具	□常用工具　□数字万用表　□检测仪　□故障诊断仪　□接线盒
耗材	□线束　□干净抹布

❖ **步骤二：检修动力电池通信类故障**

1. 请观察老师铺设汽车维修三件套的示范动作，并模仿重复操作，结合老师的讲解，学生查阅教材，使用诊断仪读取动力电池通信系统故障码，并将故障码认真记录在下表中。

序号	动力电池通信系统故障码内容
1	
2	
3	
4	

2. 使用诊断仪读取动力电池通信系统数据流，并将数据流认真记录在下页表中。

序号	数据流数值	数据流分析
1		
2		
3		
4		

3. 请查找 CAN 总线系统维修电路图，并将 CAN 总线电路图绘制到下面方框内。

4. 请查找菊花链通信总线系统维修电路图，并将菊花链通信总线电路图绘制到下面方框内。

5. 请尝试在实车上查找通信系统部件的具体位置，并对其部件、线束、插接件进行常规的外观检查，将检验结果填写在下面思维导图中。

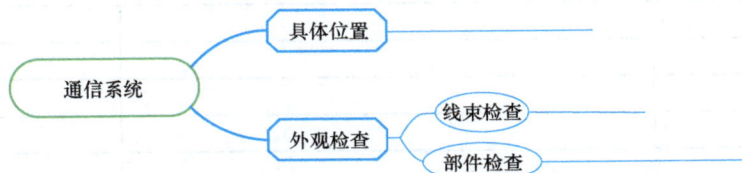

```
                        具体位置
通信系统
                                    线束检查
                        外观检查
                                    部件检查
```

6. 请根据以上检测结果确定故障点，将具体故障内容整理好，及时排除故障，整理好排除故障的步骤，完成下页思维导图。

确定故障点 → 排除故障步骤

1.
2.
3.
4.
5.
......

7. 请准备维修工具，结合老师讲解内容和故障诊断结果，进行故障维修步骤见下表。

序号	通信系统故障维修步骤
1	
2	
3	
4	
5	

❖ **步骤三：试车，交付车辆**

1. 对维修后的车辆试车，检验车辆是否恢复正常？

2. 请尝试利用鱼骨图总结动力电池通信类故障检修流程。

检修流程

✉ 拓展训练

1. 本任务是确定检修通信系统故障的关键词，按照重要程度对关键词进行排序并举例解读，同时根据关键词的重要程度（按百分制划分），判断自己的掌握程度自评打分（满分 100 分）。

序号	关键词	举例解读	自定权重	自评得分
1				
2				
3				
4				
5				
总分				

2. 请结合实际案例，分析讨论新能源汽车通信系统是如何改进发展的（满分 100 分）？

3.现有一辆新能源汽车,维修技师初步判断是通信系统失效故障引起的,试制定检修流程并进行检修(满分 100 分)。

4.请按下列思维导图格式,对检修通信系统失效的学习收获进行总结,并收集至少 3 个新能源汽车通信系统故障案例,结合故障案例分析,你认为作为一名优秀汽修技师最重要的职业品质是什么?选取一个词语填到思维导图的空格里,并举例说明(满分 100 分)。

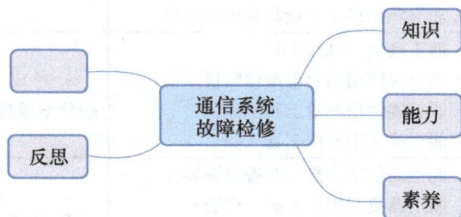

```
              ┌──── 知识
              │
通信系统 ──────┼──── 能力
故障检修       │
反思 ─────────┴──── 素养
```

? 课后思考题

1.简述高压互锁作用。

2.简述高压线结构。

3.高压电缆的故障有哪些?

4.简述高压互锁故障排查方法。

5.什么是绝缘?

6.简述高压绝缘监测工作原理。

7.简述车载充电系统。

8.简述 CAN 总线。

9.简述菊花链通信。

✉ 考核与评价

一、考评项目

请根据本项目所学对阿维塔车辆动力电池和动力电池管理系统的认知,完成考评报告。

二、考核内容及评价标准

序号	评分项	得分条件	评分标准	配分	扣分
1	安全 /5S/ 态度	□ 1. 能进行工位 5S 操作 □ 2. 能进行设备和工具安全检查 □ 3. 能进行车辆安全防护操作 □ 4. 能进行工具清洁校准存放操作 □ 5. 能进行三不落地操作	未完成 1 项扣 3 分,扣分不得超 15 分	15	

（续）

序号	评分项	得分条件	评分标准	配分	扣分
2	专业技能能力	□ 1. 能正确读取数据流 □ 2. 能根据正确诊断方法进行动力电池管理系统检测 □ 3. 能按照正确的故障维修思路和步骤进行故障检修 □ 4. 能正确检测相关数据，并做好记录 □ 5. 能够熟练操作工量具及检测仪器	未完成 1 项扣 10 分，扣分不得超 50 分	50	
3	工具及设备的使用能力	□ 1. 能正确选用维修工具 □ 2. 能正确使用动力电池诊断仪 □ 3. 能正确使用测量工具 □ 4. 能正确使用专用工具	未完成 1 项扣 5 分，扣分不得超 10 分	10	
4	资料、信息查询能力	□ 1. 能正确使用维修手册查询资料 □ 2. 能正确使用用户手册查询资料 □ 3. 能在规定时间内查询所需资料 □ 4. 能正确记录查询资料章节页码 □ 5. 能正确记录所需维修信息	未完成 1 项扣 2 分，扣分不得超 10 分	10	
5	数据、判读和分析能力	□能根据诊断仪数据分析判断动力电池及动力电池管理系统部件是否需要维修或更换	未完成 1 项扣 10 分，扣分不得超 10 分	10	
6	表单填写与报告的撰写能力	□ 1. 字迹清晰 □ 2. 语句通顺 □ 3. 无错别字 □ 4. 无涂改 □ 5. 无抄袭	未完成 1 项扣 1 分，扣分不得超 5 分	5	
合计				100	

项目四

新能源汽车动力电池的维护及储存

📋 项目任务单

项目描述	新能源汽车动力电池的维护及储存		
项目要求	1. 了解触电危害和电动汽车的安全要求 2. 掌握不同新能源汽车维修的安全操作 3. 掌握驱动电机高压控制装置的安全措施及人身安全要点 4. 掌握维护的目的 5. 掌握维保工具的使用要求 6. 了解售后备件仓储规范 7. 能够严格执行仓库 5S 管理 8. 掌握带电类备件的存放要求		
学习目标	1. 掌握电动汽车安全防护要求 2. 掌握混合动力汽车安全防护要求 3. 具备触电防护与救护能力 4. 能够正确使用高压安全防护用品 5. 掌握维护的项目 6. 能够对独立售后的备件进行维护保养 7. 掌握故障件的返厂规范		
项目载体	动力电池、高压导线、高压系统模块等，会存在直流高电压 逆变器、驱动电机及连接导线、高压压缩机内部，会存在交流高电压 新能源汽车高压类型		
计划学时	18 ～ 24 学时		
工作页	上课地点	学生姓名	完成 / 未完成
	任课教师	上课时间	优 / 良 / 中 / 及格

📖 导入

    李涛是本校新能源汽车检测与维修专业的一名大二学生，想掌握新能源汽车安全操作。新能源汽车有高压系统，在检查新能源汽车时应怎样进行安全防护？如何进行车辆动力电池系统保养，保养时要注意什么？接下来，让我们带着这些疑问和李涛一起了解新能源汽车保养和注意的安全措施。

想一想

请同学们尝试着说出此案例中，如何解决李涛同学的疑问，就需要我们首先掌握新能源汽车的安全注意事项，要了解不同类型的高压控制装置的构造、安全措施和保养项目都有哪些，并将自己的总结分析用铅笔记录到下面圆圈图中。

高压控制装置的构造、安全措施和保养项目都有哪些？

安全教育与防护要求

请同学们声音洪亮地说出安全与防护要求，做好防护准备，同时进行自检和互检。若已完成，请在方框里画"√"。

□ 工作服穿戴"四紧"，穿绝缘鞋，戴绝缘帽。
□ 不佩戴手表等金属首饰。
□ 严禁操作与本次任务无关的设备和工具。
□ 遵守场地安全规定，注意用电安全。
□ 严禁嬉戏打闹。

老师检查纠错，学生改正错误。